传世励志经典

旷古完人

王安石

梁启超　著

中华工商联合出版社

图书在版编目（CIP）数据

旷古完人——王安石/梁启超著；言心编. --北京：中华工商联合出版社，2015.4

ISBN 978-7-5158-1254-0

Ⅰ．①旷… Ⅱ．①梁…②言… Ⅲ．①王安石（1021～1086）－传记 Ⅳ．①K827＝441

中国版本图书馆 CIP 数据核字（2015）第 068853 号

旷古完人
—— 王安石

作　　者：梁启超
出 品 人：徐　潜
策划编辑：魏鸿鸣
责任编辑：徐　涛
封面设计：周　源
营销总监：曹　庆
营销推广：王　静　万春生
责任审读：郭敬梅
责任印制：迈致红
出版发行：中华工商联合出版社有限责任公司
印　　刷：天津旭丰源印刷有限公司
版　　次：2015 年 5 月第 1 版
印　　次：2023 年 4 月第 4 次印刷
开　　本：710mm×1020mm　1/16
字　　数：200 千字
印　　张：16.25
书　　号：ISBN 978-7-5158-1254-0
定　　价：59.80元

服务热线：010－58301130
销售热线：010－58302813
地址邮编：北京市西城区西环广场 A 座
　　　　　19－20 层，100044
http://www.chgslcbs.cn
E-mail：cicap1202@sina.com（营销中心）
E-mail：gslzbs@sina.com（总编室）

序

　　为了给《传世励志经典》写几句话，我翻阅了手边几种常见的古今中外圣贤大师关于人生的书，大致统计了一下，励志类的比例，确为首屈一指。其实古往今来，所有的成功者，他们的人生和他们所激赏的人生，不外是：有志者，事竟成。

　　励志是动宾结构的词，励是磨砺，志是志向，放在一起就是磨砺志向。所以说，励志不是简单的立志，是要像把刀放在石头上磨才能锋利一样，这个磨砺，也不是轻而易举地摩擦一下，而是要下力气的，对刀来说，不仅要把自身的锈磨掉，还要把多余的部分都要毫不留情地磨掉，这简直是一场磨难。所有绚丽的人生都是用艰难磨砺成的，砥砺生命放光华。可见，励志至少有三层意思：

　　一是立志。国人都崇拜的一本书叫《易经》，那里面有一句话说："天行健，君子以自强不息。"这是一种天人合一的理念，它揭示了自然界和人类发展演化的基本规律，所以一切圣贤伟人无不遵循此道。当然，这里还有一个立什么样的志的问题，孔子说：士不可以不弘毅，任重而道远。古往今来，凡志士仁人立的都是天下家国之志。李白说：大丈夫必有四方之志，白居易有诗曰：丈夫贵兼济，岂独善一身，讲的都是这个道理。

二是励志。有了志向不一定就能成事，《礼记》里说：玉不琢，不成器。因为从理想到现实还有很大的距离。志向须在现实的困境中反复历练，不断考验才能变得坚韧弘毅，才能一步一个脚印地逐步实现。所以拿破仑说：真正之才智乃刚毅之志向。孟子则把天将降大任于斯人描述得如此艰难困苦。我们看看历代圣贤，从世界三大宗教的创始人耶稣、穆罕默德、释迦牟尼到孔夫子、司马迁、孙中山，直至各行各业的精英，哪一个不是历经磨难终成大业，哪一个不是砥砺生命放射出人生的光芒。

三是守志。无论立志还是励志都不是一朝一夕、一蹴而就的，它贯穿了人的一生，无论生命之火是绚丽还是暗淡，都将到它熄灭的最后一刻。所以真正的有志者，一方面存矢志不渝之德，另一方面有不为穷变节、不为贱易志之气。像孟子说的那样：富贵不能淫、贫贱不能移、威武不能屈。明代有位首辅大臣叫刘吉，他说过：有志者立长志，无志者常立志，这话是很有道理的。

话说回来，励志并非粘贴在生命上的标签，而是融汇于人生中一点一滴的气蕴，最后成长为人的格调和气质，成就人生的梦想。不管你做哪一行，有志不论年少，无志空活百年。

这套《传世励志经典》共收辑了100部图书，包括传记、文集、选辑。为励志者满足心灵的渴望，有的像心灵鸡汤，营养而鲜美；有的就是萝卜白菜或粗茶淡饭，却是生命之必需。无论直接或间接，先贤们的追求和感悟，一定会给我们带来生命的惊喜。

徐　潜

例 言

一、本书以发挥荆公政术为第一义，故于其所创诸新法之内容及其得失，言之特详，而往往以今世欧美政治比较之，使读者于新旧知识咸得融会。

一、宋史记熙丰事实者成于南渡以后史官之手，而元人因而袭之，皆反对党之言，不可征信。今于其污蔑荆公处皆一一详辩之，别为考异若干条。

一、荆公不仅为中国大政治家，亦为中国大文学家，故于其时文采录颇多。其散见于前各章者，皆与政治有关系者也。其仅足为文章模范者，亦撷十数首录入末二章，使读者得缘此以窥全豹。

一、属稿时所资之参考书不下百种，其取材最富者为金谿蔡元凤先生之王荆公年谱。先生名上翔，乾嘉间人，学问之博赡，文章之渊懿皆为近世所罕见，所著年谱凡十有五卷，杂录二卷，成书时年已八十有八，盖毕生精力瘁于是矣。其书流传极少，而其人亦不见称于并世士大夫，殆不求闻达之君子耶。爰志数语，以念史官。

一、本书行文，信笔而成，不复覆视，芜衍疏略，自知不免，尚希海内方闻之士有以教之。

著者识

目　录

第一章　叙论

国史氏曰：甚矣，知人论世之不易也。以余所见宋太傅荆国王文公安石，其德量汪然若千顷之陂，其气节岳然若万仞之壁，其学术集九流之粹，其文章起八代之衰，其所设施之事功，适应于时代之要求而救其弊，其良法美意，往往传诸今日莫之能废，其见废者，又大率皆有合于政治之原理，至今东西诸国行之而有效者也。呜呼，皋夔伊周，邈哉遐乎，其详不可得闻，若乃于三代下求完人，惟公庶足以当之矣。悠悠千禩，间生伟人，此国史之光，而国民所当买丝以绣，铸金以祀也。距公之后，垂千年矣，此千年中，国民之视公何如，吾每读宋史，未尝不废书而恸也。

以不世出之杰，而蒙天下之诟，易世而未之渝者，在泰西则有克林威尔，而在吾国则荆公。泰西乡原之史家，其论克林威尔也，曰乱臣，曰贼子，曰奸险，曰凶残，曰迷信，曰发狂，曰专制者，曰伪善者，万喙同声牢不可破者殆百年，顾及今而是非大白矣。英国国会先哲画像数百通，其岿然首座者，则克林威尔也。而我国民之于荆公则何如？吠影吠声以丑诋之，举无以异于元祐绍兴之时。其有誉之者，不过赏其文辞；稍进者，亦不过嘉其勇于任事，而于其事业之宏远而伟大，莫或及见。而其高尚之人格，则益如良璞之埋于深矿，永劫莫发其光晶也。呜呼，吾每读宋史，未尝不废书而恸也。

曾文正谓宋儒宽于责小人而严于责君子。呜呼，岂惟宋儒，盖此毒深中于社会，迄今而日加甚焉。孟子恶求全之毁。求会云者，于善之中必求其不善者云尔，然且恶之，从未有尽没其善而虚构无何有之恶以相诬蔑者。其有之，则自宋儒之诋荆公始也。夫中国人民，以保守为天性，遵无动为大之教，其于荆公之赫然设施，相率惊骇而沮之，良不足为怪。顾政见自政见，而人格自人格也，独奈何以政见之不合，党同伐异，莫能相胜，乃架虚辞以蔑人私德，此村妪相谇之穷技，而不意其出于贤士大夫也。遂养成千年来不黑不白不痛不痒之世界，使光明俊伟之人，无以自存于社会，而举世以学乡原相劝勉。呜呼，吾每读宋史，未尝不废书而长恸也。

吾今欲为荆公作传，而有最窘余者一事焉，曰：宋史之不足信是也。宋史之不足信，非吾一人私言，有先我言之者数君子焉。数君子者，其于荆公可谓空谷之足音，而其言宜若可以取信于天下，又孟子所谓污不至阿其所好者也。今首录之以志窃比之诚。

陆象山先生（九渊）荆国王文公祠堂记曰：

（前略）昭陵之日，使还献书，指陈时事，剖悉弊端，枝叶扶疏，往往切当。人畴昔之学问，熙甯之事业，举不遁乎使还之书。而排公者，或谓容悦，或谓迎合，或谓变其所守，或谓乖其所学，是尚得为知公者乎？英迈特往，不屑于流俗声色利达之习，介然无毫毛得以入于其心，洁白之操，寒于冰霜，公之质也。扫俗学之凡陋，振弊法之因循，道术必为孔孟，勋绩必为伊周，公之志也。不期人之知，而声光烨奕，一时钜公名贤，为之左次，公之得此，岂偶然哉。用逢其时，君不世出，学焉而后臣之，无愧成汤高宗，公之得君，可谓专矣。新法之议，举朝谨哗，行之未几，天下恟恟，公方秉执周礼，精白言之，自信所学，确乎不疑。君子力争，继之以去，小人投机，密替其决。忠朴屏伏，金狄得志，曾不为悟，公之蔽也。熙宁排公者，大抵极诋訾之言，而不折之以至理，平者未一二，而激者居八九，上不足以取信于裕陵，下不足以解公之蔽，反以固其意成其事，新法之罪，诸君子固分之矣。元祐大臣，一切更张，岂所谓无偏无当者哉？所贵乎玉者，瑕瑜不相掩也。古之信史，直书其事，是非善恶，靡不毕见，劝惩鉴戒，后世所赖，抑扬损益，以附己好恶，用失情实，小人得以藉口而激怒，岂所望于君子哉。（中略）近世学者，雷同一律，发言盈廷，又岂善学前辈者哉。公世居临川，罢政徙于金陵，宣和间故庐邱墟，乡人属县，立祠其上，绍兴初常加茸焉。逮今余四十年，隳圮已甚，过者咨叹，今怪力之祠，绵绵不绝。而公以盖世之英，绝俗之操，山川炳灵，殆不世有。其庙貌不严，邦人无所致敬，无乃议论之不公，人心之畏疑，使至是耶。（后略）

颜习斋先生（元）宋史评曰：

荆公廉洁高尚，浩然有古人正己以正天下之意。及既出也，慨然欲尧舜三代其君。所行法如农田保甲保马雇役方田水利更戍置弓箭手于两河，皆属良法，后多踵行，即当时至元祐间，范纯仁李清臣彭汝砺等，亦讼其法以为不可尽变。惟青苗均输市易，行之不善，易滋弊窦。然人亦曾考当日之时势乎？太宗北征中流矢，二岁创发而卒，神宗言之，泣焉流涕。夏本宋叛臣而称帝，此皆臣子所不可与共戴天者也，宋岁输辽夏金一百二十五万五千两，其他庆吊聘问赂遗近幸又倍，宋何以为国？求其容我为君，宋何以为名？又臣子所不可一日安者也。而宋欲举兵则兵不足，欲足兵饷又不足，荆公为此，岂得已哉？譬之仇雠，戕吾父兄，吾急与之讼，遂至数责家赀，而岂得已哉。宋人苟安已久，闻北风而战栗，于是墙堵而进，与荆公为难，极诟之曰奸曰邪，并不与之商榷可否，或更有大计焉，惟务使其一事不行立见驱除而后已。而乃独责公以执拗可乎？且公之施为，亦彰彰有效矣。用薛向张商英等治国用，用王韶、熊本等治兵，西灭吐蕃，南平洞蛮，夺夏人五十二砦，高丽来朝，宋几振矣。而韩琦富弼等必欲沮坏之，毋乃荆公当念君父之仇，而韩富司马等皆当怒置也乎。矧琦之劾荆公也，其言更可怪笑，曰：致敌疑者有七，一抬高丽朝贡，一取吐蕃之地建熙河，一植榆柳于西山以制蕃骑，一创团保甲，一筑河北城池，一置都作院颁弓矢新式大作战车，一置河北三十七将，皆宜罢之以释其疑。嗟乎，敌恶吾备则去备，若敌恶吾有首将去首乎？此韩节夫所以不保其元也。且此七事皆荆公大计，而史半削之，幸琦误以为罪状遂传耳，则其他削者何限。范祖禹、黄庭坚修神宗实录，务诋荆公。陆佃曰：此谤书矣。既而蔡卞重行刊定，元祐党起，又行尽改。然则宋史尚可信邪？其指斥荆公者是邪非邪。虽然，一人是非何足辨，所恨诬此一人，而遂君父之仇也，而天下后世，遂群以苟安颓靡为君子，而建功立业欲撑柱乾坤者为小人也。岂独荆公之不幸，宋之不幸也哉！

至近世则有金陵蔡元凤先生（上翔），殚毕生之力，为王荆公年谱考略，其自序曰：

（前略）君子疾没世而名不称焉，则凡善有可纪，恶有当褫，不出于生平事实。而后之论者，虽或意见各殊，褒贬互异，然事实固不可得而易也。惟世之论公者则不然，公之没去今七百馀年，其始肆为诋毁者，多出于私书；既而采私书为正史，此外事实愈增，欲辨尤难。（中略）忆公有上韶州张殿丞书，其言曰："自三代之时，国各有史，而当时之史，多世其家，往往以身死职，不负其意，盖其所传，皆可考据。后既无诸侯之史，而近世非尊爵盛位，虽雄奇俊烈，道德流衍，不幸不为朝廷所称，辄不得见于史。而执笔者又杂出一时之贵人，观其在廷论议之时，人人得讲其然否，尚或以忠为邪，以异为同，诛当前而不栗，讪在后而不羞，苟以厌其忿好之心而止耳。况阴挟翰墨以裁前人之善恶，疑可以贷褒，似可以附毁，往者不能讼当否，生者不得论曲直，赏罚谤誉，又不施其间，以彼其私，独安能无欺于冥昧之间耶。"呜呼，尽之矣。此书作于庆历皇祐间，当是时公已见称于名贤钜公，而未尝有非毁及之者也。然每读是书，而不禁歔欷累叹，何其有似后世诋公者，而公已先言之也。自古前代有史，必由继世者修之，而其所考据，则必有所自来。

若为宋史者元人也，而元人尽采私书为正史。当熙宁新法初行，在朝议论蜂起，其事实在新法，犹为有可指数者。及夫元祐诸臣秉政，不惟新法尽变，而党祸蔓延。尤在范吕诸人初修神宗实录，其时邵氏闻见录，司马温公琐语涑水纪闻，魏道辅东轩笔录，已纷纷尽出，则皆阴挟翰墨以厌其忿好之私者为之也。又继以范冲朱墨史，李仁甫长编，凡公所致慨于往者不能讼当否，生者不得论曲直，若重为天下后世惜者。而不料公以一身当之，必使天下之恶皆归。至谓宋之亡由安石，岂不过甚哉？宋自南渡至元，中间二百馀年，肆为诋毁者，已不胜其繁矣。由元至明中叶，则有若周德恭，谓神宗合赧、亥、桓、灵为一人，有若杨用修，斥安石合伯鲧、商鞅、莽、操、懿、温为一人，抑又甚焉。又其前若苏子瞻作温国行状，至九千四百余言，而诋安石者居其半。无论古无此体，即子瞻安得有如是之文。后则明有唐应德者，著史纂左编，传安石至二万六千五百馀言，而亦无一美言一善行。是尚可与言史事乎哉？（后略）

陆、颜两先生，皆一代大儒，其言宜若可信。而蔡氏者又博极群书，积数十寒暑之日力网罗数千卷之资料以成年谱，而其持论若此。然则居今日以传荆公，欲求如克林威尔所谓"画我当画似我者"，不亦戛戛乎至难之业哉？虽然，历史上不一二见之哲人，匪直盛德大业，淹没不章，抑且千夫所指，与禹鼎之不若同视，天下不复有真是非，则祸之中于世道人心者，将与洪水猛兽同烈。则夫辟邪说拒淫辞，扬潜德发幽光，上酬先民，下奖来哲，为事虽难，乌可以已，是则兹编之所由作也。

（附）宋史私评

宋史在诸史中，最称芜秽，四库全书提要云："其大旨以表章道学为宗，余事不甚措意，故舛谬不能殚数。"檀氏（萃）曰："宋史繁猥既甚，而是非亦未能尽出于大公。盖自洛蜀党分，迄南渡而不息，其门户之见，锢及人心者深，故比同者多为掩饰之言，而离异者未免指摘之过。"此可谓深中其病矣。其后柯维骐著宋史新编，沈世泊著宋史就正编，皆纠正其谬。四库提要摘其纪志互异处、传前后互异处，十余条。赵氏（翼）陔余业考，廿二史札记，摘其叙事错杂处、失检处、错谬处、遗漏处、牴牾处，各十余条；其各传回护处、附会处、是非失当处、是非乖谬处，共百余条；则是书之价值，概可见矣。而其舛谬最甚，而数百年来未有人起而纠之者，莫如所记关于王荆公之事。

宋史成于元人之手，元人非有所好恶于其间也，徒以无识不能别择史料之真伪耳，故欲辨宋史当先辩其所据之资料。考宋时修神宗实录，聚讼最纷，几兴大狱。元祐初，范祖禹、黄庭坚、陆佃等同修之，佃数与祖禹、庭坚争辩。庭坚曰：如公言，盖佞史也。佃曰：如君言，岂非谤书乎？佃虽学于荆公，然不附和新法，今其言如此，则最初本之神宗实录，诬罔之辞已多，可以见矣。是为第一次之实录。及绍圣改元，三省同进呈台谏前后章疏，言实录院前后所修先帝实录，类多附会奸言，诋熙丰以来政事。及国史院取范祖禹、赵彦若、黄庭坚所供文状，各称别无按据得之传闻事。上曰：文字以尽见，史臣敢如此诞慢不恭。章惇曰：不惟多称得于传闻，虽有臣僚家取到文字，亦不可信。但其言以传闻修史，欺诞敢如此。安焘曰：自古史官未有如此者，亦朝廷不幸。此虽出于反对元祐者之口，其言亦不无可信。前此蒋之奇劾欧阳修以帷薄事，修屡抗疏乞根究。及廷旨诘问之奇，亦仅以传闻了之。可知宋时台馆习气，固如是也。于是有诏命蔡卞等重修实录。卞取荆公所著熙宁日录以进，将元祐本涂改甚多，以朱笔抹之，号朱墨本。是为第二次之实录。而元祐诸人，又攻之不已。徽宗时，有刘正夫者，言元祐绍圣所修神宗史，互有得失，当折衷其说，传信万世。又有徐勣者，言神宗正史，今更五闰，未能成书，盖由元祐绍圣史臣，好恶不同，范祖禹等专主司马光家藏记事，蔡京兄弟纯用王安石日录，各为之说，故论议纷然。当时辅相之家，家藏记录，何得无之。臣谓宜尽取用，参订是非，勒成大典。于是复有诏再修，未及成而靖康之难作。南渡后，绍圣四年，范冲再修成之以进。是为第三次之实录。宋史所据，即此本也。自绍圣至绍兴，元祐党人，窜逐颠播者凡三十余年，深怨积愤。而范冲又为祖禹之子，继其父业，变本加厉以恣报复。而荆公自著之日录，与绍圣间朱墨本之实录，悉从毁灭，无可考见。宋史遂据一面之词，以成信谳，而沉冤遂永世莫白矣。凡史中丑诋荆公之语，以他书证之，其诬蔑之迹，确然可考见者十之六七。近儒李氏（绂）蔡氏（上翔）辩证甚博，吾将摘其重要者，分载下方各章，兹不先赘。要之欲考熙丰事实，则刘正夫、徐勣所谓元祐绍圣好恶不同互有得失者，最为公平。吾非敢谓绍圣本之誉荆公者，遂为信史，然如元祐绍兴本欲以一手掩盖天下目，则吾虽欲无言，又乌可得也。蔡氏所撰荆公年谱载靖康初杨时论蔡京疏，有南宋无名氏书其后云：

　　荆公之时，国家全盛，熙河之捷，扩地数千里，开国百年以来所未有者。南渡以后，元祐诸贤之子孙，及苏程之门人故吏，发愤于党禁之祸，以攻蔡京为未足，乃以败乱之由，推原于荆公，皆妄说也。其实徽、钦之祸，由于蔡京。蔡京之用，由于温公。而龟山之进，又由于蔡京。波澜相推，全与荆公无涉。至于龟山在徽宗时，不攻蔡京而攻荆公，则感京之恩，畏京之势，而欺荆公已死者为易与，故舍时政而追往事耳。（后略）

　　此其言最为洞中症结，荆公所以受诬千载而莫能白者，皆由元祐诸贤之子孙及苏程之门人故吏，造为已甚之词。及道学既为世所尊，而蜚语遂变铁案。四库提要推原宋史舛谬之故，由于专表章道学，而他事不措意，诚哉然矣。颜习斋又尝为韩侂胄辩冤，谓其能仗义复仇，为南宋第一名相，宋人诛之以谢金，实狗彘不如。而宋史以入之奸臣传，徒以其得罪于讲学诸君子之故耳云云。朱竹垞、王渔洋皆论张浚误国，其杀曲端与秦桧之杀岳飞无异，徒因浚有子讲学且为朱子所父事，遂崇之为名臣；而文致曲端有可杀之罪，实为曲笔云云。凡此皆足证宋史颠倒黑白变乱是非之处，不一而足。而其大原因则皆由学术门户主奴之见，有以蔽之，若荆公又不幸而受诬最烈者也。吾故先评之如此，吾言信否，以俟识者。

第二章　荆公之时代（上）

自有史以来，中国之不竞未有甚于宋之时者也。宋之不竞，其故安在？始焉起于太祖之猜忌，中焉成于真仁之泄沓，终焉断送于朋党之挤排。而荆公则不幸而丁夫其间，致命遂志以与时势抗，而卒未能胜之者也，知此则可与语荆公矣。

宋艺祖之有天下，实创前史未有之局。何以言之？昔之有天下者，或起藩封，或起草泽，或以征诛，或以篡禅。周秦以前，其为天子者，大率与前代之主俱南面而治者数百年，不必论矣。乃若汉唐之兴，皆承大乱之余，百战以剪除群雄，其得之也甚艰，而用力也甚巨。次则曹操刘裕之俦，先固尝有大功于天下，为民望所系，即等而下之，若萧道成、萧衍辈，亦久立乎人之本朝，处心积虑以谋此一席者有年，羽翼已就，始一举而获之。惟宋不然，以区区一殿前都检点，自始未尝有赫赫之功也，亦非敢蓄异志觊非常也。陈桥之变，醉卧未起，黄袍已加，夺国于孤儿寡妇手中，日未旰而事已毕。故其初誓诸将也，曰："汝等贪富贵，立我为天子，我有号令，汝等能禀乎？"盖深惮之之词也。由此观之，前此之有天下者，其得之皆以自力，惟宋之得之以他力。夫能以他力取诸人以予我者，则亦将能以他力夺诸我以予人。艺祖终身所惴惴者，惟此一事；而有宋积弱之大原，皆基于是矣。

以将士拥立天子，创于宋。以将士劫天子而拥立帅，则不起于宋而起于唐。唐代诸藩镇之有留后也，皆陈桥之先声，而陈桥之役，不过因其所习行者加之厉而已。夫废置天子而出于将士之手，其可畏固莫甚焉。即不然，而将士常得有所拥以劫天子，则宋之为宋，固不能一日而以即安。宋祖有怵于此，故篡周以后，他无所事，而惟以弱其兵弱其将为事。夫藩镇之毒天下，垂二百年，摧陷而廓清之，孰云非当？然谊辟之所以处此，必将有道矣，导之以节制，而使之为国家捍城。古今中外之有国者，未闻有以兵之强为患者也。宋则不然，汲汲焉务弱举国之民，以强君主之一身，曾不思举国皆弱而君主果何术以自强者。宋祖之言曰：卧榻之侧，岂容他人鼾睡。而不计寝门之外，大有人图侬焉。夫宋祖之所见则限于卧榻而已，此宋之所以为宋也。

汉唐之创业也，其人主皆有统一宇内澄清天下之远志。宋则何有焉？五季诸镇，其芟夷削平之功，强半在周世宗，宋祖乃晏坐而收其成。所余江南蜀粤，则其君臣弄文墨恣嬉游，甚者淫虐是逞，人心解体，兵之所至，从风而靡。其亡也，乃其自亡，而非宋能亡之也。而北有辽，西有夏，为宋室百年之患者，宋祖未尝一留意也。谓是其智不及欤，殆非然，彼方汲汲于弱中国，而安有余力以及此也。

自石敬瑭割燕云十六州以赂契丹，为国史前此未有之耻辱，及周世宗，几雪之矣。显德六年，三关之捷，契丹落胆，使天假世宗以期年之寿，则全燕之光复，意中事也。即陈桥之役，其发端固自北伐，其时将士相与谋者，固犹曰先立点检为天子然后出征也。使宋祖能乘契丹凋敝震恐之时，用周氏百战之兵以临之，刘裕桓温之功，不难就也。既不出此，厥后曹翰献取幽州之策，复以赵普一言而罢。夫岂谓幽州之不当取不可取，惧取之而唐代卢龙、魏博之故辙将复见也（王船山宋论之言如此，可谓知言）。自是以后，辽遂是夜郎自大以奴畜宋人。太宗北伐，倾国大举，而死伤过半。帝中流矢，二岁而创溃以崩。乃益务寝兵，惟戢首贴耳悉索敝赋以供岁币。真宗澶渊之役，王钦若请幸江南，陈尧叟请幸蜀，使非有寇莱公，则宋之南渡，岂俟绍兴哉。然虽有一莱公，而终不免于城下之盟。至仁宗时，而岁币增于前者又倍，辽之病宋也若此。

李氏自唐以来，世有银夏，阻于一方，服食仰给中国，翘首而望内属之日久。及河东既下，李继捧遂来归，既受之使移镇彰德。苟乘此时，易四州之帅，选虎臣以镇抚之，鼓厉其吏士而重用之，既可以断契丹之右臂，而久任之部曲，尚武之边民，各得效其材勇以图功名，宋自此无西顾忧矣。乃太宗赵普，袭艺祖之故智，誓不欲以马肥士勇盐池沃壤付诸矫矫之臣，坐令继迁叛归，而复纵继捧以还故镇，徒长寇而示弱。故继捧北附于契丹，继迁且伪受降以缓敌。及元昊起，而帝制自雄，虔刘西土，不特掣中国而使之不得不屈于北狄，乃敢援例以索岁币，而宋莫之谁何。以大事小，为古今中外历史所未前闻。夏之病宋也若此。

夫当宋建国之始，辽已稍濒于弱，而夏尚未底于强。使宋之兵力稍足以自振，其于折柳以鞭笞之也，宜若非难。顾乃养痈数十年而卒以自敝者，则艺祖独有之心法，务弱其兵弱其将以弱其民。传诸后昆，以为成法，士民习之，而巽懦无勇，遂为有宋一代之风气。迨真仁以还，而含垢忍辱，视为固然者，盖已久矣。而神宗与荆公，即承此极敝之末流，荷无量之国仇国耻于其仔肩，而蹶然以兴者也。

夫吾所谓宋祖之政策，在弱其兵弱其将以弱其民者何也？募兵之恶法，虽滥觞于唐，而实确定于宋。宋制总天下之兵，集诸京师，而其籍兵也以募，盖收国中犷悍失职之民而畜之。每乘凶岁，则募饥民以增其额。史家颂之曰：此扰役强悍销弭争乱之深意也。质而言之，实则欲使天子宿卫以外，举国中无一强有力之人，所谓弱其民者此也。其边防要郡，须兵防守，皆遣自京师。诸镇之兵，亦皆戍更。将帅之臣，入奉朝请，兵无常帅，帅无常师。史家美之曰：上下相维，内外相制，等级相轧，虽有暴戾恣睢，无所厝于其间。质而言之，则务使将与卒不相习，以防晚唐五代藩镇自有其兵之患，所谓弱其将者此也。夫弱其民弱其将，宋祖之本意也；弱其兵，则非必宋祖之本意也。然以斯道行之，则其兵势固不得以不弱。夫聚数十万犷悍无赖之民，廪之于太官，终日佚游，而累岁不亲金革，则其必日即于偷惰而一无可用，事理之至易睹者也。况乎宋之为制，又沿朱梁盗贼之陋习，黥其兵使不得齿于齐民，致乡党自好之良，咸以执兵为耻。夫上既以不肖待之矣，而欲其致命遂志，以戮力于君国，庸可得邪？所谓弱其兵者此也。夫既尽举国之所谓强者而以萃诸兵矣，而兵之至弱而不足恃也固若是；其将之弱，又加甚焉。以此而驱诸疆场，虽五尺之童，犹知其无幸。而烽火一警，欲齐民之执干戈以卫社稷，更无望矣。积弱一至此极，而以摄乎二憾之间，其不能不靦颜屈膝以求人之容我为君，亦固其所。而试问稍有血气之男子，其能坐视此而以一日安焉否也？

国之大政，曰兵与财。宋之兵皆若此矣，其财政则又何如？宋人以聚兵京师之故，举天下山泽之利，悉入天庾以供廪赐，而外州无留财。开国之初，养兵仅二十万，其他冗费，亦不甚多，故府库恒有羡余。及太祖开宝之末，而兵籍凡三十七万八千。太宗至道间，增而至六十六万六千。真宗天禧间，增而至九十一万二千。仁宗庆历间，增而至一百二十五万九千。其英宗治平间及神宗熙宁之初，数略称是。兵既日增，而竭民脂膏以优廪之，岁岁戍更就粮，供亿无艺。宗室吏员之受禄者，亦岁以增进。又每三岁一郊祀，赏赉之费，常五百余万。景德中郊祀七百余万，东封八百余万，祀汾上宝册又百二十万，飨明堂且增至一千二百万。盖开宝以前，其岁出入之籍不可详考，然至道末，岁入二千二百二十四万五千八百，犹有羡余。不二十年，至天禧间，则总岁入一万五千八十五万一百，总岁出一万二千六百七十七万五千二百。及治平二年，总岁入一万一千六百十三万八千四百，总岁出一万二千三十四万三千一百，而临时费（史称为非常出）又一千一百五十二万一千二百。夫宋之民非能富于其旧也。而二十年间，所输赋增益十倍，将何以聊其生。况乎嘉祐治平以来，岁出超过之额，恒二千余万。洎荆公执政之始，而宋之政府及国民，其去破产盖一间耳。而当时号称贤士大夫者，乃哓哓然责荆公以言财利。试问无荆公之理财，而宋之为宋，尚能一朝居焉否也？

当时内外形势之煎迫，既已若是，而宋之君臣，所以应之者何如？真宗侈汰，斲丧国家之元气，不必论矣。仁宗号称贤主，而律以春秋责备贤者之义，则虽谓宋之敝始于仁宗可也。善夫王船山氏之言曰（宋论卷六）：

仁宗在位四十一年，解散天下而休息之。休息之是也，解散而休息之，则极乎弛之数，而承其后者难矣。岁输五十万于契丹，而频首自名，犹曰纳以友邦之礼。礼元昊父子，而输缯币以乞苟安，仁宗弗念也。宰执大臣，侍从台谏，胥在廷在野，宾宾啧啧，以争辩一典之是非，置西北之狄焉，若天建地设而不可犯。国既以是弱矣，抑幸元耶律德光李继迁鸷悍之力，而暂可以略免。非然，则刘六符虚声恐喝而魄已丧，使疾起而卷河朔，以向汴雒，其不为石重光者几何哉。

平心论之，仁宗固中主而可以为善者也，使得大有为之臣以左右之，宋固可以自振。当时宰执，史称多贤，夷考其实，则凡材充栋，而上驷殆绝。其能知治体有改弦更张之志者，惟一范仲淹。论其志略，尚下荆公数等，然已以信任不专，被间以去。其余最著者，若韩琦，若富弼，若文彦博，若欧阳修辈，其道德学问文章，皆类足以照耀千古，其立朝也，则于调燮宫廷，补拾阙漏，虽有可观，然不揣其本而齐其末。当此内忧外患煎迫之时，其于起积衰而厝国于久安，盖未之克任。外此衮衮以迄蚩蚩，则酣嬉太平，不复知天地间有所谓忧患。贾生所谓抱火厝诸积薪之下而寝其上，火未及然，因谓之安也。当此之时，而有如荆公者，起而扰其清梦，其相率而仇之也亦宜。荆公之初侍神宗也，神宗询以本朝所以享国百年天下无事之故，公退而具札子以对，其言曰：

（前略）然本朝累世，因循末俗之弊，而无亲友群臣之议。人君朝夕与处，不过宦官女子。出而视事，又不过有司之细故，未尝如古大有为之君，与学士大夫讨论先王之法以措之天下也。一切因任自然之理势，而精神之运，有所不加；名实之间，有所不察。君子非不见贵，然小人亦得厕其间；正论非不见容，然邪说亦有时而用。以诗赋记诵求天下之士，而无学校养民之法；以科名资历叙朝廷之位，而无官司课试之方。监司无检察之人，守将非选择之吏，转徙之亟，既难于考绩，而游谈之众，因得以乱真。交私养望者，多得显官；独立营职者，或见排沮。故上下偷惰，取容而已，虽有能者在职，亦无以异于庸人。农民坏于繇役，而未尝特见救恤，又不为之设官以修其水土之利；兵士杂于疲老，而未尝申敕训练，又不为之择将而久其疆场之权。宿卫则聚卒伍无赖之人，而未有以变五代姑息羁縻之俗；宗室则无教训选举之实，而未有以合先王亲疏隆杀之宜。其于理财，大抵无法，故虽俭约而民不富，虽忧勤而国不强。赖非夷狄昌炽之时，又无尧汤水旱之变，故天下无事，过于百年，虽曰人事，亦天助也。（后略）。

其论当时之国势，可谓博深切明，而公所以不能不变法之故亦具于是矣，故其上仁宗书亦云（节录，全文别见第七章）：

陛下其能久以天幸为常，而无一旦之忧乎？盖汉之张角，三十六万同日而起，所在郡国莫能发其谋。唐之黄巢，横行天下，而所至将吏，莫敢与之抗者。……而方今公卿大夫，莫肯为陛下长虑后顾，为宗庙万世计，臣窃惑之。昔晋武帝趣过目前，而不为子孙长远之谋，当时在位，亦皆偷合苟容，而风俗荡然，弃礼义，捐法制，上下同失，莫以为非，有识者固知其将必乱矣。其后果海内大扰，中国列于夷狄者二百余年。……臣愿陛下鉴汉唐五代之所以乱亡，惩晋武苟且因循之祸。……

呜呼，仁宗之世，号称有宋全盛时代，举国欢虞如也。而荆公忧危之深，至于如此，不惜援晋武以方其主，而惧中国之沦于夷狄，公果杞人乎哉？呜呼，靖康之祸，公先见之矣。

第三章　荆公之时代（下）

　　荆公所处之时势，虽极艰钜，然以其不世出之才，遭遇大有为之主，其于拨乱世反诸正也，宜若反手然。顾其成就不能如其所期者，何也？则朋党累之也。宋之党祸，盛于荆公以后，而实远滥觞于荆公以前，是不可不追论之。政党之为物，产于政治进化之后，国之有政党，非其可吊者，而其可庆者也。虽然，有界说焉。一曰，政党惟能生存于立宪政体之下，而与专制政体不相容。二曰，为政党者，既宜具结党之实，而尤不宜讳结党之名。三曰，其所辩争者，当专在政治问题，而宫廷问题及个人私德问题学术异同问题等，皆不容杂入其间（此不过略举其概，未能备列，因非作政党论故也）。若宋之所谓党，举未足以语于是也，吾故不能许以政党，仍其旧名曰朋党而已。中国前此之党祸，若汉之党锢，唐之牛李；后此之党祸，若明之东林复社，皆可谓之以小人陷君子。惟宋不然，其性质复杂而极不分明，无智愚贤不肖而悉自投于蜩唐沸羹之中。一言以蔽之，曰：士大夫以意气相竞而已。推原宋代朋党所以特盛之故，一由于右文而贱武，二由中央集权太过其度。宋祖之政策，既务摧抑其臣，使不得以武功自见，怀才抱能之士，势不得尽趋于从政之一途。而兵权财权，悉集中央，牧民之司，方面之寄，以为左迁贬谪。或耆臣优养之地，非如汉之郡国守相，得行其志以有所树立，且严其考成黜陟，使人知所濯磨也。是故秀异之士，欲立功名者，群走集于京师。而彼其京师，又非如今世立宪国之有国会，容多士以驰骋之余地也，所得与于国政者，二三宰执而已。其次则少数之馆职台谏，为宰执升进之阶者也，夫以一国之大，人才之众，而惟此极少极狭之位置，可以为树立功名之凭藉，则其相率而争之，亦固其所。故有宋一代之历史，谓之争夺政权之历史可也。不肖者固争焉以营其私，即贤者亦争焉以行其志，争之既急，意气自出乎其间，彼此相诋，而以朋党之名加人，于是党祸遂与宋相终始矣。

宋朋党之祸，虽极于元祐绍圣以后，而实滥觞于仁英二朝。其开之者，则仁宗时范吕之争，其张之者，则英宗时之濮议也。初范仲淹以忤吕夷简放逐，士大夫持二人曲直，交指为朋党。及夷简去，仲淹相，石介作诗曰：众贤之进，如茅斯拔；大奸之去，如距斯脱。而孙沔读介诗曰：祸自此始矣。仲淹相数月，史称其裁削幸滥，考核官吏，日夜谋虑，兴致太平。然更张无渐，规模阔大，论者以为不可行。及按察使出，多所举劾，人心不悦。自任子之恩薄，磨勘之法密，侥幸者不便，于是谤毁稍行，而朋党之论浸闻于上（以上皆录宋史范传语）。反对党乘之，尽力攻击，而仲淹与杜衍、韩琦、富弼同时罢。王拱辰昌言曰：吾一网打尽矣。其气焰与石介之诗，若出一吻。后世论史者，莫不右仲淹而抑夷简。夫仲淹之规模宏远，以天下为己任，诚非夷简辈所能望。然夷简亦不过一庸材贪恋大位者耳，若指为奸邪，则宋百年来之宰相，若夷简者比比皆是，宁得尽曰奸邪乎。况当时党夷简以攻仲淹之人，亦多有后世所目为君子者，则又何也？要之宋之朋党，无所谓君子小人，纯是士大夫各争意气以相倾轧。自庆历时而已然矣，此风既开，至英宗治平间而有濮议之一大公案。

濮议者何？仁宗崩，无子，以兄濮安懿王之子为后，是为英宗。英宗治平二年，议追尊濮王典礼，廷臣分党相哄，汹汹若待大敌，朋党之祸，于兹极烈。台谏至相率请斩韩琦、欧阳以谢先帝，驯至因公事以诋及私德，遂有诬欧阳修以帷薄隐匿之事。而当时以濮议被攻者，如韩欧之徒，固后世所称君子人者也。其以濮议攻人者，如吕诲、范纯仁之徒，又后世所称君子人者也。宋世朋党之真相，于兹毕见。此事虽若与荆公新法之哄争无与，然其现象极相类。且前此首攻濮议之人，即为此首攻新法之人，吾故不避枝蔓之诮，取欧阳公濮议原文全录之，以见当时所谓士大夫者，其风气若是。而知后此荆公之地位，一如韩欧，而新法之公案，亦一濮议而已。

（附）欧阳修濮议

英宗皇帝初即位，既覃大庆于天下，群臣并进爵秩，恩泽遍及存亡，而宗室故诸王，亦已加封赠。惟濮安懿王，上所生父也，中书以为不可与诸王一例，乃奏请下有司议合行典礼，有旨宜俟服除，其议遂格。治平二年四月，上既释服，乃下其奏两制，杂学士待制礼官详议。翰林学士王珪等议濮安懿王高官大爵极其尊荣而以，中书以为赠官及改封大国，当降制行册命，而制册有式，制则当曰某亲具官某可赠某官追封某国王，其册则当曰皇帝若曰咨尔某亲某官某今册命尔为某官某王。而濮王于上父子也，未审制册称何亲及名与不名，乃再下其议。而珪等请称皇伯而不名。中书据仪礼丧服记云：为人后者为其父母报；又据开元开宝礼皆云：为人后者为其所生父齐衰不杖期，为所后父斩衰三年。是所后所生皆称父母，而古今典礼，皆无改称皇伯之文。又历捡前世以藩侯入继大统之君，不幸多当衰乱之世，不可以为法，唯汉宣帝及光武，盛德之君也，皆称其父为皇考。而皇伯之称，既非典礼，出于无稽，故未敢施行。乃略具古今典礼及汉孝宣光武故事，并录皇伯之议，别下三省集官与台官共加详议。未及集议，而皇太后以手书责中书不当称皇考。中书具对所以然，而上见皇太后手书，惊骇，遽降手诏罢议，而追崇之礼亦寝。后数日，礼官范镇等坚请必行皇伯之议。其奏留中，已而台官各有论列。上既以皇太后之故，决意罢议，故凡言者一切留中。上圣性聪睿英果，烛理至明，待遇臣下，礼极谦恭，然而不为姑息。台官所论濮园事既悉已留中，其言他事不可从者又多寝而不行，台官由此积忿出怨言，并怒中书不为施行。中书亦尝奏云：近日台官忿朝廷不用其言，谓臣等壅塞言路，致陛下为拒谏之主，乞略与施行一二事。上曰：朝廷当以至公待天下，若台官所言可行，当即尽理施行，何止略行一二？若所言难行，岂当应副人情？以不可行之事勉强行之，岂不害事耶？中书以上语切中事理，不敢更有所请。上仍问曰：所言莫有可行而未行者否？韩琦已下相顾曰：实无之。因曰：如此则未有。是时杂端御史数人，皆新被擢用，锐于进取，务求速誉，见事辄言，不复更思职分。故事多乖缪，不可施行。是时京师大雨水，官私屋宇倒塌无数，而军营尤甚。上以军士暴露，圣心焦劳。而两府之臣，相与忧畏，夙夜劳心竭虑，部分处置，各有条目矣。是时范纯仁新除御史，初上殿，中外竦听所言何事。

而第一札子催修营房，责中书何不速了，因请每一营差监官一员中书勘会。在京倒塌军营五百二十座，如纯仁所请，当差监官五百二十员，每员当直兵士四人。是于国家仓卒多事阙人之际，虚破役兵二千人当直，五百员监官，而未有瓦木笆箔，一并兴修未得。其狂率疏缪如此。故于中书聚议时，臣修不觉笑之，而台中亦自觉其非。后数日吕大防再言，乞两营共差一官。其所言烦碎不识事体不可施行多类此，而台官不自知其言不可施行，但怨朝廷沮而不行。故吕大防又言：今后台官言事不行者，乞令中书具因何不行，报台。其忿戾如此。而怨怒之言，渐传于士大夫间，台官亲旧，有戏而激之曰：近日台官言事，中书尽批进呈讫，外人谓御史台为进呈院矣。此语甚著，朝士相传以为戏笑。而台官益怏怏惭愤，遂为决去就之计。以谓因言得罪，犹足取美名。是时人主圣德恭俭，举动无差失，两府大臣，亦各无大过，未有事可决去就者。惟濮议未定，乃曰此好题目，所谓奇货不可失也，于是相与力言。然是时手诏既已罢议，皇伯皇考之说俱未有适从，其他追崇礼数，又未尝议及，朝廷于濮议，未有过失，故言事者但乞早行皇伯之议而已。中书以谓前世议礼连年不决者甚多，此事体大，况人主谦抑，已罢不议，有何过举可以论列，于是置而不问。台官群至中书扬言曰：相公宜早了此事，无使他人作奇货。上亦已决意罢议，故言者虽多，一切不听。由是台官愈益愧耻，既势不能止，又其本欲以言得罪而买名，故其言惟务激怒朝廷，无所忌惮，而肆为诬罔，多引董宏、朱博等事，借指臣某为首议之人，恣其丑诋。初，两制以朝廷不用其议，意已有不平，及台宪有言，遂翕然相与为表里。而庸俗中下之人，不识礼义者，不

知圣人重绝人嗣，凡无子者明许立后，是大公之道，但习见
间阎俚俗养过房子及异姓乞养义男之类，畏人知者，皆讳其
所生父母，以为当然，遂以皇伯之议为是。台官既挟两制之
助，而外论又如此，因以言惑众，云朝廷背弃仁宗恩德，崇
奖濮王。而庸俗俚巷之人，至相语云：待将濮王入太庙，换
了仁宗木主。中外汹汹，莫可晓谕。而有识之士知皇伯之议
为非者，微有一言佑朝廷，便指为奸邪。太常博士孙固，尝
有议请称亲，议未及上，而台官交章弹之。由是有识之士，
皆钳口畏祸矣。久之，中书商量欲共定一酌中礼数行之以息
群论，乃略草一事目呈进，乞依此降诏云：濮安懿王是朕本
生亲也，群臣咸请封崇，而子无爵父之义，宜令中书门下，
以茔为园，即园立庙，令王子孙岁时奉祠，其礼止于如此而
已。乃是岁九月也。上览之，略无难色，曰：只如此极好，
然须白过太后乃可行，且少待之。是时渐近南郊，朝廷事
多，台议亦稍中息，上又未暇白太后，中书亦更不议及。郊
礼既罢，明年正月，台议复作。中书再将前所草事目进呈，
乞降诏。上曰：待三两日间白过太后，便可施行矣。不期是
夕忽遣高居简就曾公亮宅降出皇太后手谕云：濮王许皇帝称
亲。又云：濮王宜称皇，三夫人宜称后。与中书所进诏草中
事绝异，而称皇称后二事，上亦不曾先有宣谕，从初中书进
呈诏草时，但乞上直降诏施行，初无一语及慈寿宫。而上但
云：欲白过太后，然后施行。亦不云请太后降手书。此数事
皆非上本意，亦非中书本意。是日韩琦以祠祭致斋，惟曾公
亮、赵概与臣修在垂拱殿门阁子内，相顾愕然，以事出不
意，莫知所为，因请就致斋处召韩琦同取旨。少顷琦至，不
及交言，遂同上殿。琦前奏曰：臣有一愚见，未知可否。上

曰：何如。琦曰：今太后手书三事，其称亲一事，可以奉行。而称皇称后，乞陛下辞免。别降手诏，止称帝，而却以臣等前日进呈诏草以茔为园即园立庙令王子孙奉祠等事，便载于手诏施行。上欣然曰：甚好。遂依此降手诏施行。初，中外之人，为台官眩惑，云朝廷尊崇濮王欲夺仁宗正统，故人情汹汹，及见手诏所行礼数，止于如此，皆以为朝廷处置合宜，遂更无异论。惟建皇伯之议者，犹以称亲为不然。而吕诲等已纳告敕，杜门不出，其势亦难中止。遂专指称亲为非，益肆其诬罔，言琦交结中官苏利涉高居简，惑乱皇太后，致降手书。又专指臣修为首议之人，乞行诛戮以谢祖宗。其奏章正本进入，副本便与进奏官令传布。诲等既欲得罪以去，故每对见，所言悖慢，惟恐上不怒也。上亦数谕中书云：诲等遇人主，无复君臣之礼。然上圣性仁厚，不欲因濮王事逐言事官，故屈意含容，久之。至此，知其必不可留，犹数遣中使，还其告敕，就家宣召。既决不出，遂各止以本官除外任。盖濮园之议，自中书始初建请，以至称亲立庙，上未尝有一言欲如何追崇，但虚怀恭己，一付大臣与有司，而惟典礼是从尔。其不称皇伯欲称皇考，自是中书执议，上亦无所偏执。及诲等累论，久而不决者，盖以上性严重，不可轻回，谓已降手诏罢议，故称白称考，一切置而不议尔，非意有所偏执也。上尝谕韩琦等云：昔汉宣帝即位八年，始议追尊皇考，昨中书所议，何太速也。以此见上意慎重，不敢轻议耳，岂欲过当追崇也。至于中书惟称号不敢用皇伯无稽之说，欲一遵典故耳。其他追崇礼数，皆未尝议及者，盖皇伯皇考称呼犹未决而遽罢议，故未暇及追崇之礼也。其后所议，止于即园立庙而已，如诲等广引哀桓之事为厚诬者，皆未尝议及也。初，诲等既决必去之意，上屈意留之不可得，赵瞻者，在数人中尤为庸下，殊不识事体，遂扬言于人云：昨来官家但不曾下拜留我耳。以此自夸有德色。而吕诲亦谓人曰：向若朝廷于台官所言事，十行得三四，使我辈遮羞，亦不至决去。由是言之，朝廷于濮议，岂有过举？逐台官岂是上本意？而诲等决去，岂专为濮议耶？士大夫但见诲等所诬之言，而不知濮事本末，不究诲等用心者，但谓以言被黜，便是忠臣，而争为之誉。果如诲等所料，诲等既果以此得虚名，而荐诲等者又欲因以取名。夫扬君之恶而彰己善，犹不可，况诬君以恶而买虚名哉？呜呼，使诲等心迹不露，而诬罔不明，先帝之志，不谕于后世，臣等之罪也。故直书其实以备史官之采。

读欧公此文，则当时所谓清议者，其价值可以想见矣。彼建言者之意，不过欲借此以立名，但求因言得罪，则名愈高，其唯一之目的在是。而国家之利害，一切未尝介其胸也。故惟日日搜求好题目，居之以为奇货，稍有可乘，则摇唇鼓舌，盈廷不得志之徒，相与为表里；愚民无识，从而和之，势益汹汹。有抗之者，即指为奸邪，务箝人之口而后已。争之不得，则发愤而诬人私德，至谓韩魏公交结中官，谓欧阳公盗甥女，夷考当时攻韩欧之言。曰：乱大伦，灭人理。曰：含生之类发愤痛心。曰：奸邪之人，希恩固宠，自为身谋，害义伤孝。曰：百计搜求，务为巧饰，欺罔圣听，支吾言者。夫韩欧二公之立身事君，其大节昭昭在人耳目，曷尝有如言者所云云。使如所云云，则此二人之罪，不在施政之失宜，而在设心之不肖，是则真不可以立于天地间矣。而岂其然哉？若其不然，则攻之者之设心，又居何等也。夫濮议不过皇室私事耳，曾无与天下大计，即在皇室私事中，抑其细已甚。而当时所谓士大夫者，以沽名泄愤之故，推波助澜，无风作浪，不惜挠天下之耳目以集矢于一二任事之人。而况乎荆公之变法，其事业之重大而不适于庸众之耳目，有过此万万者乎，其一人狂吠而举国从而和之，固其所也。濮议之役，韩欧所为，无丝毫悖于义理，既已若是，而言者犹指为乱伦灭理，希恩固宠，巧饰欺罔。则夫后此之以此等种种恶名加诸荆公者，其又可信耶？以琦之耿介，而得诬为交结宦寺；以修之高尚，而得诬为盗污孤甥。则凡后此所以诋荆公私德者，其又可信耶？区区之濮议，其是非可一言而决者，而有一孙固欲与彼等立异，章未上已群指为奸邪。则后此凡有为新法讼直者，一切指为奸邪，不当作如是观耶？濮议一案，以有欧公此文，其是非曲直，尚得略传于后。而熙丰新法，以荆公熙宁日录被毁，后世惟见一面之辞，于是乃千古如长夜矣，哀哉！

且尤有一事极当注意者，则治平间攻濮议之人，即熙宁间攻新法之人也。荆公初参政，而首以十事劾之者，实为吕诲。吕诲即于濮议时主持最坚，首纳告敕者也。攻新法最力者，范镇、范纯仁。元祐初为执政以破坏新法者，司马光、吕大防。而镇、纯仁、光、大防，皆与诲为一气者也（欧公濮议未及司马光，然当时首倡异议者实光，盈廷因而附和之耳。及诲等被黜，光抗疏乞留之不许，遂请与俱贬，亦不许。此皆明见史册之事实也）。彼等后此之攻新法，自以为有大不得已者存也。而后世读史者，亦以其为有大不已者存也。夫濮议之役，在彼辈岂不亦自以为有大不得已者存耶。然按诸实际，则何如矣？

夫以当时朋党之见，如此其重；士大夫之竞于意气，如此其烈，为执政者，惟有实行乡愿主义，一事不办，阉然媚世，则庶可以自存。苟有所举措，无论为善为恶，皆足以供给彼辈题目，而使居之为奇货，如欧公濮议所云云者。而荆公乃毅然以一身负荷，取百年苟且相沿之法度而更张之，其丛天下之谤于一身，固其宜耳。夫范文正所改革者，不过裁恩荫之陋，严察吏之典，补苴时弊之一二事耳，然已盈廷讧之，仅三月而不安其位，亦幸而仁宗委任不专耳。使仁宗而能以神宗之待荆公者待范文正，则荆公之恶名，文正早尸之矣。故虽谓范文正为未成之荆公，荆公为已成之范文正可也。夫以当时之形势，其万不能不变法也既若彼，而以当时之风气，其万不能变法也又若此，吾于荆公，不得不敬其志而悲其遇也。

第四章　荆公之略传

宋太傅荆国王文公，讳安石，字介甫，临川人，今江西之抚州也。父益，母吴氏，以真宗天禧五年生公。幼随父宦韶州，十六岁随宦入京。十九岁丧父。二十一岁成进士，签淮南判官，实仁宗之太历二年也。旧制：判官秩满，许献文求试馆职。公独否。二十七岁，调知鄞县，治鄞四年，秩满归。明年，通判舒州。中书札召试馆职，以祖母老家贫不赴。至和元年，年三十四，除集贤校理，不赴。嘉祐元年，年三十六，为群牧判官。明年，知常州。移提点江东刑狱。又明年，使还报命，上书仁宗言事。四年，提点江东刑狱。五年，召入为三司度支判官。六年，除知制诰，年四十一。凡知制诰三年。治平元年，年四十四，以母丧居江宁。四年，正月，英宗崩，神宗立。三月起公知江宁府。九月，除翰林学士。明年，为熙宁元年，公年四十八，四月，以翰林学士越次入对。熙宁二年二月，以公参知政事。四年，同中书门下平章事。七年，累疏乞解机务。六月，以观文殿学士知江宁府。八年，二月，复召为同中书门下平章事。六月，除尚书左仆射兼门下侍郎。九年十月罢，以使相判江宁府，时公年五十七。自熙宁元年入对后，执政凡九年，自是遂称病不复起。元丰元年，年五十八，特授开府仪同三司，封舒国公，领集禧观使。三年，授特进，改封荆国公。八年，三月，神宗崩，宣仁太后临朝，进公司空。明年，为元祐元年，四月，公薨，时年六十六，赠太傅。凡公罢相后居江宁又九年。绍圣中谥曰文公。

第五章　执政前之荆公（上）

古之天民者与大人者，必有其所养。观其所养，而其所树立可知也。观其所树立，而其所养可知也。荆公之德量气节事业文章，其卓越千古也若彼，则其所以养之者必素矣，吾故于其少年时代事实之有可考者略论次焉。

集中有忆昨诗示诸外弟一首，盖庆历三年由淮南判官乞假归省时作，读之而公少年之经历可概见也。诗曰：

> 忆昨此地相逢时，春入穷谷多芳菲。
> 短垣围围冠翠岭，踯躅万树红相围。
> 幽花媚草错杂出，黄蜂白蝶参差飞。
> 此时少壮自负恃，意气与日争光辉。
> 乘闲弄笔戏春色，脱落不省旁人讥。
> 坐欲持此博轩冕，肯言孔孟犹寒饥。
> 丙子从亲走京国，浮尘坌并缁人衣。
> 明年亲作建昌吏，四月挽船江上矶。
> 端居感慨忽自悟，青天闪烁无停晖。

男儿少壮不树立，挟此穷老将安归。

吟哦图书谢庆吊，坐室寂寞生伊威。

材疏命贱不自揣，欲与稷契遐相希。

昊天一朝畀以祸，先子泯没予谁依。

精神流离肝肺绝，眦血被面无时晞。

母兄呱呱泣相守，三载厌食钟山薇。

属闻降诏起群彦，遂自下国趋王畿。

刻章琢句献天子，钓取薄禄欢庭闱。

身著青衫手持版，奔走卒岁官淮沂。

淮沂无山四封庳，独有庙塔尤峨巍。

时时凭高一怅望，想见江南多翠微。

归心动荡不可抑，霍若猛吹翻旌旗。

滕书漕府私自列，仁者恻隐从其祈。

暮春三月乱江水，劲橹健帆如转机。

还家上堂拜祖母，奉手出涕纵横挥。

出门信马向何许，城郭宛然相识稀。

永怀前事不自适，却指舅馆排山扉。

当时髫儿戏我侧，于今冠佩何顾颀。

况复邱樊满秋色，蜂蝶摧藏花草腓。

令人感嗟千万绪，不忍仓卒回骖非。

留当开尊强自慰，邀子剧饮毋予违。

　　此不訾公二十三岁以前自述之小传也，其天性孝友之纯笃，固盎然溢于楮墨间，而所谓欲与稷契遐相希者，盖自弱冠时而所志固已立矣。

　　荆公之学，不闻其所师授，盖身体力行，深造而自得之。而辅仁之友，则亦有焉。今刺取集中书序往还论学言志者次录之，其于公所养，可见一斑也。

夫君子有穷苦颠跌不肯一失诎己以从时者，不以时胜道也。故其得志于君，则变时而之道，若反手然，彼其术素修而志素定也。（送孙正之序）

予材性生古人下，学又不能力，又不得友以相镌切以入于道德，予其或者归而为涂之人而已耶。……自予之得通叔然后知圣人户庭可策而入也。是不惟喻于其言而已，盖观其行而得焉者为多。（李通叔哀辞）

某愚不识事务之变，而独古人是信。闻古有尧舜也者，其道大中至正，常行之道也。得其书，闭门而读之，不知忧乐之存乎己也。穿贯上下，浸淫其中，小之为无间，大之为无涯岸，要将一穷之而已。（上张太傅书）

方今乱俗，在学士大夫，沈没利欲，以言相尚，不知自治而已。（答曾子固书）

天下之变故多矣，而古之君子，辞受取舍之方不一，彼皆内得于己，有以待物，而非有待于物也。非有待于物，故其迹时若可疑；有以待物，故其心未尝有悔也。若是者，岂以夫世之毁誉者概其心哉。若某者不足以望此，而私有志焉。（答李资深书）

学足乎己，则不有知于上，必有知于下；不有传于今，必有传于后。不幸而不见知于上下，而不传于今又不传于后。古之人犹不憾也。知我者其天乎。此乃易所谓知命也。命者非独贵贱死生尔，万物之废兴皆命也。孟子曰，君子行法以俟命而已。（答史讽书）

　　夫君子之学，固有志于天下矣。然先吾身而后人，吾身治矣，而人之治不治，系吾得志与否耳。身犹属于命，天下之治，其可以不属于命乎？孔子曰：不知命无以为君子。又曰道之将行也与，命也；道之将废也与，命也。孔子之说如此，而或者以为孔子之学汲汲以忧世者，惑也。惑于此而进退之行，不得于孔子者有之矣。……吾独以为圣人之心，未始有忧。有难予者曰：然则圣人忘天下矣。曰：是不忘天下也。否之象曰：君子以俭德避难，不可荣以禄。初六曰：拔茅茹，以其汇，贞吉。象曰：拔茅贞吉，志在君也。在君者，不忘天下也。不可荣以禄者，知命也。吾虽不忘天下，而命不可必合，忧之其能合乎？……孔子所以极其说于知命不忧者，欲人知治乱有命，而进不可以苟，则先王之道得伸也。世有能谕知命之说而不能重进退者，由知及之仁不能守之也。始得足下文，特爱足下之才耳。既而见足下衣刓履缺，坐而语未尝及己之穷。退而询足下终岁食不荤，不以丝忽妄售于人。世之自立如足下者有几？吾以为知及之仁又能守之，故以某之所学报足下。（与王逢原书）

　　集中言论，似此者尚多，今不悉录，录其尤者，尝迹荆公一生立身事君之本末。进以礼，退以义，其蚤岁贫苦患难，曾不以撄其胸，能卓然自立，以穷极古今之学而致之用。其得君以道易天下，致命遂志而不悔。其致为臣而归，则又澹然若与世相忘。记所谓素位而行，不愿乎外，无入而不自得者，公当之矣。及读此诸篇，然后知公之学，盖大有本原在。其大旨在知命，而又归于行法以俟命，故其生平高节畸行，乃纯任自然，非强而致。而功名事业，亦视为性分所固然，而不以一毫成败得失之见杂其间。此公之所以为公也。

公固守道自重，不汲汲于用世，而玉蕴山辉，不能自闷，贤士大夫，稍稍知之而乐称道之。其交公最蚤者，则曾巩也。巩与欧阳修书云：

> 巩之友有王安石者，文甚古，行称其文。虽已得科名，然居今知安石者尚少也。彼诚自重，不愿知于人。然如此人，古今不常有，今时所急，虽无常人千万，不害也；顾如安石，此不可失也。

而陈襄上荐士书，以之与胡瑗等并举，称其才性贤明，笃于古学，文辞政事，已著闻于时。皇祐三年，宰臣文彦博，遂以之与韩维共荐，于是有集贤院校理之命。嘉祐元年，欧阳修又以之与包拯、张环、吕公著三人共荐，称其学问文章，知名当世，守道不苟，自重其身，议论通明，兼有时才之用，所谓无施不可者。自是徵辟屡至，然安于小吏，不肯就职，非故为恬退，亦有取于素位之义而已。

（考异一）宋史本传称曾恐携客安石文示欧阳修，修为之延誉，擢进士上第。今按此妄语也。巩上修书，有先生使河北之语，其事在庆历六年。而公之成进士，在庆历四年，且书中明有已得科名之语，则公之得第，非藉揄扬甚明。宋史开口便诬，何以示信。

（考异二）本传又云：安石本楚士，未知名于中朝，以韩吕二族为巨室，欲藉以取重，乃深与韩绛、绛弟维及吕公著三人交。三人更称扬之，名始盛。今按此又妄语也。陈襄当皇祐间，已称公文辞政事，著闻于时。欧阳公亦言学问文章，知名当世。而韩维者，则文潞公以之与公同荐者也；吕公著者，又欧阳公以之与公同荐者也。然则韩吕安能重公？而公亦安藉韩吕以为重哉？夫自皇祐以及熙宁二十年间，公声名满天下，若范文正公、富郑公、韩魏公、曾鲁公皆交相延誉，见于本集及其他记载者班班可考。而本传曾不道及，乃至并文欧二公之荐剡而没之，一若有损诸君子知人之明者，徒曰藉韩吕以为重而已，毁人者何所不用其极耶。吾所以哓哓辨此者，以公之名节高一世，即其没后，而反对党魁之温公，犹称道之，（见下）今如宋史所记，则一干禄无耻之小人，而其居恒所谓知命守道者，皆饰说以欺人矣，此大有玷于公之人格，虽欲勿辨，乌得已也。

（考异三）荆公少年，交友甚少，曾子固称其不愿知于人，而公答孙少述书，亦言"某天禀疏介，生平所得，数人而已，兄素固知之。置此数人，复欲强数，指不可诎。"由此观之，公之寡交可见。而俗史乃有公与濂溪交涉一事，是又不可以不辨。罗景纶鹤林玉露云：荆公少年，不可一世士，独怀刺候濂溪，三及门而三辞焉。荆公恚曰：吾独不可自求诸六经乎？乃不复见。度正撰周濂溪年谱云：嘉祐五年，先生年四十四，东归时，王介甫为江东提点刑狱，年三十九，已号通儒。先生遇之，与语连日夜。介甫退而精思，至忘寝食。（此说本邢恕，恕程氏门人也。）今按此两说者，一言不见，一言已见，既相矛盾，岂荆公少年即既恚其不得见，及年至四十，又及其门而求见耶？抑濂溪始焉三辞之不见，而继焉且复自往见之耶？一何可笑。不知两说皆妄也。考濂溪不过长荆公五岁，以为少年，则俱少年耳，即云荆公求友心切，亟欲见濂溪，而濂溪以彼此同在求学之时，何得妄自尊大若此。岂孔子之与孺悲耶？且濂溪既未见荆公，以一向学之少年，何由望名刺而知其不可与语？濂溪果如此，尚得为人耶？况按诸两家年谱，盖终身无从有遇合之地。濂溪以天禧元年生道州，天圣九年，年十五，父卒，从母入京师依舅氏，则自十五以前，皆在道州也。景祐四年，母卒，葬润州。康定元年，年二十四，起洪州分宁县主簿，始入江西。荆公生天禧五年，幼随父宦韶州，其忆昨书曰：丙子从亲走京国，则年十六也。明年亲作建昌吏，则年十七至江宁矣。宝元二年，父卒，在江宁居丧，诗所谓三年厌食钟山薇也。庆历二年，年二十二，成进士，官淮南，而濂溪已先二年官分宁。是二人当少年时，未尝一日相值，罗氏之说，从何而来？嘉祐三年，荆公自常州移提点江东刑狱。四年，年三十九，五年五月，召入为三司度支判官，而濂溪于是年六月解合州签事归京师，则荆公已去江东，而年亦四十矣，以为二人相遇于江东，其年与地皆不合，而刑氏、度氏之说，从何而来？彼讲学之徒之造为此说者，欲借荆公以重濂溪耳。若夫濂溪之见不见，则何足为荆公轻重？而吾犹辨之不惮词费者，凡以见当时之所以诬诋荆公者，肆无忌惮，乃至毫无影响之事，而言之若凿凿焉，则其他之不可信，皆类是矣；而真事实之被抹煞而不可见者，又何限哉。

第六章　执政前之荆公（中）

　　世之论者，每以荆公蚤岁，屡徵馆职，不赴，及其后除翰林学士，乃一召即应，谓其本热心富贵，前此不过矫情缴誉，待养望既久，一跃而致大位。呜呼，何其不考情实，而效舞文之吏，锻炼以入人罪耶。荆公之出处，其自审之固甚蚤且熟，用世固其本志也，然素位而行，又其学养之大原也。如谓薄馆职而不为，则州县小吏，其汙贱更甚，则曷为安之？匪直安之，而且求之耶。徒以家贫亲老，不得不为禄仕，故不惜自汙以行其心之所安云尔。及除学士时，则老母已逝，家计稍足以自赡，故遂应之而不辞，则所处者有以异乎前故也。故吾论荆公之立身，与其谓之似伯夷，毋宁谓之似柳下惠。而恶公者犹窃窃然议之，抑岂不过甚已哉。今刺取集中一二文以证吾言。其皇祐三年乞免就试状云：

　　　　准中书札子奉圣旨依前降指挥发来赴阙就试者，伏念臣祖母年老，先臣未葬，弟妹当嫁，家贫口众，难住京师，比尝以此自陈，乞不就试，慢废朝命，尚宜有罪，幸蒙宽赦，即赐听许。不图逊事之臣，更以臣为恬退，令臣无葬嫁奉养之急，而逡巡辞避，不敢当清要之选，虽曰恬退可也。今特以营私家之急，择利害而行，谓之恬退，非臣本意。兼臣罢县守阙，及今二年有余，老幼未尝宁宇，方欲就任，即令赴阙，实于私计有妨，伏望圣慈，察臣本意，止是营私，特寝召试指挥，且令终满外任。

此其初辞徵召之作也，因文彦博荐公有恬退之语，故云云（潞公荐书云：文馆之职，士人所欲，而安石恬然自守，未易多得）。前乎此者，有庆历七年上相府书，后乎此者，有至和元年辞集贤校理状二篇，嘉祐元年上执政书上欧阳永叔书，二年上曾参政书，三年上富相公书，其措词大率类此。匪惟孝友之笃，溢于言表，其所以自处者，亦绰然不愧古人。而必以矫情目之，抑何好诬一至是耶。抑公之不卑小官为出于万不得已，更尝自言之矣，曰：

> 某不思其力之不任也，而惟孔子之学，操行之不得，取正于孔子焉而已。宦为吏，非志也，窃自比古之为贫者。（答王该书）
> 某常以今之仕进，为皆诎道而信身者，顾有不得已焉者。舍为仕进则无以自生，舍为仕进而求其所以自生，其诎道有甚焉，此固某之亦不得已焉者。独尝为进说以劝得已之士焉，得已而已焉者，未见其人也。（答张几书）

由此观之，则伊尹耕莘，遭遇成汤而后起者，公之志也。顾己不能，则公之所以自贬于流俗者既已多矣，而后之人犹窃窃焉议之，独何心哉？

孔子为委吏则求会计之当，为乘田则务牛羊之茁。惟公亦然，虽其心所不欲就者，夫既已就之矣，则忠于其职，而不肯以一毫苟且行之，此公之学所以为不欺也。公所至有治绩，而宰鄞时为尤著，本传称其起堤堰决陂塘，为水陆之利；贷谷与民，立息以偿，俾新陈相易，邑人便之。此即后此执政时农田水利青苗诸法，而小试诸一邑者也。集中有鄞县经游记，上杜学士论开河书，上孙司谏书等，皆可见治鄞政绩之一斑，今不具录。明嘉靖间，陈九川之叙公文集也，曰："公尝令鄞邑，称循吏而庙食焉，民至今神之。其系民去思数百年而未沬也若此，则公之道德政治，其有以致之矣。

荆公实行之人，非好言之人也，顾其执政以前之政论，亦往往散见集中。今录一二资观览焉，亦以见公之所怀抱也。其与马运判书云：

方今之所以穷空，不独费出之无节，又失所以生财之道故也。富其家者资之国，富其国者资天下，欲富天下，则资之天地。盖为家者不为其子生财，有父之严而子富焉，则何求而不得。今阖门而与其子市，而门之外莫入焉，虽尽得子之财，犹不富也。盖近世之言利虽善矣，皆有国者资天下之术耳，直相市于门之内而已，此其所以困与。

呜呼，此其言，何其与今世经济学财政学原理相吻合之甚耶。荆公理财之政策，具于是矣。而后世乃以聚敛之臣目之，抑何其与公之精神，适相反耶。集中尚有议茶法一篇，论榷茶之当废；有上运使孙司谏书一篇，言官卖盐之不可行。此则虽以今日之财政家，犹当采取者也，而论者乃以桑孔之徒同类而并非之何也。

有诗数章，亦自言其财政意见者，今录之：

先王有经制，颁赉上所行。后世不复古，贫穷主兼并。非民独如此，为国赖以成。筑台尊寡妇，入粟至公卿。我尝不忍此，顾见井地平。大意苦未就，小官苟营营。三年佐荒州，市有弃饿婴。驾言发富藏，云以救鳏茕。崎岖山谷间，百室无一盈。乡豪已云然，罢弱安可生。兹地昔丰实，土沃人良耕。他州或啙窳，贫富不难评。豳诗出周公，根本诇宜轻。愿书七月篇，一窥上聪明。（上发廪）

三代子百姓，公私无异财。人主擅操柄，如天持斗魁。赋予皆自我，兼并乃奸回。奸回法有诛，势亦无自来。后世始倒持，黔首遂难裁。秦王不知此，更筑怀清台。礼义日已偷，圣经久埋埃。法尚有存者，欲言时所咍。俗吏不知方，掊克乃为材。俗儒不知变，兼并可无摧。利孔至百出，小人私阖开。有司与之争，民更可怜哉。（上兼并）

婚丧孰不供，贷钱免尔萦。耕收孰不给，倾粟助之生。物赢我收之，物窘出使营。后世不务此，区区挫兼并。（上寓言）

上发廪兼并二首，其所持说，盖有近于今世所谓社会主义，其可行与否，次章别论之。其寓言一首，则后此青苗、均输诸法所本也。

其省兵一首云：

有客语省兵，省兵非所先。方今将不择，独以兵乘边。

前攻已破散，后距方完坚。以众亢彼寡，虽危犹幸全。将既非其才，议又不得专。兵少败孰继，胡来饮秦川。万一虽不尔，省兵当何缘。骄惰习已久，去归岂能田。不田亦不桑，衣食犹兵然。省兵岂无时，施置有后前。王功所由起，古有七月篇。百官勤俭慈，劳者已息肩。游民慕草野，岁熟不在天。择将付以职，省兵果有年。

此荆公对于当时兵政之意见也，其后执政，一一行之，如其言。

其材论云：

天下之患，不患才之不众，患上之人不欲其众。不患士之不欲为，患上之人不使其为也。夫材之用，国之栋梁也，得之则安以荣，失之则亡以辱。然上之人不欲其众，不使其为者何也？是有三蔽焉。其尤蔽者，以为吾之位可以去辱绝危，终身无天下之患，材之得失，无补于治乱之数，故偃然肆吾之志，而卒入于败乱危辱。此一蔽也。又或以谓吾之爵禄富贵，足以诱天下之士，荣辱忧戚在我，吾可以坐骄天下之士，将无不趋我者，则亦卒入于败乱危辱而已。此亦一蔽也。又或不求所以养育取用之道，而思思然以为天下实无材，则亦卒入于败乱危辱而已。此亦一蔽也。此三蔽者，其为患则同，然而用心非不善而犹可以论其失者，独以天下为无材者耳。盖其心非不欲用天下之材，特未知其故也。且夫人之有材能者，其形何以异于人哉，惟其遇事而事治，画策而利害得，治国而国安利，此其所以异于人也。上之人苟不能精察之、审用之，则虽抱皋夔稷契之智，且不能自异于众，况其下者乎？世之蔽者方曰：人之有异能于其身，犹锥之在囊，其末立见，故未有有其实而不可见者也。此徒有见于锥之在囊，而固未睹夫马之在厩也。驽骥杂处，饮水食刍，嘶鸣蹄啮，求其所以异者蔑矣；及其引重车，取夷路，不屡策，不烦御，一顿其辔而千里已至矣。当是之时，使驽马并驱，则虽倾轮绝勒，败筋伤骨，不舍昼夜而追之，辽乎其不可以及也。夫然后骐骥騕袤与驽骀别矣。古之人君知其如此，故不以天下为无材，尽其道以求而试之。试之之道，在当其所能而已。夫南越之修竿，簇以百练之精金，羽以秋鹗之劲翮，加强弩之上，而匄之千步之外，虽有犀兕之悍，无不立穿而死者。此天下之利器，而决胜觌武之所宝也。然用以敲朴，则无以异于朽槁之梃。是知虽得天下之瑰材杰智，而用之不得其方，亦若此矣。古之人君知其如此，于是铢量其能而审处之，使大者小者长者短者强者弱者，无不适其任者焉。如是则士之愚蒙鄙陋者，皆能奋其所知以效小事，况其贤能智力卓荦者乎。呜呼，后之在位者，盖未尝求其说而试之以实也，而坐曰天下果无材，亦未之思已矣。或曰：古之人于材，有以教育成就之，而子独言其求而用之者何也？曰：天下法度未立之先，必先索天下之材而用之。如能用天下之材，则能复先王之法度；能复先王之法度，则天下之小事，无不如先王时矣，况教育成就人材之大者乎，此吾所以独言求而用之之道也。（后略）

此公之政论言用人者也。

以上所录，不过公生平怀抱之一斑，然其后此之设施，固已略见矣。

第七章　执政前之荆公（下）

荆公于仁宗嘉祐三年，提点江东刑狱。使还报命，乃上书言事。此书虽谓公之政见宣言书可也，后世承学之士稍治国闻者，虑无不尝诵公此书。今不避习见，更全录之，略为疏解，备论古经世者省览焉：

臣愚不肖，蒙恩备使一路。今又蒙恩召还阙廷，有所任属，而当以使事归报陛下。不自知其无以称职，而敢缘使事之所及，冒言天下之事。伏惟陛下详思而择处其中，幸甚。窃观陛下有恭俭之德，有聪明睿智之才，夙兴夜寐，无一日之暇，声色狗马观游玩好之事，无纤介之蔽，而仁民爱物之意，孚于天下。而又公选天下之所愿以为辅相者属之以事，而不贰于谗邪倾巧之臣。此虽二帝三王之用心，不过如此而已。宜其家给人足，天下大治，而效不至于此，顾内则不能无以社稷为忧，外则不能无惧于夷狄，天下之财力日以困穷，而风俗日以衰坏，四方有志之士，偲偲然常恐天下之久不安。此其故何也？患在不知法度故也。今朝廷法严令具，无所不有，而臣以谓无法度者何哉？方今之法度，多不合乎先王之政故也。孟子曰：有仁心仁闻而泽不加于百姓者，为政不法于先王之道故也。以孟子之说，观方今之失，正在于此而已。夫以今之世去先王之世远，所遭之变，所遇之势不一，而欲一一修先王之政，虽甚愚者犹知其难也。然臣以谓今之失患在不法先王之政者，以谓当法其意而已。夫二帝三王相去盖千有余载，一治一乱，其盛衰之时具矣。其所遭之变，所遇之势，亦各不同，其施设之方亦皆殊，而其为天下国家之意，本末先后，未尝不同也。臣故曰：当法其意而已。法其意，则吾所改易更革，不至乎倾骇天下之耳目嚣天下之口，而固已合乎先王之政矣。

（按）今世言政者，必曰法治国。夫国固未有舍法而能以为治者也，而中国儒者讳言之，惟以守祖宗成法自文。彼其所谓祖宗成法者何？袭前代之旧而已，前代又袭前代之旧而已，数千年来，一邱之貉，因陋就简，每下愈况。其以政治家闻于后者，不过就现有之法，综核名实而已。更上焉者，补苴罅漏而已。其一倡变法之议者，惟汉之董子，其言曰：若琴瑟不调甚者，必改弦而更张之，乃可鼓也。似矣，夷考其条理，则仅在改正朔易服色。夫正朔服色之细故，必非有关于治道，甚易明也，故董子非真能变法之人。而汉武之志不及此，又无论也。自兹以往，则更未闻有人焉。能以制法之业毅然自任者也，盖由以至诚恻怛之心忧国家者，既旷世不一见，即或有之，而识不足以及此。彼其于国家之性质，盖未之知，曰国家者则君主而已，凡法度皆为君主而立也。夫使法度为君主而立，则以数千年霸者之所经验，固已日趋完备矣，其不必改弦而更张之也亦宜。呜呼，三代上勿具论，秦汉以后，其能知国家之性质，至诚恻怛以忧国家者，荆公一人而已。其忧之也既诚，痛心疾首，于国家之淹滞而不进化，国民之憔悴而不发达，反覆以求其故，若穷河源以达于星宿海。于是敢为一言以断之曰：患在不知法度故也。呜呼，尽之矣。虽然，论者或以公之诵法先王也，则或疑之为保守家理想家而不达于今世之务者。顾公不云乎，法先王者法其意而已，以今世术语解之，则公之所谓先王，非具体的之先王，而抽象的之先王也。更质言之，则所谓先王之意者，政治上之大原理原则而已。夫公之变法，诚非欲以倾骇天下之耳目嚣天下之口者，而竟骇焉嚣焉，则非公之罪矣。

　　虽然，以方今之世揆之，陛下虽欲改易更革天下之事，合于先王之意，其势必不能也。陛下有恭俭之德，有聪明睿智之才，有仁民爱物之意，诚加之意，则何为而不成，何欲而不得。然而臣顾以谓陛下虽欲改易更革天下之事合于先王之意，其势必不能者何也？以方今天下之人才不足故也。臣尝试窃观天下在位之人，未有乏于此时者也。夫人才乏于上，则有沈废伏匿在下而不为当时所知者矣。臣又求之于闾巷草野之间，而亦未见其多焉，岂非陶冶而成之者非其道而然乎？臣以谓方今在位之人才不足者，以臣使事之所及，则可知矣。今以一路数千里之间，能推行朝廷之法令，知其所缓急，而一切能使民以修其职事者，甚少。而不才苟简贪鄙之人，至不可胜数。其能讲先王之意以合当时之变者，盖阖郡之间，往往而绝也。朝廷每一令下，其意虽善，在位者犹不能推行使膏泽加于民，而吏辄缘之为奸，以扰百姓。臣故曰：在位之人才不足，而草野闾巷之间亦未见其多也。夫人才不足，则陛下虽欲改易更革天下之事，以合先王之意，大臣虽有能当陛下之意而欲领此者，九州之大，四海之远，孰能称陛下之旨以一二推行此而人人蒙其施者乎？臣故曰：其势必未能也。孟子曰：徒法不能以自行。非此之谓乎？然则方今之急，在于人才而已，诚能使天下之才众多，然后在位之才，可以择其人而取足焉。在位者得其才矣，然后稍视时势之可否，而因人情之患苦，变更天下之弊法，以趋先王之意甚易也。

（按）法治固急矣，然行法者人也，制法者亦人也，故公既以法度为本原，又以人才为本原之本原，夫法治国固以大多数之人民为元气者也。此公之意也。

今之天下，亦先王之天下，先王之时，人才尝众矣，何至于今而独不足乎？故曰陶冶而成之者非其道故也。商之时，天下尝大乱矣，在位贪毒祸败，皆非其人。及文王之起，而天下之才尝少矣，当是时，文王能陶冶天下之士而使之皆有士君之才，然后随其才之所有而官使之。诗曰：岂弟君子，遐不作人。此之谓也。及其成也，微贱兔置之人，犹莫不好德。兔置之诗是也。又况于在位之人乎？夫文王惟能如此，故以征则服，以守则治。诗曰：奉璋峨峨，髦士攸宜。又曰：周王于迈，六师及之。言文王所用文武各得其材而无废事也。及至夷厉之乱，天下之才又尝少矣。至宣王之起，所与图天下之事者，仲山甫而已，故诗人叹之曰：德輶如毛，维仲山甫举之，爱莫助之，盖闵人士之少，而山甫之无助也。宣王能用仲山甫，推其类以新美天下之士，而后人才复众。于是内修政事，外讨不庭，而复有文武之境土。故诗人美之曰：薄言采芑，于彼新田，于此菑亩。言宣王能新美天下之士，使之有可用之才，如农夫新美其田，而使之有可采之芑也。由此观之，人之才未尝不自人主陶冶而成之者也。

（按）是说也，近世曾文正公宗之而加引申焉，其言曰："今之君子之在势者，辄曰天下无才。彼自尸于高明之地，不克以己之所向转移习俗，而翻谢曰无才，谓之不诬可乎。十室之邑，有好义之士，其智足以移十人者，必能拔十人中之尤者而才之，其智足以移百人者，必能择百人中之尤者而才之。然则转移习俗而陶铸一世之人，非特处高明之地者然也。凡一命之上，皆与有责焉者也。"其言更博深切明矣。顾公之此论，独以陶冶之责归诸人主何也？非徒以其所与语者为人主而已，私人陶冶之范围狭而人主则广，私人陶冶之效力缓而人主则疾，故不居高明之位而勉其责云者，不得已而思其次耳，慰情聊胜于无耳。若夫欲发扬一国之人才而挟之以趋，道固莫有捷于开明专制者，此俾斯麦所造于德国者如彼，而曾文正所造于中国者仅如此也。

所谓陶冶而成之者何也？亦教之养之取之任之有其道而已。所谓教之之道何也？古者天子诸侯，自国至于乡党，皆有学，博置教导之官而严其选，朝廷礼乐政刑之事，皆在于学。士所观而习者，皆先王之法言德行治天下之意，其材亦可以为天下国家之用。苟不可以为天下国家之用，则不教也；苟可以为天下国家之用者，则无不在于学。此教之之道也。所谓养之之道何也？饶之以财，约之以礼，裁之以法也。何谓饶之以财？人之情，不足于财，则贪鄙苟得，无所不至。先王知其如此，故其制禄，自庶人之在官者，其禄已足以代其耕矣，由此等而上之，每有加焉，使其足以养廉耻而离于贪鄙之行。犹以为未也，又推其禄以及其子孙，谓之世禄，使其生也。既于父母兄弟妻子之养，婚姻朋友之接，皆无憾矣；其死也，又于子孙无不足之忧焉。何谓约之以礼？人情足于财而无礼以节之，则又放僻邪侈，无所不至。先王知其如此，故为之制度婚丧祭养燕享之事，服食器用之物，皆以命数为之节，而齐之以律度量衡之法。其命可以为之而财不足以具，则弗具也；其财可以具而命不得为之者，不使有铢两分寸之加焉。何谓裁之以法？先王于天下之士，教之以道艺矣，不帅教则待之以屏弃远方终身不齿之法；约之以礼矣，不循礼则待之以流杀之法。王制曰：变衣服者其君流。酒诰曰：厥或诰曰，群饮，汝勿佚，尽执拘以归于周，予其杀。夫群饮变衣服，小罪也，流杀大刑也，加小罪以大刑，先王所以忍而不疑者，以为不如是不足以一天下之俗而成吾治。夫约之以礼，裁之以法，天下所以服从无抵冒者，又非独其禁严而治察之所能致也，盖亦以吾至诚恳恻之心力行而为之倡。凡在左右通贵之人，皆顺上之欲而服行之，有一不帅者，法之加必自此始。夫上以至诚行之，而贵者知避上之所恶矣，则天下之不罚而止者众矣，故曰此养之之道也。所谓取之之道者何也？先王之取人也，必于乡党，必于庠序，使众人推其所谓贤能书之，以告于上而察之，诚贤能也，然后随其德之大小才之高下而官使之。所谓察之者，非专用耳目之聪明，而听私于一人之口也，欲审知其德问以行，欲审知其才问以言，得其言行，则试之以事，所谓察之者，试之以事是也。虽尧之用舜，不过如此而已，又况其下乎？若夫九州之大，四海之远，万官亿丑之贱，所须士夫之才则众矣；有天下者又不可以一一自察之也，又不可偏属于一人而使之于一日二日之间试其能行而进退之也。盖吾已能察其才行之大者，以为大官矣，因使之取其类，以持久试之，而考其能者以告于上，而后以爵命禄秩予之而已。此取之之道也。所谓任之之道者何也？人之才德，高下厚薄不同，其所任有宜有不宜，先王知其如此，故知农者以为后稷，知工者以为共工，其德厚而才高者为之长，德薄而才下者以为之佐属。又以久于其职，则上狃习而知其事，下服驯而安其教，贤者则其功可以至于成，不肖者则其罪可以至于著，故久其任而待之以考绩之法。夫如此，故智能才力之士，则得尽其智以赴功，而不患其事之不终其功之不就也；偷惰苟且之人，虽欲取容于一时，而顾僇辱在其后，安敢不勉乎；若夫无能之人，固知辞避而去矣，居职任事之日久，不胜任之罪，不可以幸而免故也，彼且不敢冒而知辞避矣，尚何有比周谗谄争进之人乎。取之既已详，使之既已当，处之既已久，至其任之也又专焉，而不一一以法束缚之，而使之得行其意。尧舜之所以理百官而熙众工者，以此而已。书曰：三载考绩，三考黜陟幽明。此之谓也。然尧舜之时，其所黜者则闻之矣，盖四凶是也；其所陟者，则皋陶稷契，皆终身一官而不徙。盖其所谓陟者，特加之爵命禄赐而已耳。此任之之道也。夫教之养之取之任之之道如此，而当时人君，又能与其大臣，悉其耳目心力，至诚恻怛思念而行之，此其人臣之所以无疑，而于天下国家之事，无所欲为而不得也。

（按）公所言教育之当兴官吏之当久任等，稍知治体者盖不能持异说，无俟发明。独其论裁之以法，而引加小罪以大刑，则有疑其持申商之术操之过切者，则甚矣其间于政治之原理也。夫国家之对于人民，有命令服从之关系者也，其统治权至尊无上而不可抗者也，非惟专制国有然，即立宪国亦有然。夫苟不可行者则勿著为令已耳，既著为令而可以不行，则是渎国家之神圣也。后此元祐诸君子，以阻挠新法贬谪迁徙，而积怨发愤于荆公，曾亦思管子之治齐也。曰：专令者死，益令者死，不行令者死，留令者死，不从令者死。荆公之所以失败，正坐姑息，不能践此书之言而已。

方今州县虽有学，取墙壁具而已，非有教导之官长育人才之事也。唯太学有教导之官，而亦未尝严其选，朝廷礼乐刑政之事，未尝在于学；学者亦漠然自以礼乐刑政为有司之事，而非己所当知也。学者之所教，讲说章句而已。讲说章句，固非古者教人之道也。近岁乃始教之以课试之文章，夫课试之文章，非博诵强学穷日之力则不能，及其能工也，大则不足以用天下国家，小则不足以为天下国家之用。故虽白首于庠序，穷日之力以帅上之教，乃使之从政，则茫然不知其方者，皆是也。谏今之教者，非特不能成人之才而已，又从而困苦毁坏之。使不得成材者，何也？夫人之才，成于专而毁于杂，故先王之处民才，处工于官府，处农于畎亩，处商贾于肆，而处士于庠序。使各专其业，而不见异物，惧异物之足以害其业也。所谓士者，又非特使之不得见异物而已，一示之以先王之道，而百家诸子之异说，皆屏之而莫敢习者焉。今士之所宜学者，天下国家之用也，今悉使置之不教，而教之以课试之文章，使其耗精疲神穷日之力以从事于此。及其任之以官也，则又悉使置之，而责之以天下国家之事。夫古之人，以朝夕专其业于天下国家之事，而犹才有能有不能，今乃移其精神夺其日力，以朝夕从事于无补之学，及其任之以事，然后卒然责之以为天下国家之用，宜其才之足以有为者少矣。臣故曰非特不能成人之才，又从而困苦毁坏之使不得成材也。

（按）后之论者，或以八股取士滥觞荆公，而因以为罪，噫抑何其诬公之甚耶！夫公以谓养士必于学校，其言明白如此，其初政犹不废制举者，则学校未普及时，势不得不然也。此于下方更论之。

又有甚害者，先王之时，士之所学者，文武之道也。士之才有可以为公卿大夫，有可以为士，其才之大小宜不宜则有矣。至于武事，则随其才之大小，未有不学者也。故其大者，居则为六官之卿，出则为六军之将也。其次则比闾族党之师，亦皆卒两师旅之帅也。故边疆宿卫，皆得士大夫为之，而小人不得奸其任。今之学者，以为文武异事，吾知治文事而已，至于边疆宿卫之任，则推而属之于卒伍，往往天下奸悍无赖之人，苟其才行足以自托于乡里者，亦未有肯去亲戚而从召募也。边疆宿卫此乃天下之重任，而人主之所当慎重者也。故古者教士以射御为急，其他技能，则视其人才之所宜而后教之，其才之所不能则不强也，至于射，则为男子之事，人之生有疾则已，苟无疾，未有去射而不学者也。在庠序之间，固当从事于射也，有宾客之事则以射，有祭祀之事则以射，别士之行同能偶则以射，于礼乐之事，未尝不寓以射，而射亦未尝不在于礼乐祭礼之间也。易日：弧矢之利以威天下，先王岂以射为可以习揖让之仪而已乎。固以为射者武事之尤大，而威天下守国家之具也，居则以是习礼乐，出则以是从战伐。士既朝夕从事于此而能者众，则边疆宿卫之任，皆可以择而取也。夫士尝学先王之道，其行义尝见推于乡党矣，然后因其才而托之以边疆宿卫之事，此古之人君，所以推干戈以属之人，而无内外之虞也。今乃以天下之重任，人主所当至慎之选，推而属之奸悍无赖才行不足自托于乡里之人，此方今所以谡谡然常抱边疆之忧，而虞宿卫之不足恃以为安也。今孰不知边疆宿卫之士不足恃以为安哉？顾以为天下学士，以执兵为耻，而亦未有能骑射行陈之事者，则非召募之卒伍，孰能任其事者乎？夫不严其教高其选，则士之以执兵为耻，而未尝有能骑射行陈之事，固其理也。凡此皆教之非其道故也。

（按）此公所持国民皆兵之主义，今世东西诸国，罔不由此道以致强。而我中国自秦汉迄今二千年，前夫公者后夫公者，无一人能见及音者。而其导国民以尚武也，必在于学校，与今世学校之特重体育者，又何其相吻合耶。中国之贱兵久矣，而自宋以还，其贱弥甚，在募兵制度之下，而欲兵之不贱，是适燕而南其辕也。夫公所谓以天下重任属之奸悍无赖才行不足自托于乡里之人，而天下学士以执兵为耻者，今犹昔也。世无荆公，而一洒此痼在何日哉。

方今制禄，大抵皆薄，自非朝廷侍从之列，食口稍众，未有不兼农商之利而能充其养者也。其下州县之吏，一月所得，多者钱八九千，少者四五千，以守选待除守阙通之，盖六七年而后得三年之禄，计一月所得，乃实不能四五千，少者乃实不能及三四千而已。虽厮养之给，亦窘于此矣，而其养生丧死婚姻葬送之事，皆当于此。夫出中人之上者，虽穷而不失为君子；出中人之下者；虽泰而不失为小人；唯中人不然，穷则为小人，泰则为君子。计天下之士，出中人之上下者，千百而无十一，穷而为小人泰而为君子者，则天下皆是也。先王以为众不可以力胜也，故制行不以己，而以中人为制，所以因其欲而利道之，以为中人之所能守，则其志可以行于天下而推之后世。以今之制禄，而欲士之无毁廉耻，盖中人之所不能也。故今官大者，往往交赂遗营赀产以负贪污之毁；官小者，贩鬻乞丐无所不为。夫士已尝毁廉耻以负累于世矣，则其偷惰取容之意起，而矜奋自强之心息，则职业安得而不弛，治道何从而兴乎？又况委法受赂侵牟百姓者，往往而是也，此所谓不能饶之以财也。婚丧奉养服食器用之物，皆无制度以为之节，而天下以奢为荣，以俭为耻，苟其财之可以具，则无所为而不得。有司既不禁，而人又以此为荣，苟其财不足而不能自称于流俗，则其婚丧之际，往往得罪于族人亲姻，而人以为耻矣。故富者贪而不知止，贫者则强勉其不足以追之，此士之所以重困，而廉耻之心毁也，凡此所谓不能约之以礼也。方今陛下躬行俭约以率天下，此左右通贵之臣所亲见，然而其闺门之内，奢靡无节，犯上之所恶以伤天下之教者，有已甚者矣，未闻朝廷有所放绌以示天下，昔周人之拘群饮而被之以杀刑者，以为酒之末流生害有至于死者众矣，故重禁其祸之所自生。重禁祸之所自生，故其施刑极省，而人之抵于祸败者少矣。今朝廷之法，所尤重者独贪吏耳。重禁贪吏而轻奢靡之法，此所谓禁其末而弛其本（姚民鬵曰：自陛下躬行至弛其本，与后段法严令具至不能裁之以刑也，两段当前后互易。荆公集见一南宋雕本极多舛错，世亦无佳本正之。盖世之议者一段补饶财之余意，陛下躬行一段补约以礼，裁以刑之余意，均当在不能裁之以刑也结句之后，而为刊本舛误，遂无觉其文势之不顺者。至然而世之议者上仍有脱字）。然而世之义者，以为方今官冗，而县官财用已不足以供之（姚氏曰：下有脱文）。其亦蔽于理矣，今之入官诚冗矣，然而前世置员盖甚少，而赋禄又如此之薄，则财用之所不足，盖亦有说矣，吏禄岂足计哉。臣于财利固未尝学，然窃观前世治财之大略矣，盖因天下之力以生天下之财，取天下之财以供天下之费。自古治世，未尝以不足为天下之公患也，患在治财无其道耳，今天下不见兵革之具，而元元安土乐业，人致己力以生天下之财，然而公私常以困穷为患者，殆以理财未得其道，而有司不能度世之宜而通其变耳。诚能理财以其道而通其变，臣虽愚，固知增吏禄不足以伤经费也。

（按）孔子言重禄所以劝士，后世之论政者，盖亦无不知此之为急。然有难者焉，其一则增吏禄足以伤经费之说也。公固已辨之矣。公之财政意见，此书未及，但其言因天下之力以生天下之财，取天下之财以供天下之费，则斯学之原理，具于是矣。凡古今中外之国，无论何国，无论何代，其官俸不过居国家总岁出中百分之三四耳，苟理财得其道，则此百分之三四者，比例而增之，庸足为病？不得其道，则虽并此百分之三四者而裁之，而曾何足以苏司农之涸也。公所谓增吏禄不足以伤经费，诚知治之言也。尚有一说，则曰禄虽增犹不足以止贪，彼大张苞苴之门以紊官常者，非受薄禄者而受厚禄者也。此说也，证诸今日之军机大臣督抚而信，证诸优差之局员而信，吾似无以为难也。虽然，使仅优其禄而无法度以督责于其后，则诚如论者所云云矣。故荆公于饶之以财之后，而复言约之以礼裁之以法也。然使徒有法度以督责于其后，而廪之者不足以为赡，则法度亦虚文而已。夫有一良法美意于此，必有他之良法美意焉。与之相待而相维击，灭裂而不成体段，虽锦绣亦为天吴而已。夫以我国近数年来增一部分之吏禄，则匪惟足以伤经费，且长奔竞而人心士习日趣于敝矣。然岂足以为前贤立言之病哉？

（又按）侈靡之戒，古有常训。而近世之人，或见今之欧美，其奢弥甚，而其国与民弥富，则以为奢非恶德者有焉。嘻，甚矣其谬也！凡一国之经济，必母财富然后其子财得以增殖。而奢也者，所以蚀其财而使不得为母者也。故奢也者，亡国之道也。今之欧美，以富而始奢，非以奢而致富。然既有如杜少陵所谓"朱门酒肉臭，路有冻死骨"者，其大多数人之穷困，则奢焉者之而已。而社会问题遂为今日欧美之大患，其将来之决裂，未知所届，今凡稍有识者，未尝不惴惴也。而犹曰"奢不为病"何也？荆公之说，欲立法以惩奢，其事固不可行，然其意则固有当采者矣。

　　方今法严令具，所以罗天下之士，可谓密矣。然而亦尝教之以道艺，而有不帅教之刑以待之乎？亦尝约之以制度，而有不循理之刑以待之乎？亦尝任之以职事，而有不任事之刑以待之乎？夫不先教之以道艺，诚不可以诛其不帅教；不先约之以制度，诚不可以诛其不循理；不先任之以职事，诚不可以诛其不任事。此三者，先王之法所尤急也。今皆不可得诛，而薄物细故，非害治之急者，为之法禁，月异而岁不同，为吏者至于不可胜记，又况能一一避之而无犯者乎？此法令所以玩而不行，小人有幸而免者，君子有不幸而及者焉。此所谓不能裁之以刑也。凡此皆治之非其道也（姚氏曰：按治当作养）。

（按）官僚政治，其果足称良政治乎？是非吾所敢言。然近世自士达因以治普鲁士行之而大效，俾士麦踵之以推及于德意志而益效，各国始渐渐慕之。而我中国者，则二千年来舍官僚之外，无政治者也。而其敝既若此，岂官僚政治之绝对的不可任耶？士达因之治普也，所以训练督责其官僚者，如将帅之训练督责其校卒也。是故有整齐严肃之气，而收使臂使指之效。夫整齐严肃者，官僚政治之特长也，而所以致之者必有道，荆公其知之矣。

方今取士，强记博诵而略通于文辞，谓之茂才异等，贤良方正。茂才异等贤良方正者，公卿之选也。记不必强，诵不必博，略通于文辞，而又尝学诗赋，则谓之进士。进士之高者，亦公卿之选也。夫此二科所得之技能，不足以为公卿，不待论而后可知。而世之议者，乃以为吾常以此取天下之士，而才之可以为公卿者当出于此，不必法古之取人而后得士也。其亦蔽于理矣。先王之时，尽所以取人之道，犹惧贤者之难进，而不肖者之杂于其间也。今悉废先王所以取士之道，而驱天下之才士，悉使为贤良进士，则士之才可以为公卿者，固宜为贤良进士。而贤良进士，亦固宜有时而得才之可以为公卿者也。然而不肖者，苟能雕虫篆刻之学，以此进至乎公卿，才之可以为公卿者，困于无补之学，而以此绌死于岩野，盖十八九矣。夫古之人有天下者，其所以慎择者公卿而已。公卿既得其人，因使推其类以聚于朝廷，则百司庶物，无不得其人也。今使不肖之人，幸而至乎公卿，因得推其类聚之朝廷，此朝廷所以多不肖之人，而虽有贤智，往往困于无助，不得行其意也。且公卿之不肖，既推其类以聚于朝廷；朝廷之不肖，又推其灯以备四方之任使；四方之任使者，又各推其不肖以布于州郡，则虽有同罪举官之科，岂足恃哉？适足以为不肖者之资而已。其次九经五经学究明法之科，朝廷固已尝患其无用于世，而稍贵之以大义矣。然大义之所得，未有以贤于故也。今朝廷又开明经之选，以进经术之士。然明经之所取，亦记诵而略通于文辞者则得之矣。彼通先王之意而可以施于天下国家之用者，顾未必得与于此选也。其次则恩泽子弟，庠序不教之以道艺，官司不考问其才能，父兄不保任其行义，而朝廷辄以官予之，而任之以事。武王数纣之罪，则曰官人以世。夫官人以世而不计其才行，此乃纣之所以乱亡之道，而治世之所无也。又其次曰流外，朝廷固已挤之于廉耻之外，而限其进取之路矣。顾属以州县之事，使之临士民之上，岂所谓以贤治不肖者乎？以臣使事之所及，一路数千里之间，州县之吏出于流外者，往往而有，可属任以事者殆无二三。而当防闲其奸者皆是也。盖古者有贤不肖之分，而无流品之别，故孔子之圣而尝为季氏吏，盖虽为吏而亦不害其为公卿。及后世有流品之别，则凡在流外者，其所成立固尝自置于廉耻之外，而无高人之意矣。夫以近世风俗之流靡，自虽士大夫之才，势足以进取，而朝廷尝奖之以礼义者，晚节末路，往往恌而为奸，况又其素所成立无高人之意，而朝廷固已挤之于廉耻之外，限其进取者乎？其临人亲职，放僻邪侈，固其理也。至于边疆宿卫之选，则臣固已言其失矣。凡此皆取之非其道也。

（按）科举取士之制，荆公所绝对的排斥者也。读此书而有以知其然矣。其变诗赋而用经义也，乃其一时之权法而非以为安也。其熙宁初乞改科条制札子云：“伏以古之取士，皆本于学校，故道德一于上，而习俗成于下，其人材皆足以有为于世。自先王之泽竭，教养之法无所本，士虽有美材而无学校师友以成就之，议者之所患也。今欲追复古制以革其弊，则患于无渐，宜先除去声病对偶之文，使学者得以专意经义，以俟朝廷兴建学校，讲求三代所以教育选举之法施于天下。”合此两文读之，公之意不已较然可见也耶？而后世动以八股之毒天下府罪于荆公，何其诬也！

方今取之既不以其道，至于任之又不问其德之所宜，而问其出身之后先；不论其才不称否，而论其历任之多少。以文学进者且使之治财；已使之治财矣，又转而使之典狱；已使之典狱矣，又转而使之治礼。是则一人之身，而责之以百官之所能备，宜其人才之难为也。夫责人以其所难为，则人之所能为者少矣；人之能为者少，则相率而不为。故使之典礼，未尝以不知礼为忧，以今之典礼者未尝学礼故也。使之典狱，未尝以不知狱为耻，以今之典狱者未尝学狱故也。天下之人，亦以渐渍于失教，被服于成俗，见朝廷有所任使，非其资序，则相议而讪之。至于任使之不当其才，未尝有非之者也，且在位者数徙，则不得久于其官。故上不能狃习而知其事，下不肯服驯而安其教，贤者则其功不可以及于成，不肖者则其罪不可以至于著。若夫迎新将故之劳，缘绝簿书之弊，固其害之小者不足悉数也。设官大抵皆当久于其任，而至于所部者远，所任者重，则尤宜久于其官，而后可以责其有为。而方今尤不得久于其官，往往数日辄迁之矣。取之既已不详，使之既已不当，处之既已不久，至于任之则又不专，而又一一以法束缚之，不得行其意，臣故知当今在位多非其人，稍假借之权而不一一以法束缚之，则放恣而无不为。虽然，在位非其人，而特法以为治，自古及今，未有能治者也。即使在位皆得其人矣，而一一以法束缚之，不使之得行其意，亦自古及今，未有能治者也。夫取之既已不详，使之既已不当，处之既已不久，任之又不专，而又一一以法束缚之，故虽贤者在位，能者在职，与不肖而无能者殆无以异。夫如此，故朝廷明知其贤能足以任事，苟非其资序，则不以任事而辄进之。虽进之，士犹不服也。明知其无能而不肖，苟非有罪为在事者所劾，不敢以其不胜任而辄退之。虽退之，士犹不服也。彼诚不肖无能，然而士不服者何也？以所谓贤能者任其事，与不肖而无能者亦无以异故也。臣前以为不能任人以职事，而无不任事之刑以待之者，盖谓此也。夫教之养之取之任之有一非其道，则足以败天下之人才，又况兼此四者而有之，则在位不才苟简贪鄙之人，至于不可胜数，而草野间巷之间，亦少可任之才，固不足怪。诗曰：国虽靡止，或圣或否。民虽靡膴，或哲或谋，或肃或艾。如彼流泉，无沦胥以败。此之谓也。

（按）此其言何其与今日官僚社会之情状无铢黍之异耶！昔西人有读马可波罗之游记（马氏意大利人，当元世祖时仕于中国，欧人之知中国自此记始），见所绘罗盘针图，谓此物自中国发明而欧人袭之，其式已视马图精百倍。彼创之之地，历数百年，其改良当更不知何若。乃游中国适市而购一具，视之则与马氏所图曾无异毫髦也。乃嗒然而退。吾观今日之政治，而不能不有感于公之斯文。夫在位之人才不足矣，而闾巷草野之间，亦少可用之才，则岂特行先王之政而不得也。社稷之托，封疆之守，陛下其能久以天幸为常而无一旦之忧乎？盖汉之张角，三十六万同日而起，所在郡国，莫能发其谋；唐之黄巢，横行天下，而所至将吏，无敢与之抗者，汉唐之所以亡，祸自此始。唐既亡矣，陵夷以至五代，而武夫用事，贤者伏匿，消沮而不见，在位无复有知君臣之义，上下之礼者也。当是之时，变置社稷，盖甚于弈棋之易。而元元肝脑涂地，幸而不转死于沟壑者无几耳！夫人才不足，其患盖如此，而方今公卿大夫，莫肯为陛下长虑后顾。为宗庙万世计，臣窃惑之。昔晋武帝趣过目前而不为子孙长远之谋，当时在位，亦皆偷合苟容，而风俗荡然。弃礼义，捐法制，上下同失，莫以为非，有识固知其将必乱矣。而其后果海内大扰，中国列于夷狄者二百余年。伏惟三庙祖宗神灵所以付属陛下，固将为万世血食，而大庇元元于无穷也。臣愿陛下鉴汉唐五代之所以乱亡，惩晋武苟且因循之祸，明诏大臣，思所以陶成天下之才，虑之以谋，计之以数，为之以渐，期为合于当世之变，而无负于先王之意，则天下之人才不胜用矣。人才不胜用，则陛下何求而不得，何欲而不成哉？

（按）文之切直而沈痛，至此蔑以加矣！当举国酣醉于太平之日，而乃为此无忌讳之言，虽贾生之痛哭流涕，何以过之？而惜乎仁宗之不寤也！

夫虑之以谋，计之以数，为之以渐，则成天下之才甚易也。臣始读孟子，见孟子言王政之易行，心则以为诚然。及见与慎子论齐鲁之地，以为先王之制国，大抵不过百里者，以为今有王者起，则凡诸侯之地或千里或五百里，皆将损之至于数十百里而后止。于是疑孟子虽贤，其仁智足以一天下，亦安能毋劫之以兵革，而使数百千里之强国，一旦肯损其地之十八九。比于先王之诸侯，至其后观汉武帝用主父偃之策，令诸侯王地悉得推恩封其子弟，而汉亲临定其号，辄别属汉，于是诸侯王之子弟，各有分土，而势强地大者，卒以分析弱小，然后知虑之以谋，计之以数，为之以渐，则大者固可使小，强者固可使弱，而不至乎倾骇变乱败伤之衅。孟子之言不为过，又况今欲改易更革，其势非若孟子所为之难也。臣故曰：虑之以谋，计之以数，为之以渐，则其为甚易也。然先王之为天下，不患人之不为，而患己之不能；不患人之不能，而患己之不勉。何谓不患己之不为，而患人之不能？人之情所愿得者，善行、美名、尊爵、厚利也，而先王能操之以临天下之士，天下之士能遵之以治者，则悉以其所愿得者以与之。士不能则已矣，苟能，则熟肯舍其所愿得而不自勉以为才？故曰不患人之不为，而患人之不能。何谓不患人之不能，而患己之不勉？先王之法，所以待人者尽美，自非下愚不可移之才，未有不能赴也。然而不谋之以至诚恻怛之心，力行而先之，未有能以至诚恻怛之心，力行而应之者也。故曰：不患人之不能，患己之不勉。陛下诚有意乎成天下之才，则臣愿陛下勉之而已。臣又观朝廷异时欲有所施为变革，其始计利害未尝不熟也。顾有一流俗侥幸之人，不悦而非之，则遂止而不敢。夫法度立则人无独蒙其幸者，故先王之政，虽足以利天下，而当其承弊坏之后侥幸之时，其创法立制，未尝不艰难也。使其创法立制，而天下侥幸之人，亦顺悦以趋之，无有龃龉，则先王之法，至今存而不废矣。惟其创法立制之艰难，而侥幸之人不肯顺悦而趋之，故古之人欲有所为，未尝不先之以征诛而后得其意。诗曰：是伐是肆，是绝是忽，四方以无拂。此言文王先征诛而后得意于天下也。夫先王欲立法度以变衰坏之俗而成人之才，虽有征诛之难，犹忍而为之，以为不若是不可以有为也。及至孔子，以匹夫游诸侯，所至则使其君臣捐所习，逆所顺，强所劣，憧憧如也，卒困于排逐。然孔子亦终不为之变，以为不如是不可以有为，此其所守盖与文王同意。夫在上之圣人莫如文王，在下之圣人莫如孔子，而欲有所施为变革，则其事盖如此矣。今有天下之势，居先王之位，创立法制，非有征诛之难也，虽有侥幸之人不悦而非之，固不胜天下顺悦之人众也。然而一有流俗侥幸不悦之言，则遂止而不敢为者，惑也。陛下诚有意乎成天下之才，则臣又愿断之而已。夫虑之以谋，计之以数，为之以渐，而又勉之以成，断之以果，然而犹不能成天下之才，则以臣所闻盖未有也。

（按）读此则夫公后此之执政，其见掎龁于流俗也。公固计之夙矣，其百折而不悔，则公之能践其言也。惜乎仁宗之不足以语于此也！夫以范文正之执政，所变革者不过二三节目而已。然犹以不见容于侥幸之人，仅三月而去其位。仁宗之优柔寡断，盖可知矣。而公则虽不听而反覆言之，岂所谓齐人莫如我敬王者耶！

　　然臣之所称，流俗之所不讲，而今之议者，以谓迂阔而熟烂者也。窃观近世士大夫所欲悉心力耳目以补助朝廷者有矣。彼其意非一切利害，则以为当世所能行者，士大夫既以此希世，而朝廷所取于天下之士，亦不过如此。至于大伦大法礼义之际，先王之所力学而守者，盖不及也。一有及此，则群聚而笑之以为迂阔。今朝廷悉心于一切之利害，有司法令（字脱）于刀笔之闲，非一日也，然其效可观矣。则夫所谓迂阔而熟烂者，惟陛下亦可以少留神而察之矣。昔唐太宗正观之初，人人异论，如封德彝之徒，皆以为非杂用秦汉之政，不足以为天下，能思先王之事开太宗者，魏文正公一人尔。其所施设，虽未能尽当先王之意，抑其大略可谓合矣。故能以数年之间，而天下几致刑措，中国安宁，蛮夷顺服，自三王以来，未有如此盛时也。唐太宗之初，天下之俗，犹今之世也，魏文正公之言，固当时所谓迂阔而熟烂者也。然其效如此。贾谊曰：今或言德教之不如法令，胡不引商周秦汉以观之。然则唐太宗之事，亦足以观矣。臣幸以职事归报陛下，不自知驽下无以称职，而敢及国家之大体者，以臣蒙陛下任使而当归报，窃谓在位之人才不足而无以称朝廷任使之意，而朝廷所以任使天下之士者或非其理，而士不得尽其才，此亦臣使事之所及，而陛下之所宜先闻者也。释此不言，而毛举利害之一二以污陛下之聪明，而终无补于世，则非臣所以事陛下惓惓之意也。伏惟陛下详思而择其中，天下幸甚！

（按）此文为秦汉以后第一大文。其稍足方之者，惟汉贾生之陈政事疏而已。然贾生所言，大半皆为人主自保其宗庙社稷之计，其论国事民事者，又往往不揣其本而齐其末，岂若公此书廓然大公，责天子以为国民忠仆，而正本清原，一一适于道者耶？李商隐诗曰：公之斯文若元气，此足以当之矣。先是范文正公应诏条陈十事，所援《易》言穷则变，变则通，通则久，甚切。谓国家革五代之乱，垂八十年，纲纪制度，日削月侵，官壅于上，民困于下，不可不更张以救之，此其所见，殆与公同。而盈廷已沸起而与之为难，仁宗莫能右也。夫岂独仁宗之过而已，流俗狃于其所安，习非胜是，虽有雷霆万钧之力，往往莫得而夺矣。尝读公与司马谏议书曰：人习于苟且非一日，士大夫多不恤国事，同俗自媚于众为尚。当时社会之心理，可以见矣。而独于仁宗乎何尤？汉文之于贾生，宋仁之于荆公，盖极相类。贾生不遇而以忧卒，荆公得神宗而事之，故彼仅以文章显，而此能以事业著。然以荆公之遇神宗，而所成就者乃仅若是，则牛羊又从而牧之，是以若彼濯濯也。自荆公见诟病于当时，数百年迄今而莫之白，而习于苟且，不恤国事，同俗自媚于众者，为世之所称尚，而中国遂千年如长夜，仅留此文为射策者讽籀掊扯奢之资，悲夫！

此书既不上省，至嘉祐五年，复上陈时政疏云：

臣窃观自古人主享国日久，无至诚恻怛忧天下之心，虽无暴政虐刑加于百姓，而天下未尝不乱。自秦已下，享国日久者，有晋之武帝，梁之武帝，唐之明皇。此三帝者，皆聪明智略有功之主也。享国日久，内外无患，因循苟且，无至诚恻怛忧天下之心，趋过目前，而不为久远之计，自以祸灾可以无及其身，往往身遇灭祸而悔无所及。虽或仅得身免，而宗庙固已毁辱，而妻子固以困穷，天下之民固以膏血涂草野，而生者不能自脱于困饿劫束之患矣。夫为人子孙，使其宗庙毁辱，为人父母，使其比屋死亡，此岂仁孝之主所宜忍者乎？然而晋梁唐之三帝以晏然致此者，自以为共祸灾可以不至于此，而不自知忽然已至也。盖夫天下至大器也，非大明法度不足以维持，非众建贤材不足以保守。苟无至诚恻怛忧天下之心，则不能询考贤才请求法度。贤才不用，法度不修，偷假岁月，则幸或可以无他，旷日持久，则未尝不终于大乱。伏维皇帝陛下有恭俭之德，有聪明睿智之才，有仁民爱物之意，然享国日久矣。此诚当恻怛忧天下而以晋梁唐三帝为戒之时。以臣所见，方今朝廷之位，未可谓能得贤才；政事所施，未可谓能合法度。官乱于上，民贫于下，风俗日以薄，才力日以困穷，而陛下高居深拱，未尝有询考讲求之意，此臣所以窃为陛下计，而不能无慨然者也。夫因循苟且逸豫而无为，可以徼幸一时，而不可以旷日持久。晋梁唐三帝者不知虑此，故灾念祸变生于一时，则虽欲复询考讲求以自救，而已无所及矣。以古准今，则天下安危治乱，尚可以有为。有为之时，莫急于今日。过今日，则臣恐亦有无所及之悔矣。然则以至诚询考而众建贤才，以至诚讲求而大明法度，陛下今日其可以不汲汲乎？《书》曰：若药不瞑眩，厥疾弗瘳。臣愿陛下以终身狼疾为忧，而不以一日之瞑眩为苦。臣既蒙陛下采擢，使备从官，朝廷治乱安危，臣实预其荣辱，此臣所以不敢避进越之罪，而忘尽规之义，伏惟陛下深思臣言以自警戒，则天下幸甚！

此书亦本前书之意而反复陈说之，然其词愈危，其志愈苦矣。盖公实怵于当时累卵之势，不能坐视，而以仁宗之犹足以为善，而冀其庶几改之也。然仁宗亦既毫，更不能用，越二年而遂崩矣。

（考异四）邵伯温闻见录云：王安石知制诰，一日赏花钓鱼宴，内侍各以金碟盛钓饵药置几上，安石食尽之。明日，仁宗谓宰辅曰：王安石诈人也！使误食钓饵一粒则止矣，食之尽，不情也！常不乐之。后安石自著日录，厌薄祖宗，仁宗尤甚。蔡氏上翔曰：人臣侍君赏花钓鱼，天威咫尺，朝士并列，一钓饵也。内侍既以金碟盛之，夫人皆知其为钓饵也，焉有误食之王安石，而又为天子亲见之者哉！夫以天子亲见之，而必待明日为宰辅言之，岂其有所畏于安石而不敢言耶！且由是常不乐之，又何故隐忍不堪至此？且一钓饵也，安石既知其误矣，必食之尽以行诈，其诈术安在？君亦必以食之尽而后知其诈，其说又安在？君既以此不乐于其臣，臣复以此大怨于其君，以至他日撰日录，薄仁庙尤甚，何邵氏造谤，一至此极！按蔡氏所驳，可谓如快刀断乱麻。此等小节，本不足辨，所以录之者，以荆公之纯洁精白，而谤者以诈诬之，则虽有善言善行，皆抹杀于一诈字矣，天下尚有公论耶？

（考异五）当熙丰间，举朝与荆公之新法为难，而从未有诋及荆公之人格者。其有之，则自世所传苏洵之辨奸论始也。其言曰：误天下苍生者，必此人也！曰：王衍卢杞合为一人。曰：日诵孔老之书，身履夷齐之行，收召好名之士、不得志之人，相兴造作言语私立名字。曰：阴贼险狠，与人异趣。曰：囚首丧面而谈诗书。曰：不近人情者鲜不为大奸恶，坚刁易牙开方是也。其言极丑诋，无所不至。近世李穆堂始证其伪，其书辨奸论后云：老泉嘉右集十五卷，原本不可见，今行世有辨奸一篇，世人咸因此文称老泉能先见荆公之误国。其文始见于邵氏闻见录中。闻见录编于绍兴二年，至十七年，沈斐编老苏文集附录二卷，有载张方平所为墓表，中及辨奸。又东坡谢张公作墓表书一通，专序辨奸事。窃意此三文皆赝作，以当时情事求之，参差不合。按墓表言嘉祐初王安石名始盛，党友倾一时，其命相制曰：生民以来数人而已。造作言语，至以为几于圣人。

欧阳修亦已善之，劝先生与游，而安石亦愿交先生。先生曰：吾知其人矣，是不近人情者，鲜不为天下患。而闻见录叙辨奸缘起，与墓表正同，其引用之耶？当明言墓表云云，不当作自叙语气。其暗合耶？不应词句皆同。考荆公嘉祐之初，未为时所用，党友亦稀。嘉祐三年，始除度支判官，上万言书，并未施行。明年命修起居注，辞章八九上，始受知制诰，旋忤执政，遂以母忧去，终英宗之世召不赴，乃云嘉祐初党友倾一时，误亦甚矣。以荆公为圣人者，神宗也。命相之制辞，在熙宁二年，而老泉卒于英宗治平三年，皆非其所及闻也。（中略）若夫收召好名之士不得志之人，相与造作言语，以为颜渊孟轲复出，则荆公本传与荆公全集具存。并无此事。荆公执政之后，或有依附之徒，而老泉已没，匪能逆知。若老泉所及见之荆公，则官卑迹远，非有能收召之力，吾不知所谓好名而不得志者果何人。夫人之作奸，必有所利而为之。荆公生平，以皋夔稷契自命，千驷弗视，三公不易，此天下所共信者，复何所为而为奸？彼诚见夫宋之积弱，偬然不可以终日，而公卿大臣：如处堂之燕雀，晏然自以为安，不得不出而任天下之事，而又幸遭大有为之主，遂毅然相与立制度变风俗，排众议而行之，凡以救国家之弊，图万世之安，非有丝毫自私自利之意。其术即未善，而心则可原，曾何奸之有哉！又云：余少时阅俗刻本老泉集，赏书其辨奸论后，力辩其非老泉作，览者犹疑信参半，欲得宋本参考之，而购求多年，未之得也。盖马贵与经籍考列载苏明允嘉兴集十五卷，而世俗所刻，不称嘉祐，书名既异，又多至二十余卷，意必有后人赝作，阑入其中。近得明嘉靖壬申年太原守张镗翻刻巡按御史澧南王公家藏本，其书名卷帙，并与经籍考同，而诸论中独无所谓辨奸论者，乃益信为邵氏赝作，确然无疑。而又叹其心劳日拙，盖伪固未有不破者也。余按穆堂此文可谓温渚然犀，物无遁形。蔡氏上翔引申之，凡数万言，其确证辨奸及墓表之伪，更足令人呼快。今以文繁不具引。夫明允非圣人，就令其赏为此文以诋荆公，亦何足为荆公病！然伪者自伪，不得以为真也。邵氏之流，以诬荆公者并诬明允，其鬼蜮之丑态，吾实无以测之，独恨后之编史者，悉奉此等谰言以为实录，而沈沈冤狱，遂千古而莫伸也，吾亦安能已于言哉？

（考异六）朱子名臣言行录外集邵康节传云：治平间与客散步天津桥上，闻杜鹃声，惨然不乐。客问其故，则曰：洛阳旧无杜鹃，今始至，有所主。客曰：何也？先生曰：不二年，上用南士为相，多引南人，专务变更，天下自此多事矣。天下将治，地气自北而南；将乱，自南而北。今南方地气至矣。按此文亦见邵氏闻录，而朱子采之，其诞妄俚陋，不值识者一笑。康节即前知，而杜鹃岂前知哉？盖缘当时小人儒疾荆公已甚，而又各有其所崇拜之人，因托于其所崇拜者先见之言以自重。此濂溪之三谒不见，老泉之辨奸，康节之闻杜鹃，所由来也。考宋史司马光传言神宗尝问光：近相陈升之外议云何？光曰：闽人狡险，楚人轻易，今二相皆闽人，二参政皆楚人，必将援引乡党之士，天下风俗，何由得更淳？此言褊陋娼嫉，稍知大体者，当不能出诸口。其果温公有此言，或谤者依托温公，未之敢断。然即此可见当时之小人儒，其南北门地之见甚重。荆公以南人骤入相，北人妒焉，此又天津闻杜鹃之说所由来也。而此等谬种流传，直至今日，变本加厉，以成省界，而妨及国家之统一，悲夫！

第八章　荆公与神宗

汤之于伊尹，桓公之于管仲，孟子皆称其学焉然后臣之。盖在专制政体之下，其政治家苟非得君之专，而能有所建树者，未之闻也。是故非秦孝公不能用商君，非汉昭烈不能用诸葛武侯，非苻坚不能用王景略，非英玛努埃不能用加富尔，非维廉不能用俾士麦。若其君不足以有为，而以诡遇得之者，则下之将为王叔文王伾，上之亦不过为张居正，是故欲知荆公者，不可以不知神宗。

宋史神宗纪赞曰："帝天性孝友，其入事两宫，必侍立终日，虽寒暑不变。尝与歧嘉二王读书东宫，侍讲王陶讲论经史，辄相率拜之，由是中外翕然称贤。其即位也，小心谦抑，敬畏辅相，求直言，察民隐，恤孤独，养耆老，振匮乏，不治宫室，不事游幸。"夫宋史本成于嫉恶荆公者之手，其于神宗，往往有微词焉。然即如其所称述，则其君德已为秦汉以下所不一二者矣。愿神宗之所以为神者犹不止此，彼其痛心于数世之国耻，夙夜淬厉，而思所以振之，乃以越勾践卧薪尝胆之精神，行赵武云胡服骑射之英断，史称艺祖尝欲积缣帛二百万易胡人首，又别储于景福殿。

帝即位，乃更景福殿库名，自制诗以揭之曰：

> 五季失固，狃犹孔炽。艺祖肇邦，思有微艾。爰设内府，基以募士。曾孙守之，敢忘厥志。

自是设为三十二库，基后积羡赢，又揭以诗曰：

> 每虔夕惕心，妄意遵遗业。顾予不武姿，何日成戎捷。

由此观之，帝之隐痛与其远志，不已昭然与天下后世共见耶？善夫王船山之论曰："神宗有不能畅言之隐，当国大臣无能达其意而善谋之者。帝初莅政，谓文彦博曰：养兵备边，府库不可不丰，此非安石导之也，其志定久矣。（中略）神宗若处柘棘之台，尽然不容已于伤心，奋起而思有以张之。然而弗能昌言于众，以启劲敌之心，但曰养兵备边，侍廷臣之默喻，宰执大臣，恶容不与其焦劳，而思所以善处之者乎！"其于论神宗，可谓窥见至隐矣。若神宗者，诚荆公所谓有至诚恻恒忧天下之心，而非因循苟且趋过目前。以终身之狼疾为忧，而不以一日之瞑眩为苦。凡公之所以期于仁宗而不得者，至是而乃得之。而帝亦环顾廷臣，无一可语，见公然后若获左右手，其鱼水相投，为二千年来未有之佳话，岂偶然哉！

荆公既耻其君不为尧舜，而神宗亦毅然以学尧舜自任，则荆公之事业，皆神宗之事业，今不赘述。惟录公奏议一二，以著其辅相之勤焉。其进戒疏曰：

> 臣窃以为陛下既终亮阴，考之于经，则群臣进戒之时，

而臣待罪近司，职当先事有言者也。窃闻孔子论为邦，先放郑声而后曰远佞人。仲虺称汤之德，先不迩声色，不殖货利，而后曰用人惟已。盖以谓不淫耳目于声色玩好之物，然后能精于用志；能精于用志，然后能明于见理；能明于见理，然后能知人；能知人，然后佞人可得而远，忠臣良士与有道之君子类进于时，有以自竭，则法度之行，风俗之成，甚易也。若夫人主虽有过人之材，而不能早自戒于耳目之欲，至于过差，以乱其心之所思，则用志不精；用志不精；则见理不明；见理不明，则邪说诐行，必窥间乘殆而作。则其至于危乱也。岂难哉？伏惟陛下即位以来，未有声色玩好之过闻于外，然孔子圣人之盛，尚自以为七十而后敢从心所欲也。今陛下以鼎盛之春秋，而享天下之大奉，所以惑移耳目者为不少矣。则臣之所豫虑，而陛下之所深戒，宜在于此。天之生圣人之材甚吝，而人之值圣人之时甚难。天既以圣人之材付陛下，则人亦将望圣人之泽于此时。伏惟陛下自爱以成德，而自强以赴功，使后世不失圣人之名，而天下皆蒙陛下之泽，则岂非可愿之事哉！

其论馆职札子第一云：

（前略）自尧舜文武，皆好问以穷理，择人而官之以自助。其意以为王者之职，在于论道，而不在于任事；在于择人而官之，而不在于自用。愿陛下以尧舜文武为法，则圣人之功，必见于天下。至于有司业胜之务，恐不足以弃日力劳圣虑也。（中略）自备位政府，每得进见，所论皆有司业胜之事，至于大体，粗有所及，则迫于日昃，已复旅退。而方今之事，非博论详说，令所改更施设本末先后小大详略之方，已熟于圣心，然后以次奉行，则治道终无由兴起。然则如臣者，非蒙陛下赐之从容，则所怀何能自竭？盖自古大有为之君，未有不始于忧勤，而终于逸乐，今陛下仁圣之质，秦汉以来人主，未有企及者也。于天下事又非不忧勤，然所操或非其要，所施或未得其方，则恐未能终于逸乐，无为而治也。

读此二书，则公之所以启沃其君者，可以见矣。其所谓不淫耳目，然后能精于用志；能精于用志，然后能明于见理；能明于见理，然后能知人，岂惟君德，凡治学治事者皆当服矣。其所谓改更施设本末先后小大详略之方，宜博论详说，则又事业之本原，而神宗后此所以能信之笃而不惑于铄金之口者，盖有由也。

其论馆职札子第二云：

陛下自即位以来，以在事之人或乏材能，故所拔用者，多士之有小材而无行义者。此等人得志则风俗坏，风俗坏则朝夕左右者，皆怀利以事陛下，而不足以质朝廷之是非；使于四方者，皆怀利以事陛下，而不可以知天下之利害。其弊已效见于前矣，恐不宜不察也。欲救此弊，亦在亲近忠良而已。

呜呼！吾读此而知熙丰间用人有失当者，其责固不尽在荆公矣。神宗求治太急，而君子之能将顺其美者太寡，故于用人若有不暇择焉。此则神宗之类累，而亦荆公之类累也。

第九章　荆公之政术（一）

总　论

世之议荆公者，徒以其变法。故论公之功罪，亦于其所变之法而已。吾固崇拜公者，虽然，史家之职，不容阿其所好。今请熟考当时之情实，参以古今中外之学说，平心以论之。

元祐以降，指凡公所变之法，皆曰恶法。其为意气偏激，固无待言。然则公所变之法，果皆良法乎？此又吾所未能遽从同也。吾常谓天下有绝对的恶政治，而无绝对的良政治。苟其施政之本意而在于谋国利民福，殆可谓之良也已。虽然，谋焉而得焉，则其结果为良；谋焉而不能得焉，则本意虽良，而结果反极不良者有焉矣。故夫同一政策也，往往甲国行之而得极良之结果，乙国行之而得极不良之结果；甲时代行之而得极良之结果，乙时代行之而得极不良之结果。此政策者果为良耶？不为良耶？曰：是无可言。其有可言者，则适不适而已。

荆公所变之法，吾欲求其一焉为绝对的不良者而不可得，以其本意固皆以谋国利民福也。然以荆公而行之，则其适焉者与其不适焉者盖相半而已。荆公诵法三代，谓其法皆三代所已行之而有效者也，三代则邈矣，而载籍又不可尽信，其果曾行之与否，吾未敢言。虽然荆公则尝以小试诸一郡一邑，而固有效矣。不宁惟是，以吾所见闻，今世欧洲诸国，其所设施，往往与荆公不谋同符，而新与之德意志为尤夥，而其成绩灿然。既若是矣，荆公同操此术，而又以至诚恻怛忧天下之心出之，而效不大睹何也？殊不思三代以前之政治家，其所经画者，千里之王几耳，否则数百里之侯封耳。而今世欧洲诸国，其大者不过比吾一二省，其小者乃比吾一二县也。故以三代以前行之而有效者，今世欧洲各国行之而效者，荆公宰鄞时行之，其收效当与彼相等，是敢断言。及夫宰天下时行之，其收效能否与彼相等，是不敢断言也。

吾读国史，而得成功之政治家数人焉，曰管仲，曰子产，曰商君，曰诸葛武侯。夷考其所处者，则皆封建时代或割据时代也；其所统治者，则比今之一省或数州县也。乃若大一统时代，综禹迹所淹而理之，则欲求其运精思、宏远猷，使全国食其赐如彼数子者，盖未之有。其有一焉，则荆公也。而所成就，固瞠乎后矣。吾于是窃窃疑吾国之政治家，宜于治小国，而不宜于治大国。及环而思夫吾国以外之以政治家闻于后者，彼来喀瓦士何人耶？梭伦何人耶？吾国之一里正耳。彼士达因何人耶？加富尔何人耶？俾斯麦何人？耶格兰斯顿何人耶？吾国之一巡抚或总督耳。若夫罗马帝国之盛，与夫今之俄罗斯，求其比迹彼数子者，又何无人也。吾乃深思而得其故矣。所谓大政治家者，不外整齐画一其国民，使之同向于一目的以进行，因以充国力于内而扬国威于外云尔。欲整齐画一其国民，则其为道也，必出于干涉。今之以放任不以干涉而能为治者，惟英美等二三国而已。然其所谓放任，已非犹夫吾之所谓放任，而况乎其前此，盖皆尝经莫大之干涉而始有今日也。自余诸国，则莫不以干涉为治者也。非惟今东西诸国有然，即吾国古代亦莫不有然。管商诸葛，皆以干涉其民而成治者也。周官为周公之书与否，吾不敢知；其尝实行之与否，吾不敢知。使果为周公之书也，果尝实行也，则干涉其民最密者，莫周公若也。准此以谈，则干涉为政治家唯一之手段，抑章章矣。而此手段者，行诸小国则易，行之大国则难。小国行之则利余于弊，大国行之则弊余于利。是故畴昔之治大国者，惟有二法焉：一曰威劫，二曰放任。威劫者字曰民贼，其不足语于政治家无论也。而放任亦决不足以称政治家，未闻以政治家而卧而治其国者也。且既曰放任矣，则夫人而能之，且并土木偶而能之，而安用此种政治家为也？我国数千年之历史，凡一姓之初与，必以威劫为政策，如汉高祖、宋艺祖之时代是也。及经数叶，则必以放任为政策，如汉文景宋真仁之时代是也。放任既久则有乱，乱则有亡，亡则有兴，有兴则有威劫，威劫既倦，则返于放任，如是迭为循环，若一邱之貉焉。此政治家所以不产公其间也。虽然，吾无惑乎其然也。舍威劫与放任两者之外，执其中者惟有干涉之一途，而大国之难于干涉且弊余于利既若彼矣，故吾窃以为太大之国，利于洸洸之武夫以为舞台，利于碌碌之余子以为藏身薮，而最不利于发强刚毅文理密察之大政治家。自今以往，交通机关日渐发达，其大国壹如畴昔之小国，则政治家之成就也较易。而在畴昔，则天下至难之业殆未有过是也。以荆公之时、荆公之也，而欲行荆公之志，其难也，非周公比也，非管仲、商君、诸葛武侯比也，非来喀瓦士、梭伦比也，非士达因、加富尔、俾斯麦、格兰斯顿比也。其难如彼，则其所成就仅如此，固其宜也。其难如彼，而其所成就尚能如此，则荆公在古今中外诸政治家中，其位置亦可想见也。

　　且同是干涉政治也，而其程度亦有浅深之异焉。程度浅者行之较易，程度深者行之愈难。荆公之干涉政治，有为立宪国所能行，而专制国极难行者，甚且有近于国家社会主义，为今世诸立宪国所犹未能行者，夫以数千年未经干涉之民，而卒焉以此加之，其群起而哗也亦宜。然则公之法其果为良乎？为不良乎？吾卒无以名之也。此外尚有公所以致失败之一原因焉，曰所用者非其人，此则夫人能言之。然吾对于此说，亦与畴昔之论者稍有异同，别具下方，此不豫也。

第十章　荆公之政术（二）

民政及财政

俗士之论荆公，大率以之与掊克聚敛之臣同视，此大谬也。公之事业，诚强半在理财。然其理财也，其目的非徒在增国帑之岁入而已，实欲苏国民之困而增其富，乃就其富取赢焉，以为国家政费，故发达国民经济，实其第一目的，而整理财政，乃其第二目的也。而其所立诸法，则于此两者皆有关系者也。故不名之曰财政，而名之曰民政及财政。

第一　制置三司条例司

制置三司条例司者，公所创立之财政机关也。公之言曰：

> 周置泉府之官，以榷制兼并，均济贫乏，变通天下之财。后世惟桑弘羊、刘晏粗合此意。学者不能推明先王法意，更以为人主不当与民争利，今欲理财，则当修泉府之法。

熙宁二年二月，遂设立此司。诏曰：

朕以为欲致天下于治者，必先富之而后可为也。今县官之费不给，而民财大屈，故特诏辅臣，置司于内，以革其弊。夫事颐于所习，则能明得失之原。今将权天下之财，而资之于有司，有司能习知其事，则其所得必精，其所言必通，物聚而求足，是洵富吾民之术也。若夫苛刻之论，朘削其下而敛怨于上者，朕所不取。宜令三司判官、诸路监司及内外官，受诏后两月，各具财用之利害以闻。

司既立，以公及陈升之领之。时升之为宰相，公则参知政事也。今世各立宪国，往往以总理大臣兼度支大臣，盖财务为庶政之本，公深知其意也。

公之志，在制兼并，济贫乏，变通天下之财，以富其民而致天下于治。制置三司条例司之职在此，而后此所立之法，亦无不本此意以行。史称公尝与司马温公廷辩理财，温公曰：善理财者不过头会箕敛耳。公曰：不然，善理财者不加赋而国用足。温公曰：天下安有此理？天地所生财货百物，不在民则在官，彼设法夺民，其害乃甚于加赋。争议不已（史所载仅此，荆公反驳温公之言则缺之，想更有伟论，惜不可得见矣）。夫温公之言，其果衷于事理也耶？彼财货百物，果为天地所生而终古不变者耶？抑亦人所生而得其道可以增殖者耶？夫财货百物，固有既不在民亦不在官者矣，则弃之于地。是也。如其增殖之，则既可以在民，而同时亦可以在官。今世欧美诸国，其明效矣。荆公欲整理财政，而以发达国民经济为下手之方，孔子所谓百姓足，君孰与不足也。中国自古言理财者，其识未有能及此也。

荆公之意，以为国民经济所以日悴者，由国民不能各遂其力以从事生产也。国民所以不能各遂其力以从事生产者，由豪富之兼并也。国中豪富少而贫民多，而豪富又习于奢汰，不以其所得为母财，而贫民涓滴之母财又为兼并家岁月蚀尽。则一国之母财举匮，而民之生无以复聊，于是殚精竭虑求所以拯救，其道莫急于摧抑兼并。而能摧抑兼并者谁乎？则国家而已。荆公欲举财权悉集于国家，然后由国家的酌盈剂虚，以均诸全国之民，使各有所藉以从事于生产。其诗曰：三代子百姓，公私无异财。人主擅操柄，如天持斗魁。赋予皆自我，兼并乃奸回。奸回法有诛，势亦无自来。其青苗、均输、市易诸法，皆本此意也。此义也，近数十年来乃大盛于欧美两洲，命之曰社会主义，其说以国家为大地主，为大资本家，为大企业家，而人民不得有私财，诚如公所谓赋予皆自我，兼并乃奸回者也。彼都学者，往往梦想之以为大同太平之极轨，而识者又以为兹事体大，非易数世后，未或能致也。夫以欧美今日犹未能致者，而荆公乃欲于数百年前之中国致之，其何能淑？虽曰其造端非若彼之弘大，其条目非若彼之纤悉，其程度非若彼之极端，然其终不能全适于荆公之时与地，可断言矣。荆公之所蔽，惟在于是。若其学识之精卓，规模之宏远，宅心之慈仁，则真只千古而无两也，温公安足以知之？

社会主义所以难行者不一端，而为国家分掌此理财机关之人，甚难其选，而集权既重，弊害易滋，此其著者也。夫以彼都所倡社会主义者，行之于立宪政体确立之后，犹以为难，而况在专制之代乎？本意欲以摧抑兼并，万一行之不善，而国家反为兼并之魁，则民何诉焉？而盗臣之因缘以自肥，又无论也。故荆公之政策，其于财政上所收之效虽颇丰，而于国民经济上所收之效滋啬，良以此也。

宋财政之敝，至仁宗晚年而极，前既言之矣。神宗即位，首命翰林学士司马光等置局看详裁减国用制度，仍取庆历二年数，比今支费不同者，开析以闻。后数日，光言国用不足，在用度太奢，赏赐不节，宗室繁多，官职冗滥，军旅不精，必须陛下与两府大臣及三司官吏深思救敝之术，磨以岁月，庶几有效，非愚臣一朝一夕所能裁减。及制置条例司既设，乃考三司簿籍，商量经久废置之宜，凡一岁用度及郊祀大费，皆编著定式，所裁省冗费十之四（以上皆录《宋史食货志》上之六原文）。夫财政之敝，既已如彼，即不言兴利，而节费亦安得已？温公亦非不知之矣，而犹颟顸其词，曰磨以岁月骤不能减，而徒欲诿其难于君上，何其不负责任乃尔耶！且温公所谓不能者，何荆公骤裁其十之四，而不见其有他变耶？夫以数十年相沿之岁费，而骤减其十之四，此诚天下至难之业。而制置条例司之初设，即奏此肤功，则减此司者，其任事之忠勤，其才识之明敏，其魄力之毅伟，可想见矣（当时所裁者多属宫廷费，非神宗之贤，荆公亦不得行其也。据宋史，则神宗之命温公义裁减，似在荆公未入相以前。二公皆为翰林学士，当同拜此命者也，而温公以敷衍答上命也。若此神宗之不乐得此不负责任之大臣以共国事，不亦宜哉）。以视不负责任之温公，何相反耶？而后之论荆公者，于此等伟绩，没而不道，抑何心也！

史所称编著定式，即今世立宪国之所谓豫算案也。史又言三司上新增吏禄数，京师岁增四十一万三千四百馀缗，监司诸州六十八万九千馀缗。省冗费以增官禄，诚整理行政之根本哉！当时制置三司条例司所举善政，或更多，史阙不可考，而此东鳞西爪，已非流俗所能及矣，《文献通考》二十四引元兴元年苏辙奏：言熙宁初，于三司取天下所上帐籍视之，至有到省三二十年不发其封者，盖州郡所发文帐，随帐皆有贿赂，各有常数。常数已足者，皆不发封。一有不足，即百端问难，要足而后已。至是特设帐司默磨文帐云。前此财政机关之腐败，可见一斑。

第二　青苗法

青苗法者，颇有类于官办之劝业银行，荆公惠民之政也。《宋史·食货志》上之四载其缘起云：

熙宁二年，制置三司条例司言，诸路常平广惠仓钱谷，略计贯石可及千五百万贯石以上。敛散未得其宜，故为利未博。今欲以见在斛斗，遇贵量减市价粜，遇贱量增市价粜，可通融转运司苗税及钱斛，就便转易者，亦许兑换，仍以见钱。依陕西青苗钱例，愿预借者给之，随税输纳斛斗，半为夏料半为秋料，内有请本色或纳时价贵愿纳钱者，皆从其便。如遇灾伤，许展至次料丰熟日纳。非惟足以待凶荒之患，民既受贷，则兼并之家，不得乘新陈不接以邀倍息。又常平广惠之物，收藏积滞，必待年俭物贵，然后出粜，所及者不过城市游手之人。今通一路有无，贵发贱敛，以广蓄积，平物价，使农人有以赴时趋事，而兼并不得乘其急。凡此皆以为民，而公家无所利其入，是亦先王散惠兴利以为耕敛补助之意也。欲量诸路钱谷多寡，分遣官提举，每州选通判幕职官一员，典干转移出纳，仍先自河北、京东、淮南三路施行，俟有端绪，推之诸路。其广惠仓除量留给老疾贫穷人外，余并用常平仓转移法。诏可，既而条例司又言常平广惠仓条约，先行于河北、京东、淮南三路，访问民间，多愿支贷，乞遍下诸路转运司施行。

此青苗法之大略及其施行之缘起也。名曰青苗者，盖当时陕西转运司李参，以部内多戍兵而粮储不足，令民自隐度麦粟之赢，先贷以钱，俟谷熟还官，号青苗钱。经数年，廪有余粮，至是仿行之，故袭其名也。荆公之怀此政策久矣，其少作寓言诗，既有此意（诗见第六章）。及为鄞令，复行之而有效。及其当国，乃欲举而措之于天下也。窃尝论之，无论何国，无论何时，彼力田之民，能终岁勤动者，苟非有水旱之灾，则所入恒足以自赡。而以数年之通，则必能有所羡余，以为冠昏丧祭之计。然而往往不然者，则缘初时母财不裕。牛种之资，以及青黄不接时食指之所需，不能不称贷于豪右，或遇偏灾而又贷焉，或遇嘉凶诸礼而又贷焉，而豪右乘其急以持其短长，于是一岁所入，见蚀于息者泰半，及夫来年，其不能不举债如故也。债日以重，息日以加，而终岁之勤动，遂为豪右作牛马走已耳。此民之所以日悴，而国民经济之所以日蹙也。在昔泰西之希腊、罗马，富者往往贷金谷于贫民，其后负责日重，无以为偿，则鬻身以为之奴。泰西古代奴隶之多，盖起于此。历数千年，此制终无由革。西纪一千五百年以降，各国政府纷纷以法律定取息之率，逾率者罪之，然其不能禁如故也。及近世银行制度兴，此弊始稍苏，其效不能及于农民。近数十年来，有所谓劝业银行、农工银行、信用组合等，利渐溥矣，然犹未能尽人而蒙其泽也。故此贫富不均之问题，实为数千年来万国所共若而卒未能解决之一宿题。而欲解决之，则非国家振其枢焉而不可得也。其圆满之解决法，则如吾国古代之所谓井田，如泰西近世所谓社会主义，使人民不得有私财是也。未能圆满而思其次，则国家设贷之机关而自当其冲，使豪右居奇之技，无所得施，则荆公所计划者是也。吾国之前乎荆公而为此者，亦有人焉，景公之于齐，子皮之于郑，司城子罕之于宋，皆以斯道得民，而荆公则师其意者也。

时苏辙亦尝著论云："天下之人，无田以为农，无财以为商，禁而勿贷，不免转死于沟壑。使富民为贷，则用不仁之法，收太半之息，不然，亦不免脱衣避屋以为质。民受其困，而上不享其利。周官之法，使民之贷者，与其有司辨其贵贱，而以国服为之息。今可使郡县尽贷，而任之以其土著之民。"按颖滨此论，正与荆公青苗吻合，不知其尝闻其绪余与，抑自创见也。然颖滨后卒以攻青苗自乞罢，岂文士之言之者，非其所欲行之者耶？

荆公既欲实施此法，然行之不可以无资本也。由国库拨给资本，力又有所不逮也。适有常平广惠仓者，诸路诸州县莫不有之，而其所储，实弃置于无用之地，公乃变无用为有用，而利用之为资本，其用意之周详，其眼光之锐敏，至可佩也。而司马温公乃言常平仓为三代之良法，放青苗钱之害小，废常平仓之害大。然常平仓之无实惠可以及民，如彼条例司原奏中所述，温公其能为之辩护乎？则亦强辞而已。

法既行，举朝汹汹，起与为难，不可究诘。其人与其言，皆不备述。惟有公答司马谏议一书，录之可见当时议论之一斑，而公所以坚于主持之故亦见焉（温公致公原书三千三百馀言，杂引经传及汉唐遗文，见集中）。

昨日蒙教，窃以为与君实游处相好之日久，而议事每不合，所操之术多异故也。虽欲强聒，终必不蒙见察，故略上报，不复一一自辨。重念蒙君实视遇厚，于反覆不宜卤莽，故今具道所以，冀君实或见恕也。盖儒者所争，尤在于名实，名实已明，而天下之理得矣。今君实所以见教者，以为侵官、生事、征利、拒谏以致天下怨谤也。某则以谓受命于人主，议法度而修之于朝廷，以授之于有司，不为侵官；举先王之政，以兴利除弊，不为生事；为天下理财，不为征利；避邪说，难壬人，不为拒谏。至于怨诽之多，则固前知其如此也。人习于苟且非一日，士大夫多以不恤国事，同俗自媚于众为善，上乃欲变此，而某不量敌之众寡欲出力助上以抗之，则众何为而不汹汹。然盘庚之迁，胥怨者民也，非特朝廷士大夫而已。盘庚不为怨者故改其度，度义而后动，是而不见可悔故也。如君实责我以在位久，未能助上大有为以膏泽斯民，则某知罪矣。如曰今日当一切不事事，守前所为而已，则非某之所敢知。无由会晤，不任区区向往之至。

此书文虽甚简，然其任事之艰贞，自信之坚卓，跃见纸上。千载下读之，如见公之精神焉，可以兴矣。当时之制，贷青苗钱者，官取其息二分，故议公者指以为聚敛之据。公有答曾公立书云：

示及青苗事，治道之兴，邪人不利，一兴异论，群聋和之，意不在于法也。孟子恶言利者，为利吾国利吾身耳。至狗彘食人食则检之，野有饿莩则发之，是所谓政事。政事所以理财，理财乃所谓义也。一部周礼，理财居其半，周公岂为利哉？奸人者，缘名实之近而欲乱之以眩上下，其如民心之愿何？始以为不请，而请者不可遏；终以为不纳，而纳者不可却。盖因民之所利而利之，不得不然也。然二分不及一分，一分不及不利而贷之，贷之不若与之。然不与之而必至于二分者何也？为其来日之不可继也。不可继则是惠而不知为政，非惠而不费之道也，故必贷。然而有官吏之俸，辇运之费，水旱之逋，鼠雀之耗，而必欲广之以待其饥不足而直与之也。则无二分之息可乎？则二分者，亦常平之中正也，岂可易哉？公立更与深于道者论之，则某之所论，无一字不合于法，而世之哓哓者不足言也。

此书殆可谓解释法意之理由书也。当时举朝汹汹，除公所共事之数人外，殆无一不致难于青苗。累其劾状，殆可隐人。而公卒不为之动，而神宗亦不为之动者，非徒以公自信之坚，得君之专，而当时言者，实无一语能批其颓要故也。言者咸指为掊克聚敛，损下益上，而公立法之本意，乃适与之相反。盖其立法之本意，实以惠民，无一毫借此以助帑藏之心，条例司原奏所言，非饰词，乃真相也。而论者乃拟之以桑孔之用心，是所谓无的而放矢，宜公之不敢服，而神宗亦目笑存之也。公之断断于名实之辨，非以此乎？其谓治道之兴，邪人不利，而倡异论者意不在于法。呜呼！何其一语破的而言之有余痛也！昔罗马伟人格力加士为执政时，倡限民名田之制，全国人民欢声雷动，而议院几于全数反对之，卒被丛殴以死于院中，盖亦有不利于治道之兴者，而其意非在于法也。荆公初政，裁冗费十之四，彼廷臣大半衣食于冗费者，其不利之也久矣。而青之本意，凡以抑豪右之兼并，而廷臣者又皆豪右，而其力足以行兼并者也。其不利之，亦固其所。当时之汹汹为难者，安保其不挟此心？即二三贤者，未必尔尔，然亦群聋之和而已。况彼之所谓贤者，皆习于苟且偷惰，以生事为大戒，不问其事之善恶利病，但有所生则骇而哗之，宜乎其与公与神宗枘凿而不相入也。而数百年以后之今日，其社会之情状乃一如公之时，而公之言乃不啻为今而发也，悲夫！

青苗法立法之本意，其善美既若是矣，然则可行乎？曰：不必其可行也。善而不可行何也？且公在鄞行之而效，而犹疑其不可行何也？曰：一县非全国之比也。一县者，公之所得自为也；

全国者，非公之所得自为也，是故当时抑配有禁矣（抑配者，谓强民使贷也）。而有司以尽数俵散为功，虽欲不抑配焉而不可得也。灾伤则有下料造纳之条矣（谓遇凶年则于次期补纳所贷也）。而年岁丰凶不常，凶之数尤夥，而有司因得以上下其手，虽欲不至于累年积压而不能也。此二弊者，惟韩魏公、欧阳公之奏议言之至详，殆可称公之义诤臣也。

（韩、欧奏议文长不录，此段即举其大意也。）

问者曰：韩、欧二公所言既中其弊，而公犹不寤，则虽谓之执拗，宁得为过？应之曰：不然。当时诸君子之攻新法也，其有弊者固攻之，其无弊者亦攻之，诚有如公之所云，意不在于法也。为公之计，惟有一事不办，偃然与彼辈同流，庶可以免于罪泪，而无如非公之本意何也。且法既已善矣，其有弊焉，则非法弊而人弊也。即如青苗法者，公在鄞行之而既有效矣，李参在陕行之而又既有效矣，使县县皆得如公者以为之令，则县县皆鄞也。即不能焉，而使路路皆得如参者以为之转运使，而因以综核名实之法督其县，则亦路路皆陕也。据条例司所核定，凡全国置提举官四十一人，以当时贤才之众，欲求得如李参者四十一人，谅非难也。而公又非不欲与诸君子共之也，而无如诸君子者。闻有一议为公之所发，则掩耳而不听，初不问其所发为何议也，见有一诏为公所拟，则闭目而不视，初不问其所拟为何诏也。责以奉行，非挟贤挟长以抗，则投劾而去耳。诸君子既不屑为公助，而公又不能忍心害理一事不办以自谢于诸君子，而又不能以一身而尽任天下之事，然则非于诸君子之外而别求其助我者，安可得耶？况诸君子非徒不助之而已，又煽之嗾之挠之于其旁，私幸其弊之日滋、功之不就以为快，是青苗本可以行之而无弊者，而以诸君子之故，则欲其无弊焉，安可得也？夫他事亦若是则已耳。

由此言之，则吾所谓青苗法虽善而不必其可行者，可以见矣。使得人人如公者以为县令，则诚可行；而不得焉，故不可行也。无已而思其次，得人人如公者以为提举，则犹可行；而不得焉，故不可行也。无已而更思其次，得人人如公者以为执政，则于不可行中而犹有可行；而不得焉，故不可行也。

然则青苗法之弊，果尽如当时诸君子之所言乎？公之良法美意，而民竟未尝一蒙其泽乎？曰：是又不然。史成于谤公者之手，其旨在扬恶而隐善。凡有可以表公之功者，划之惟恐不尽。虽然，固有不能尽善者。公与曾公立书，言始以为不请，而请者不可遏；终以为不纳，而纳者不可却，则当时民之欢欣鼓舞可想见也。其上五事札子云：

（熙宁五年）

昔之贫者，举息之于豪民；今之贫者，举息之于官。官薄其息而民救其乏，是其行之既数年而有成效也。其谢赐元丰令格式表云：创法于群几之先，收功于异论之后，则是公罢相后而其效益著也。然犹得曰公自言之未可为信，也请徵诸旁观之言。河北转运司王广廉入奏，则谓民皆欢呼感德矣。李定至京师，李常见之，问曰：君从南方来，民谓青苗如何？定曰：民便之，无不喜者。常曰：举朝方共争此事，君勿为此言。定曰：但知据实以言，不知京师。是一时舆论所在，有欲扪其舌而不可得者矣。然犹得曰是依附公以希宠者言之，未可为信也。请更徵诸反对党之口。朱子金华社仓记云：以予观于前贤之论，而以今日之事论之，则青苗者，其立法之本意，固未为不善也。子程子尝论之，而不免悔于其已甚而有激。是程子晚年知其攻难青苗之为误，而朱子且歌诵之矣。苏子瞻与滕达道书云：吾侪新法之初，辄守偏见，至有同异之论，虽此心耿耿，归于忧国，而所言差谬，少有中理者。今圣德日新，众化大成，回视向之所执，益觉疏矣。是子瞻晚年深自忏悔，而咸叹于众化之大成。其言与公所谓收功于异论之后者盖吻合。所谓众化者，盖指凡新法而言，而青苗必其一矣。以程苏二人为当时反对最力者，而皆如是，非确有成效，而能得耶？以此度之，与程苏同心而其言不传于后者，当更何限？不宁惟是，元祐初政，尽茇新法。元年二月，罢青苗。三月，范纯仁以国用不足，请复之矣。八月，司马光奏称散青苗本为利民，惟当禁抑配矣。是皆形诸奏牍载诸正史者。夫司马君实范尧夫非当时首攻青苗之人，且攻之最力者耶？曷为于十八年之后，乃复津津乐道之如此？由此观之，则知当时之青苗法，实卓著成效，而民之涵濡其泽者既久，虽欲强没有美而有所不可得也。然则前此之哓哓，果何为也哉？语曰：凡民不可与虑始而可以乐成，然则诸君子者，毋亦凡民而已矣。夫以吾侪居今日以论之，而犹觉青苗法之难行也如彼，而荆公当日行之，虽其弊非所能免，其效抑已章章。吾于是益叹公之才之不可及，而诋当时奉行新法皆为小人者，吾卒未之敢信也。

更平心以论之，青苗法者，不过一银行之业耳，欲恃之以摧抑兼并，其效盖至为微末。而银行之为业，其性质乃宜于民办而不宜于官办。但使国家为之详定条例，使贷者与受者交受其利而莫能以相病，而国家复设一中央银行，以为各私立银行之枢纽，而不必直接与人民相贷，则其道得之矣。荆公之为此，所谓代大匠斫易伤其手也。虽然，此立夫今日以言之耳，若在当时，人民既无有设立银行之能力，而举国中无一金融机关，而百业坐是雕敝。荆公能察受敝之原，而创此法以救治之，非有过人之识力而能若是耶？夫中国人知金融机关为国民经济之命脉者，自古迄今，荆公一人而已。

从此有阴窃青苗法之实而阳避其名者，则朱子之社仓是也。其法取息十二，夏放而冬收之，此与青苗何异？朱子行之于崇安而效，而欲以施之天下，亦犹荆公行之于鄞而效，而欲以施之天下也。夫朱子平日固痛诋荆公，谓其汲汲财利，使天下嚣然丧其乐生之心者也。及倡社仓议，有诘之者，则奋然曰：介甫独散青苗一事是耳（俱见《朱子语类》）。夫介甫果汲汲财利耶？介甫之是者，果独青苗一事耶？毋亦是其所谓是而已。

第三　均输法

均输法者，所以通天下之货，制为轻重敛散之术，使输者既便，而有无得以懋迁，亦一种惠民之政也。熙宁二年二月，制置三司条例司上言云：

> 窃观先王之法，自畿之内，赋入精粗，以百里为之差，而畿外邦国，各以所有为贡。又为经用通财之法以懋迁之，其治市之货财，则无者使有，害者使除。市之不售，货之滞于民用，则吏为敛之，以待不时而买者，凡此非专利也。盖聚天下之人，不可以无财；理天下之财，不可以无义。夫以义理天下之财，则转输之劳逸，不可以不均；用度之多寡，不可以不通；货贿之有无，不可以不制；而轻重敛散之权，不可以无术。今天下之财用，窘急无余，典领之官，拘于弊法，内外不以相知，盈虚不以相补。诸路上供，岁有定额，丰年便道，可以多致，而不敢或赢；年俭物贵，难于供备，

而不敢不足。远方有倍蓰之输，中都有半价之鬻。三司转运使，按簿书促期会而已，无所可否增损于其间。至遇军国郊祀之大费，则遣使划刷，殆无余藏。诸司财用事往往为伏匿不敢实言，以备缓急。又忧年计之不足，则多为支移折变以取之。民纳租税数，至或倍其本数，而朝廷所用之物，多求于不产，责于非时。富商大贾，因时乘公私之急，以擅轻重敛散之权。臣等以谓发运使总六路之赋入，而其职以茶盐矾税为事。军储国用，多所仰给，宜假以钱货，继其用之不给，使周知六路财赋之有无，而移用之。凡粜买税敛上供之物皆得徒贵就贱，用近易远；令在京库藏年支见在之定数所当供办者，得以从便变卖以待上令。稍收轻重敛散之权，归之公上，而制其有无，以便转输。省劳费，去重敛，宽农民，庶几国用可足，民财不匮矣。

《宋史·食货志》记均输法施行之始末略云：

书既上，诏本司具条例以闻，而以发运使薛向领均输平准事，赐内藏钱五百万缗，上供米三百万石。时议虑其为扰，向既董其事，乃请设置官属。神宗使自择之，向于是辟是刘忱、卫琪、孙珪、张穆之、陈倩为属，又请有司具六路岁当上供数，中都岁用，及见储度可支岁月，凡当辇置几何，皆预降有司，从之。其后侍御史刘琦、侍御史裏行钱颢、条例司检详文字苏辙、知谏院范纯仁、谏官李常等屡疏言其不便，且劾向，帝皆不听，且下诏奖薛向。然均输后迄不能成。

均输之法，始于汉桑宏羊，至唐刘晏而益完密。荆公实师其制，非创作也。古代货币之用未周，民以实物为市，其国家之徵租税，亦以实物。故缘道里之远近，而输送之劳佚有所不均。缘年岁之丰歉，而供求之相剂有所不调。下既大受其害，而上亦不蒙其利，诚有如条例司原奏所云者。故桑刘行均输法，不加赋而国用足，史家美之，良非无由。今世交通之利大开，货币之用益溥。吾辈读史，见其不惮烦为此，几苦索解，而不知当时治事者之苦心孤诣，呜乎其不可及也（观近世之漕运，则可以知均输之妙用。如能用商运供京师之米而尽折南漕，则国库兴人民交受春利者，岁不以千万计乎？均输之意亦犹是也。夫漕米则亦以实物充租税，而古代拙制至今蜕化未尽者也）。而当时议者嚣然攻之何也？史称其卒不能成，其所以不成之故未言之，岂以攻者多而中止耶？

第四　市易法

市易法者，本汉平准，将以制物之低昂而均通之，实一种之专买法也。今记其缘起及其内容如下：

（宋史·食货志）熙宁三年保平军节度推官王韶，倡为缘边市易之说，丐假官钱为本，诏秦凤路经略司以川交子易货物给之，因命韶领其事。韶欲移司于古渭城，李若愚以为多聚货以启戎心，文彦博、曾公亮、冯京、韩绛、陈升之皆以为疑。王安石乃言：今蕃户富者，往往蓄缯钱二三十万。彼尚不畏劫，岂朝廷威灵，乃至衰弱如此？今欲连生羌，则形势欲张，应接欲近。古渭边砦，便于应接，商旅并集，居者愈多，因建为军，增兵马，择人守之，则形势张矣。且蕃部得与官市，边民无复逋负，足以怀来其心，因收其赢，更辟荒士，异日可以聚兵。

由此观之，市易之起，本出于荆公之殖民政策。盖边徼未开之地，而欲以人力助长之，使趋于繁盛，其下手必在商务。然地既未开，商贾裹足，非以国力行之，莫为功也，此荆公之所以排群议而行之也。后此既有成效，乃推以及腹地。

> （宋史·食货志）熙宁五年，遂诏出内帑钱帛，置市易务于京师。先是有魏继宗者，上言：京师百货无常价，富人大姓，乘民之亟，年利数倍。财既偏聚，国用亦屈，请假榷货务钱置常平市易司，择通财之官任其责，求良贾为之转易，使审知市物之价，贱则增价市之，贵则损价鬻之，因收余息以给公上。于是中书奏在京置市易务官，凡货之可市，及滞于民而不得售者，平其价市之。愿以易官物者听，欲市于官，则度其抵而贷之钱，责期使偿，半岁输息十一，及岁倍之，凡诸司配率，并仰给焉。……其后诸州皆设市易务。

窃尝疑当时均输法，何以暂行之而遽废？彼神宗与荆公决非摇于人言者，始因市易行而均输遂罢也。市易与均输，其立法之意略同，惟均输所及者，仅在定额之租税；而市易所及者，则在一般之商务，故其范围有广狭之异。而既有市易，则均输之效，已可并寓于其中也。考荆公所以行市易法者，其用意盖有二：一则专注重于经济学上所谓分配之一方面，用以裁抑豪富，保护贫民。盖小农小工，有所获殖制造，鬻之于市，往往为豪富联行抑勒不予善价，则贫民之生产者病；豪商既以贱价得之，及其转鬻也，又聊行而昂其值，则贫民之消费者又病。荆公思有以救济之，故其法，遇有客人物货，出卖不行，愿卖入官者，许至务中投卖，勾行人、牙人与客人平其价而买之。其卖出亦随时估价，不得过取，凡以求分配之均也。一则更注重于经济学上所谓生产之一方面，使金融机关得以流通，而母财之用愈广。盖小农小工之从事生产者，其资本大率有限，必待所生产之货物卖讫，然后能回复其资本以再从事于生产。则中间往往隔断不相属，而生产力缘此而萎微。荆公思有以救济之，故其法，凡人民能得五人以上为之保证者，或以产业金银抵当者，官可以贷以钱（当时以铜钱及绢布等为货币，而金银非货币，故得以充抵当品）。而以所借期限之长短，而取其息十之一或十之二，凡以广生产之资也。

市易法立法之本意如此，荆公之尽心于民事，亦可谓至矣。然则其法果可行乎？曰：以吾论之，荆公诸法之不可行者，莫此若也。请言其故。由后之说，则市易务实一银行也（青苗与市易二法，皆与今世银行所营之业相近。青苗则农业银行之性质也，市易则商业银行之性质也）。

夫以荆公生八百年前，乃能知银行为国民经济最要之机关，其识固卓绝千古。虽然，银行之为物，其性质宜于民办而不宜于官办。虽以今世各国之中央银行，犹且以集股而成，不过政府施严重之监督而已，而其他之大小银行，无一不委诸民办，更无论也。今一一由政府躬亲之，而董之以官吏，靡论其琐碎而非治体也，而又断不足以善其事，此欧洲各国皆尝试之而不胜其敝者也。由前之说，则为一种专卖制度，夫其立法之本意，不过曰之货之不售者，而官乃为收之耳。而及其末流，则必至笼天下之货，而悉由官司其买卖。即不然，亦须由官估其价值，盖非是而其所谓平物价之目的不得达也。夫笼天下之货而司以官吏，此近世社会主义派所主张条理之一种，顾彼有与之相辅者焉。盖从其说则以国家为唯一之资本家，为唯一之企业家，更无第二者以与之竞争，夫是以可行，然其果可行与否，犹未敢断言也。若在现今社会制度之下，欲行此制，云胡而可？现今之经济社会，惟有听其供求相剂，而自至于平，所谓自由竞争者，实其不可动之原则也。今乃欲取营运之职，而悉归诸国家，靡论其必不能致也，苟能致焉，而其危险，乃将愈甚。盖其初意本欲以裁抑兼并者，而其结果，势必至以国家而自为兼并者也。夫兼并者之病民诚烈矣。然有一兼并者起，不能禁他之兼并者不起，而与之相竞，相竞则可以渐底于平矣。若国家为唯一之兼并者而莫与抗焉，则民之憔悴，更安得苏也？凡此皆市易不可行之理由也。且尤有一说焉，荆公欲以一市易法而兼达前此所举之两目的，而不知此两目的非能以一手段而并达之也。银行之性质，最不宜于兼营其他商务，而普通商业，又最忌以抵当而贷出其资本。今市易法乃兼此两种矛盾之营业，有两败俱伤耳。故当时诸法中，惟此最为厉民，而国库之食其利也亦甚薄，则荆公之意虽善，而行之未得其道故也。

第五　募役法

募役法者，变当时最病民之差役制以为募役制，而令民出代役之征以充募资，实近于一种之人身税，而其办法极类今文明国之所得税，荆公救时惠民之第一良政也。吾侪生当今日，自本朝康、雍间实行一条鞭法以后，政府从无役其民之事。语及役法，往往莫解其为何物。而岂意数千年来，国民之宛转以死于是者不知凡几，自大政治家王荆公出，乃始启其苏生之路，今日犹食其赐也。

考差役之法，其源甚古，经传所称有力役之征，即所述先王之政，亦只言用民之力岁不过三日。准此以谈，则力役之征，虽三代以前，未尝免矣。盖古代租税之制未备，国家财政极微，有所兴作，不得不用民力。揆以人民对于国家之义务，此亦未足云厉。然君主每滥用之而无节制，故孟子称夺其民时便不得耕耨以致冻饿离散，其水深火热之状，可以想见。秦汉以还，沿而勿革，逮宋而其敝益甚。今最录当时士大夫所记事实与其所建议，以见荆公之改革，乃应于时势之要求，万不容已，而其法之完善而周密，亦以校诸前此之论者而可见也。

　　仁宗皇祐中知并州韩琦上疏曰：州县生民之苦，无重于里正衙前。兵兴以来，残剥尤甚，至有嬬母改嫁，亲族分居，或弃田与人以免上等，或非分求死以就单丁。规图百端，苟脱沟壑之患，每乡被差疏密，与赀力高下不均。假有一县甲乙二乡，甲乡第一等户十五户，计赀为钱三百万；乙乡第一等户五户，计赀为钱五十万，番休递役，即甲乡十五年一周，乙乡五年一周，富者休息有馀，贫者败亡相继，岂朝廷为民父母之意乎？英宗时，谏官司马光言：置乡户衙前以来，民益困乏，不敢营生，富者反不加贫，贫者不敢求富。臣尝行于村落，见农民生具之微，而问其故，皆言不敢为也。今欲多种一桑，多置一牛，蓄二年之粮，藏十四之帛，邻里已目为富室，指抉以为衙前矣，况敢益田畴葺间舍乎？臣闻其事，懑焉伤心。安有圣帝在上，四方无事，而立法使民不敢为久生之计者乎？

　　及神宗即位，知谏院吴充亦上言：衙前被差之日，官吏临门，籍记怀杵匕箸，皆计资产，定为分数，以应须求。至有家赀已竭，而遗负未除，子孙既没，而邻保犹逮。是以民间规避重役，土地不敢多耕而避丁等，骨肉不敢义聚而惮人上，无以为生，乞定早定乡役利害，以时施行。

三司使韩绛亦言：害农之弊，无过差役。重者衙前，多致破产；次则州役，亦须重费，向闻京东有父子二丁，将为衙前，其父告其子云：吾当求死，使汝曹免冻馁。自经而死。又闻江南有嫁其祖母及与母析居以避役者。此大逆人理，所不忍闻。又有鬻田产于富户，田归不役之家，而役并增于本等户，其馀戕贼农民，未易遍数。望令中外臣庶，条具利害，委侍从台省官集议，考验古制裁定，使力役无偏重之患，则农民知为生之利，有乐业之心矣。

凡此所称述，十分未得其一端，然千载下读之，犹使人肤栗鼻酸涕泗而不能禁。则当时躬遭斯厄者，尚得有人趣矣乎！此所云衙前者，不过役之最苦累者耳。自馀名目，更仆难数。盖衙前以主官物，里正户长乡书手以课督赋税，耆长、弓手、壮丁以逐捕盗贼，承符、人力、手力、散从以给官使令，县曹司至押录、州曹司至孔目官、下至杂职、虞侯、拣掏等，不可悉纪。各以乡户等第定差，而命官、将、吏、僧、道皆得复役（复者免役）。黠者或投身彼辈，为之佣奴，亦得随免。民以得度牒出家为脱苦难，度牒之值，重于地契。而乡氓贱族，应役愈繁数而生计愈窘，观前所录诸奏议，则当时国民经济之困顿，岌岌乎不可终日，可以想见。而史家犹称仁宗之世家给人足，此孟子所以不如无书之叹也。而其致敝之根原，则莫甚于役法。前此范文正以天下县多，故役蕃而民瘠，乃首废河南府诸县，将以次及他州（然已为旧党所攻，所废者不久旋复）。韩魏公欲验乡之阔狭、役之疏密而均之，然此皆补罅漏，于根本救治咸无当也。司马温公言衙前当募民为之，其余诸役则农民为之，是亦五十步之与百步耳。而募之必有所酬，所酬将安出，温公未及计也。及神宗立，荆公相，乃廓然与之更始，而募役法以起。《文献通考》卷十二记其略云：

熙宁二年，诏制置条例司讲立役法。条例司言：考合众论，悉以使民出钱雇役为便，即先王之法致民财以禄庶人在官者之意也。愿以条目付所遣官分行天下，博尽众议、奏可。于是条论诸路曰：衙前既用，重难分数，凡买扑酒税坊场，旧以酬衙前者，从官自卖，以其钱同役钱随分数给之。其厢镇场务之类：旧酬奖衙前不可令民买占者，即用旧定分数为投名衙前酬奖。如部水陆运及领仓驿场务公使库之类，旧烦扰且使陪备者，今当省使无费。承符散从等旧苦重役偿欠者，今当改法除弊使无困。凡有产业物力而旧无役者，今当出钱以助役。皆其条目也。久之，司农寺言：今立役条，所宽优者皆村乡朴愿不能自达之穷氓，所裁取者乃仕宦兼并能致人言之豪右。若经制一定，则衙司县吏，又无以施诛求巧舞之奸，故新法之行，尤所不便。筑室道谋，难以成就。欲自司农申明所降条约，先自一两州为始，候其成就，即令诸州军仿视施行。若其法实便百姓，当特奖之，从之，于是提点府界公事赵子几以其府界所行条目奏上之。帝下之司农寺，诏判寺邓绾曾布更议之。绾布上言：畿内乡户计产业若家资贫富之上下，分为五等。岁以夏秋，随等输钱，乡户自四等、坊郭自六等以下勿输。两县有产业者，上等各随县中等并一县输。析居者随所析而升降其等，若官户女户寺观未成丁减半输，皆用其钱募三等以上税户代役，随役重轻制禄。开封县户二万二千六百有奇，岁输钱万二千九百缗，以万二百为禄，赢其二千七百以备凶荒欠阙。他县仿此。然输钱计等高下，而户等著籍，昔缘巧避失实，乃诏责郡县。坊郭三年，乡村五年，农隙集众，稽其物业，考其贫富，察其诈伪，为之升降。若故为高下者，以达制论。募法三人相任，（案任者保证也）衙前仍供物产为抵，弓手试武艺，典吏试书计，以三年或二年乃更。为法既具，揭示一月，民无异辞。著为令，于是颁其法天下。天下土俗不同，役重轻不一，民贫富不等，从所便为法。凡当役人户以等第出钱，名免役钱，其坊郭等第户，及成丁单女户，寺观品官之家旧无色役而出钱者，名助役钱凡敷钱，先视州若县应用雇直多少，而随户等均取。雇直既已足用，又率其数增取二分，以备水旱欠阙，虽增毋得过二分，谓之免役宽剩钱。

呜呼！吾读条例司及司农寺所拟役法条目，而叹荆公及其僚属，真所谓体大思精，可以为立法家之模范矣！夫差役之病民，既已若彼其甚，则势不能以不革明矣。然前此诸役，固有其烦苛而可以迳蠲之者，亦有其为国家所必需而不能蠲之者。今熙宁新法，于其可蠲者而既已蠲之矣（即条例司原议所谓如部水陆运以下今当省使无费者是也），其不可蠲者既不复以役诸民，又不能以不役民之故而废其事，则不得不由国家募民之愿充者以充之，此事理至易见者也。然既募充矣，则非复义务的性质，而变为合意契约的性质，非有报酬，而孰肯为之？然国家者，非能如私人之自有财产也，其有所需，则取诸民而已。而此等义务，人民本已负之者既数十年，徒以立法不善，故朴愿而弱者益病，黠而豪强者幸免。今因其固有之义务而修明之，易征徭之性质为赋税之性质，视前非有所增也。此免役钱所以为衷乎理也，而其征收之也，以财产之高下列为等第，富者所征较重，贫者所征愈微，其尤贫者，则尽豁免之，此与今世各文明国收所得税之法正同。各国之收所得税，凡人民之收入少而仅足以维持其生计者不税，其有羡则税之（日本之法，所得在三百圆以下者不税，以上则税之。各国定限不同，意则同一）。而其税之也，定其等级比例而累进之（日本之法，所得三百圆以上者千分税十五。百圆以上者，千分税十二。一千圆以上者，千分税十五。如是凡分为十一等，直至十万圆以上者，千分税五十五，此其大较也。他国略类是）。此实极均平之课税法，而各国财政学家所最称道也。乃荆公当数百年前各国未发明此法之时，而所定与之暗合，所谓计产业若家资贫富之上下，分为等第，随等输钱。乡户自四等。坊郭自六等以下勿输者是也。豪族僧侣，不供赋役，而国家一切负担，尽责诸弱而无力之平民。此欧洲中世以来之弊政，而法国之大革命、与夫近百年来欧洲诸国之革命，其动机之泰半，皆坐是也。荆公痛心疾首于此等不平之政，不惮得罪于巨室，而毅然课彼辈以助役钱，此欧洲诸国流亿万人之血乃得之者，而公纡筹于庙堂，顷刻而指挥若定也。夫其立法之完善而周备，既若是矣，犹不敢自信，乃揭示一月民无异辞，然后著为令。而其行之也，又不敢急激，先施诸一两州，候其成就，乃推之各州军。所谓劳谦君子有终吉者非耶？自此法既行，后此屡有变迁，而卒不能废。直至今日，而人民不复知有徭役之事，既语其名亦往往不能解，伊谁之赐？荆公之赐也。公之此举，取尧舜三代以来之弊攻而一扫之，实国史上世界史上最有名誉之社会革命也。吾侪生今日，淡焉忘之久矣！试一观当时诸人所述旧社会颠沛杌陧之情形，又考欧洲中世近世之历史，见其封建时代右族僧侣剥削平民之事实，两两相印证，则夫对于荆公，宜如何尸祝而膜拜者。而乃数百年来，一犬吠形，百犬吠声，至今犹曰迂阔也，执拗也，苛酷也；甚者则曰营私也，佥壬也。呜呼，我国民之薄于报恩，可以慨矣！

当时立法者之言曰：今所宽优皆村乡朴愿不能自达之穷氓，所裁取者乃仕宦兼并能致人言之豪右，知新法之行，不便彼辈，而挠之者必众矣。果也当时所谓士君子者交起而攻之，而其所持之理由，则不外出于自利。今略举一二：

苏辙之言曰：役人之不可不用乡户，犹官吏之不可不用士人。

苏轼之言曰：自古役人之必用乡户，犹食之必用五谷，衣之必用丝麻，济川之必用舟楫，行地之必用牛马，虽其间或有以他物充代，然终非天下所可常行。又曰：士大夫捐亲戚弃坟墓以从官于四方者，宣力之余，亦欲取乐，此人之至情也。若厨傅萧然，则似危邦之陋风，恐非太平之盛观。

神宗尝与近臣论免役之利，文彦博言：祖宗法制具在，不须更张以失人心。上曰：更张法制，于士大夫诚多不悦，然于百姓何所不便？彦博曰：为与士大夫治天下，非与百姓治天下也。

呜呼，当时之攻新法者，其肺肝如见矣！如二苏言，认乡民之服役为天经地义而不可拔，此陷溺于阶级制度之陋俗，以为天之生民生而有贵贱也。法国大革命时之贵族，俄国现今之贵族，皆持此论以自拥护其不正之权利，而不意吾国所谓贤者乃若此也！夫在今日，无论中国外国，皆无所谓役人，无所谓用乡户者矣。是得毋不以五谷而得食，不以丝麻而得衣耶？东坡见此，其将何说之辞！况东坡所痛恨于免役者，从以厨傅萧然无以供从官于四方者之取乐云尔。如其所言，以此饰太平之盛观，夫盛则诚盛矣，曾不记吾民缘此，有孀母改嫁、亲族分居、弃田与人以免上等、非分求死以就单丁者乎？曾不记吾民缘此，而不敢多种一桑、多置一牛、蓄二年之粮、藏十匹之帛乎？夫以少数官吏取乐之故，而使多数人民离析冻馁祈死惟恐不速，是直饮人之血以为乐耳！是豺狼之言也！稍有人心者何忍出诸口？不意号称贤士大夫者，觍然言之，而数百年之贤士大夫且附和焉！以集矢于为民请命之谊辟哲相，吾有以见中国之无公论也久矣！至如文潞公所言，尤有深可骇者，曰：与士大夫治天下，非与百姓治天下。信如后言，则尽戕夺百姓之生命财产，以求容悦于士大夫者，其得非郅治之极也耶？吾请正告天下后世之读史者曰：荆公当时之新法，无一事焉非以利民，亦无一事焉非不利于士大夫。彼士大夫之利害与人民之利害固相冲突者也。今吾辈所能考见者，则当时士大夫之言也，其人民之言，则无一而可考见者也。而欲撷一面之词以成信谳，则其冤岂直莫须有云尔哉！夫免役则其一端面已。

当时造作言说以相谤讪者不可殚纪。据《文献通考》载有同判司农寺曾布条奏辩诘之文，则夫谤者之虚构诬词与夫不审情实而漫为揣测者，皆可以见。今录其略云：

　　畿内上等户，尽罢昔日衙前之役，故今所输钱，比旧受役时，其费十减四五。中等人户旧充弓手、手力、承符、户长之类，今使上等及坊郭寺观单丁官户，皆出钱以助之，故其费十减六七。下等人户，尽除前日冗役，而专充壮丁，且不输一钱，故其费十减八九。大抵上户所减之费少，下户所减之费多，言者谓优上户而虐下户，得聚敛之谤，臣所未谕也。提举司以诸县等第不实，故首立品量升降之法。开封府司农寺方奏议时，盖不知已尝增减旧数，然旧敕每三年一造簿书，等第常有升降，则今品量增减，亦未为非。又况方晓谕民户，苟有未便，皆与厘正，则凡所增减，实未尝行。言者则以为品量立等者，盖欲多敛雇钱，升补上等，以足配钱之数。至于祥符等县，以上等人户数多，减充下等，乃独掩而不言，此臣所未谕也。凡州县之役，无不可募人之理。今投名衙前半天下，未尝不典主仓库场务纲运，而承符手力之类，旧法皆许雇人行之久矣。惟耆长壮丁，以今所措置，最为轻役，故但轮差乡户，不复募人。言者则以为专典雇人，则失陷官物；耆长雇人，则盗贼难止。又以为近边奸细之人应募，则焚烧仓廪，或守把城门，则恐潜通外境，此臣所未谕也。免役或输见钱，或纳斛斗，皆从民便。为法至此，亦已周矣。言者则谓直使输钱，则丝帛粟麦必贱，若用他物准直为钱，则又退拣乞索，且为民害。如此则当如何而可？此臣所未谕也。昔之徭役，皆百姓所为，虽凶荒饥馑，未尝罢役。今役钱必欲稍有余羡，乃所以为凶年蠲减之备，其余又专以兴田利增吏禄。言者则以为助钱非如税赋，有倚阁减放之期，臣不知昔之衙前、弓手、承符、手力之类，亦尝倚阁减放否？此臣所未谕也。两浙一路，户一百四十余万，所输缗钱七十万耳。而畿内户十六万，率缗钱亦十六万，是两浙所输财半畿内，然畿内用以募役，所余亦自无几。言者则以为吏缘法意，广收大计，如两浙欲以羡钱徼幸，司农欲以出剩为功，此臣所未谕也。

观此则知当时之谤者，皆务扬恶而隐善，又于变法前之利病，与变法后之利病，未尝一比较而权其轻重，其言悉为意气之私，而非义理之公。夫免役则其一端而已。及神宗殂落，司马温公执政，首罢募役法，复差役法。而前此攻新法最力之范尧夫，则谓差役之事当熟讲，不然，滋为民害矣。前此以差用乡户比诸丝麻五谷之苏子瞻，又极言役可雇不可差，虽圣人复起不能易。且谓农民应差，官吏百端诛求，比于雇役苦乐十倍矣。同是一人也，而前后十余年，其言论之相反如此，岂非前者骇于其所未经见，及成效卓著，乃始不得不从而心折耶？语曰：非常之原，黎民惧焉。又曰：凡人可与乐成，难与虑始。以尧夫子瞻之贤，而其识乃不过与黎民凡人同科，则荆公概目之为流俗，岂得曰诬。然尧夫子瞻，悟前说之非而幡然以改，终不失为君子之过。独怪彼司马温公者，当荆公未行此法以前，已极言差役之弊，首倡募役之说。及其继相，乃听一金壬反覆之蔡京，以尽反故相之所为，且并弃前此己所持说而不雇焉，谓其恶功名之不出自我，而倾人以自快取私耶！以温公之贤，吾固不敢以此疑之，然舍此以外，吾又不能得其居心之何在也。

第六　其他关于民政财政诸法

以上青苗、均输、市易、募役四法，皆当时荆公特创之法之关于民政财政者也（保甲法亦民政之重要者，今以荆公行之之意在整顿军政，故以入次章）。其他就旧法而整顿改良之者尚多，今略论焉。

（甲）农田水利

荆公初执政，即分遣诸路常平官使专领农田水利。吏民能知土地种植之法，陂塘圩埠堤堰沟洫利害者皆得自言，行之有效，随功利大小酬赏。其后在位之日，始终汲汲尽瘁于此业。史称自熙宁三年至九年，府界及诸路所兴修水利田，凡一万七百九十三处，为田三十六万一千一百七十八顷云。

荆公所开水利，不可悉数，其大者曰浚黄河、清汴河。公之言唆黄河也曰：北流不塞，占公私田至多，又水散漫，久复淀塞。昨修二股，费至少，而公私田皆出，向之泻卤，俱为沃壤。时司马欧阳二公皆沮之，欧阳之言曰：开河如放火，不开如失火。与其劳人，不如勿开。荆公曰：劳人以除害，所谓毒天下而民从之者。夫即此二说，而一为偷安，一为任劳，其孰贤盖易见矣。清汴之议，则荆公早倡之。直至乞休后，元丰元年始行之，用功四十五日而成。此两事者，为利为害，吾未能言之。要之足以证公之尽心民事而已。而当时苏轼上书诋之，谓天下久平，民物滋息，四方遗利已尽，今欲凿空访寻水利，必大烦扰。此皆以一切不事事之主义者，当时之士风然也。夫中国直至今日，遗利犹且遍地。况宋代承大乱之后，而真仁间之凋敝，又如前所述耶！谓曰已无遗利，抑谁欺哉！

（乙）方田均税

方田均税者，荆公整理田赋之政也。史记其始末如下：

熙宁五年八月，诏司农以均税条约并式颁之天下，以东西南北各千步，当四十一项六十六亩，一百六十步为一方。岁以九月，县委令佐，分地计量。随陂原平泽而定其地，因赤淤黑垆而辨其色，方量毕，以地及色参定肥瘠，而分五等以定税则。至明年三月毕，揭以示民，一季无讼，即书户帖，连庄帐付之，以为地符。均税之法，县各以其租额税数为限，旧尝取羡零，如米不及十合而收为升，绢不满十分而收为寸之类，今不得用其数均摊增展，致溢旧额，凡越额增数皆禁之。若瘠卤不毛及众所食利山林陂塘路沟坟墓，皆不立税。凡田方之角，立土为峰，植其野之所宜木以封表之。有方帐，有庄帐，有甲帖，有户帖，其分烟析生典卖割移，官给契，县置簿，皆以今所方之因为正。令既具，乃以济州钜野尉王曼为指教官，先自京东路行之，诸路仿焉。

此盖当时调查土地整顿赋税之一政策，虽非荆公所特创，然亦言理财者所首当有事也。方田法盖如近世所谓土地台帐法，言地税者称此法最善焉。但其每年厘定一次，未免太烦数，不能持久耳。先揭以示民，一季无讼，乃著为令，此又至仁之政也。方帐庄帐甲帖户帖，虽其内容今不可考，然与今世文明国之法度，盖甚有合矣。严禁越额增数，豁免瘠卤及公利之地，惠民之意尤多，孰谓公之立法损下益上哉！

（丙）漕运

累朝建都北部，仰食东南，故漕运实为国家一大政，北宋时尤甚。前此漕运吏卒，上下共为侵盗贸易，甚则托风水沉没以灭迹，官物陷折，岁不减二十万斛。熙宁二年，荆公荐薛向为江淮等路发运使，始募客舟与官舟分运，互相检察，旧弊乃去。岁漕常数既足，募商舟运至京师者，又二十六万余石而未已云。此在荆公相业中，虽甚为微末，然其知人善任综核名实之效，盖可见也。

以上所列，皆荆公兴举民政财政之大略也。其条目班班可考，其本意无一不出于利民，乌有所谓损下益上如俗吏掊克之所为乎？虽其时奉行不实，致有与立法之本意相迕，而收效不如其所期者，盖亦有焉。然吾固言之矣，当交通未便之时代，而欲以干涉政策治大国，其事实难，然则是固不足为荆公罪也。况当时所谓廉洁之君子，莫肯为之助，则虽有用人不当，而其咎则所谓君子者当分之矣。吾故详述当时财政之真相如右，俾后之读史者省览焉。

第十一章　荆公之政术（三）

军　政

第一　省兵

宋以养兵敝其国，拥百余万之兵，所费居岁入三之二，而不能以一战，稍有识者未尝不尽焉忧之，然而卒莫之能革者。积重之势，非豪杰不足以返之。而当时士大夫习于偷惰，其心力未有足任此者也。今请先述当时诸贤所论养兵之弊，次乃及荆公省兵之策（下所录者虽颇冗长，然读此方能知当时法之极敝，不得不变。又以见荆公保甲法与省兵相辅，而攻之者为无理取闹也）。仁宗嘉祐间知谏院范镇上书云：

> 今田甚旷，民甚稀，赋敛甚重，国用甚不足者，正由兵多故也。议者必曰以为契丹备也，且契丹五十年不敢南入为寇者，金缯之利厚也。就使弃利为害，则大河以北，妇人女子，皆是乘城之人，其城市无赖陇亩力田者，又将焉用而预蓄养之以困民？夫取兵于民则民稀，民稀则田旷，田旷则赋役重，赋役重则民心离。寓兵于民则民稠，民稠则田辟，田辟则赋役轻，赋役轻则民心固。与其离民之心以备契丹，契

丹未至而民力先已匮，孰若固民之心以备契丹，虽至而民力有余，国用有备？其利害若视白黑若数一二，而今以为难者，臣所以深惑也。昔汉武以兵困天下者，用兵以征匈奴空漠北得所欲也。陛下以兵困天下者，不用兵养兵以至是也。非以快所欲也，何苦而为是乎！

欧阳修亦论之云：

国家自景德罢兵，三十三岁矣。兵尝经用者，老死几尽，而后来者未尝闻金鼓识战阵也。生于无事而饱于衣食也，其势不得不骄惰。今卫士入宿，不自持被，而使人持之。禁兵给粮，不自荷而雇人荷之。其骄如此，况肯冒辛苦以战斗乎？前日西边之吏，如高化军齐宗举，两用兵而辄败，此其效也。夫就使兵耐辛苦而能斗战，虽耗农民为之可也，奈何有为兵之虚名，而其实骄惰无用之人也。古之凡民长大壮健者，皆在南亩，农隙则教之以战。今及大异。一遇凶岁，则州郡吏以尺度量民之长大而试其壮健者，招之去为禁兵；其次不及尺度而稍怯弱者，籍之以为厢兵。吏招人多者有赏，而民方穷时争投之，故一经凶荒，则所留在南亩者，惟老弱也。而吏方曰不收为兵则恐为盗。噫，苟知一时之不为盗，而不知终身骄惰而窃食也！古之长大壮健者任耕，而老弱者游惰；今之长大壮健者游惰，而老弱者留耕也。何相反之甚邪！然民尽力乎南亩者，或不免乎狗彘之食；而一去为增兵，则终身安佚而享丰腴，则南亩之民，不得不日减也。故曰：有诱民之弊者，谓此也。

又云：

古之善用兵者，可使之赴水火；今厢禁之军，有司不敢役，必不得已而暂用之，则谓之借倩。彼兵相谓，亦曰官倩我，而官之文符亦曰倩。夫赏者所以酬劳也，今以大礼之故，不劳之赏，三年而一遍，所费八九十万，有司不敢缓月日之期。兵之得赏，不以无功知愧，乃称多量少，比好嫌恶，小不如意，则持梃而呼，群聚欲击天子之命吏。无事之时犹若此，以此知兵骄也。兵之敢骄者，以用之不得其术，而法制不立也。前日五代之乱，可谓极矣。五十三年之间，易五姓十二君，而亡国被杀者八，长者不过十余岁，甚者三四岁而亡。其主岂皆愚邪？其心岂乐祸乱而不欲为久安之计乎？顾其力不能者时也。当时东有汾晋，西有岐蜀，北有强胡，南有江淮闽广吴越荆潭，天下分为十三四，四面环之以至。加之中国又有叛将强臣割而据之，其君天下者，类皆为国日浅，威德未洽。强君武主，力而为之，仅以自守，不幸孱子弱孙，不过一再传而复乱败。是以养兵如儿子之啖虎狼，犹恐不为用，尚何敢制天下之势。方若敝庐，补其奥则隅坏，整其桷则栋倾，支撑扶持，苟存而已，尚何暇法象规矩而为制度。今宋之为宋，八十年矣。外平僭乱，无抗敌之国；内削方镇无强叛之臣；天下为一，海内晏然。为国不为不久，天下不为不广也。然而兵不足以威于外而敢骄于内，制度不可为万世法，而日益丛杂，一切苟且，不异五代之时，此甚可叹也！

苏轼亦论之云：

夫兵无事而食，则不可使聚，聚则不可使无事而食，此二者相胜而不可并行，其势然也。今夫有百顷之闲田则足以牧马千驷，而不知费，聚千驷之马而输百顷之刍，则其费百倍，此易晓也。昔汉之制，有践更之卒，而无营田之兵，虽皆出于农夫，而方其为兵也，不知农夫之事。是故郡县无常屯之兵，而京师亦不过有南北军期门羽林而已。边境有事，诸侯有变，皆以虎符调发郡国之兵，至于事已而兵休，则涣然各复其故。是以其兵虽不离农，而天下不至于弊者，未尝聚也。唐有天下置十六卫府兵，天下之府八百余所，而屯于关中者至有五百，然皆无事则力耕而积谷，不惟以自赡养。而又足以广县官之储，是以兵虽聚于京师，而天下亦不至于弊者，未尝无事而食也。今天下之兵，不耕而聚于畿辅者以数十万计，皆仰给于县官。有汉唐之患，而无汉唐之利，择其偏而兼用之，是以兼受其弊而莫之分也。天下之财，近自淮甸，而远至于吴楚，凡舟车所至，人力所及，莫不尽取以归于京师。晏然无事，而赋敛之厚，至于不可复加，而三司之用，犹苦其不给，其弊皆起于不耕之兵聚于内而食四方之贡赋。非特如此而已，又有循环往来屯戍于郡县者。昔建国之初，所在分裂，拥兵而不服。

太祖太宗，躬擐甲胄，力战而取之，既降其君而籍其疆土矣。然其故基余孽，犹有存者。上之人见天下之难舍而恐其复发也，于是出禁兵以戍之，大自藩府而小至于县镇，往往皆有京师之兵。由此观之，则是天下之地，一尺一寸，皆天子自为守也，而可以长久而不变乎？费莫大于养兵之费，养兵之费，莫大于征行。今出禁兵而戍郡县，远者或数千里，其月廪岁给之外，又日供其刍粮，三岁而一迁，往者纷纷，来者累累，虽不过数百为辈，而要其归，无以异于数十万之兵。三岁而一出征也，农夫之力，安得不竭？馈运之卒，安得不疲？且今天下未尝有战斗之事，武夫悍卒，非有劳伐可以邀其上之人，然皆不得为休息闲居无用之兵者，其意以为为天子出戍也。是故美衣丰食，开府库辇金帛，若有所负，一逆其意，则欲群起而噪呼，此何为者也！天下一家，且数千百年矣。民之戴君，至于海隅，无以异于畿甸，亦不必举疑四方之兵而专信禁兵也。曩者蜀之有均贼，近岁贝州之乱，未必非禁兵致之。臣愚以为郡县之士兵，可以渐训而阴夺其权，则禁兵可以渐省而无用。天下武健，岂有常所哉？山川之所习，风气之所咻，四方之民一也。昔者战国常用之矣。蜀人之怯懦，吴人之短小，皆尝以抗衡于上国，夫安得禁兵而用之？今之士兵，所以钝弊劣弱而不振者，彼见郡县皆有禁兵，而待之异等，是以自弃于贱隶役夫之间，而将吏亦莫训也。苟禁兵渐省，而以其资粮益优郡县之士兵，则彼固以欢欣踊跃，出于意外，戴上之恩，而愿效其力，又何遽不如禁兵邪？夫士兵日以多，禁兵日以少，天子扈从捍城之外，无所复用。如此则内无屯聚仰给之费，而外无迁徙供亿之劳，费之省者，又过半矣。

又云：

三代之兵，不待择而精，其故何也？出兵于农，有常数而无常人，国有事要，以一家而备一正卒，如斯而已矣。是故老者得以养，疾病者得以为闲。民而役于官者，莫不皆其壮子弟，故其无事而田猎，则未尝发老弱之民；师行而馈粮，则未尝食无用之卒。使之足轻险阻，而手易器械，聪明足以赴旗鼓之节，强锐足以犯死伤之地，干城之众，而人人足以自捍，故杀人少而成功多，费用省而兵卒强。及至后世，兵民既分，兵不得复而为民，于是始有老弱之卒。夫既已募民而为兵，其妻子屋庐，既已托于营伍之中，其姓名既已书于官府之籍，行不得为商，居不得为农，而仰食于官至于衰老而无归，则其道诚不可以弃去，是故无用之卒，虽薄其资粮，而皆廪之终身。凡民之生自二十以上至于衰老，不过四十余年之间；勇锐强力之气，足以犯坚冒刃者，不过二十余年。今廪之终身，则是一卒凡二十年无用而食于官也。自此而推之；养兵十万，则是五万人可去也；屯兵十年，则是五年为无益之费也。今天下募兵至多，往者陕西之役，举籍平民以为兵，加以明道宝元之间，天下旱蝗，次及近岁，青齐之饥与河朔之水灾，民急而为兵者日益众。举籍而按之，近世以来，募兵之多，无如今日者。然皆老弱不教，不能当古之十五，而衣食之费，百倍于古，此甚非所以长久而不变者也。凡民之为兵者，其类多非良民。方其少壮之时，博奕饮酒，不安于家，而后能捐其身，至其少衰而气沮，盖亦有悔而不复者矣。臣以谓五十以上，愿复而为民者，宜听。自今以往，民之愿为兵者，皆三十以下则收，限以十年，而除其籍。民三十而为兵，十年而复其归，其精力思虑，犹可以养生送死，为终身之计。其应募之日，心知其不出十年，而为十年之计，则除其籍而不怨。以无用之兵终身坐食之费而为重募，则应者必众，如此县官常无老弱之兵，而民之不任战者，不至于无罪而死。彼皆知其不过十年而复为平民，则自爱其身而重犯法，不至于叫呼无赖以自弃于凶人。今夫天下之患，在于民不知兵，故兵常骄悍而民常怯，盗贼攻之而不能御，戎狄掠之而不能抗。今使民得更代而为兵，兵得复还而为民，则天下之知兵者众，而盗贼戎狄将有所忌。

读此则当时养兵之积弊，其万不能以不革也明矣。则范欧苏诸公所建议者，乃即荆公后此所实行者也。而其必有待于荆公者何也？则甚矣言之易而行之难，天下大业，终非坐论者之所能了也。夫仁宗固优柔之主，不可以语于大计矣。若夫神宗则英断天纵，宜若可辅之以行其言。然帝一议及实行，则群臣相率动色，莫敢负此责任矣。其首沮挠者则司马光也，其言曰：

> 沙汰既多，人情皇惑，大致愁怨，虽国家承平，纪纲素张，此属恟恟，亦无能为。然诏书一下，万一有道路流言，惊动百姓，朝廷欲务省事，复为收还，则顿失威重，向后不复可号令骄兵。若遂推行，则众怨难犯，梁室分魏博之兵，致张彦之乱，此事可鉴者也。

温公此论，殆可为当时反对党之代表矣。问其理由，则不过虑骄兵之不可制，一省之遂激而为变，而务为姑息以养痈而已。使非有荆公，则此举亦以筑室道谋而废耳。当帝与公议省兵也，帝曰：密院以为必有唐建中之变。公对曰：陛下躬行德义，忧勤政事，上下不蔽，必无此理。建中所以致变，以德宗用卢杞之徒而疏陆贽，其不亡者幸也。今但当断自圣心，详立条制，以渐推行。帝意遂决。于是熙宁元年，诏诸路监司察州兵不如法者按之，不任禁军者降厢军，不任厢军者免为民。寻又诏拣诸路半分年四十五以下胜甲者，升为大分，五十以上愿为民者听之。旧制兵至六十一始免，犹不即许也，至是免为民者甚众，冗兵由是大省。二年，遂诏废并诸军营，陕西马步军营三百二十七，并为二百七十。马军额以三百人，步军以四百人。其后总兵之拨并者，马步军五百四十五营，并为三百五十五，而京师之兵，类皆拨并畿甸诸路及厢军，皆总会畸零，各定以常额。自熙宁至元丰，岁有废并甚众，而增置武卫军，严其训练之法，不数年皆为精兵云。

夫冗兵之当省，当时夫既尽人而知之，然而不敢发难者，谓惧兵之为变也。然以荆公毅然行之，比邑不惊，则其所谓可惧者安在？毋亦诸贤惮于兴作，不肯负责任，不肯贾劳怨，宁坐视国家之凋敝，而终不以己之爵位名誉尝试于成败不可知之数也。夫自为计则得矣。但不知国家果何取乎有此大臣也。治平间之兵，凡一百十六万二千，至熙宁，省为五十六万八千六百八十八。元丰稍有增置，亦仅为六十一万二千二百四十三，盖视前省其半矣。夫以荆公初执政，而能省宫廷费及其他冗费十之四，执政十年，而能次第省冗兵十之五，此其魄力之雄伟果毅，岂复可以测度耶！而其任事之艰贞劳瘁，亦可以想见矣。夫此二者，皆当时言论家所日日鼓舌以谈之者也。谈之而不能行，荆公行焉，则又从而诋之，其可谓无人心者也。而后之论史者，于此伟绩，熟视若无睹焉，其可谓无目者也。荆公所省之兵，宋史兵志，详胪其废并之迹，以建隆以来之制与熙宁以后之制两两比较，学者欲知其细，可以覆视，今弗具也。

第二　置将

荆公之省兵，非退婴政策，而进取政策也。宋之兵所以虽多而不可用者，其原因不一，而其最病者，则将与兵不相知，兵与将不相习也。艺祖鉴晚唐五季之敝，惧将之能私有其兵也，于是创为更戍之法，分遣禁旅，戍守边城，其以弭悍将骄卒之跋扈，计良得矣。然其敝也，非徒践更旁午，蚀财病民而已。而以将不知兵兵不知将之故，而有兵等于无兵。及荆公执政，始部分诸路将兵，总隶禁旅，使兵知其将，将练其士，平居知有训厉，而无番戍之劳，有事而后遣焉，此实宋兵制一大改革也。今考当时将兵之数及其配置之地，列表如下：

（一）拥护京畿之兵凡三十七将（熙宁七年置）
- 河北四路……自第一将以下共十七将
- 府畿……自第十八将以下共七将
- 京东……自第二十五将以下共九将
- 京西……自第三十四将以下共四

（二）西北边防之兵凡四十二将（熙宁八年置）
- 鄜延……九将
- 泾原……十一将
- 环庆……八将
- 秦凤……五将
- 熙河……九将

（三）分戍东南之兵凡十三将（元丰四年置）
- 淮南
  - 东路……第一将
  - 西路……第二将
- 两浙
  - 西路……第三将
  - 东路……第四将
- 江南
  - 东路……第五将
  - 西路……第六将
- 荆湖
  - 北路……第七将
  - 南路
    - 潭州……第八将
    - 全邵永州……第九将
- 福建路……第十将
- 广南
  - 东路……第十一将
  - 西路
    - 桂州……第十二将
    - 邕州……第十三将

总天下都为九十二将，而尚有马军十三指挥，忠果十指挥，土军两指挥，都为二十五指挥，与将并行，此荆公所定常备兵之编制也。其一将一指挥之下所属之兵数几何，史无明文，今不可考。但知其忠果十指挥额各五百人，而东南路诸将所属兵有在三千人以下者耳。大约各随屯地之险易以为多寡，其额非一定也。

其所谓将者，非将帅之谓，而一团体之名称也。殆有类于今日新军制之所谓镇，有类于日本军制所谓师团。其以第一将第二将等为之记号，亦与今制暗合，而其择全国险要扼塞之地，而分配之各得其宜，则又今之治兵者所未能望其项背也。其第一项之三十七将，所以拥卫京师，且防契丹也。韩琦请撤之以免契丹之疑者即此也（颜习斋尝斥韩说，即御批通鉴辑览亦不直之）。其第二项之四十二将，所以图西夏也。公之于二虏，处心积虑以图之，故其兵力之集于此者特厚焉。其第三项之十三将，则以保境内之治安而已，故置之远在后，而其兵力亦仅全国五之一也。将兵之制，所以与晚唐五代之制异者，以其悉为禁旅，天子自为大元帅以统之，将官不得私有其兵，故兵权无旁落之患也。其所以与建隆以来之制异者，则将与士相习，有训练之实，而无更戍之烦也。求诸今世，惟德国日本之陆军编制法最近之，若中国现今之制，则犹学焉而未能至者也。呜呼，荆公侃乎远矣！

自元祐推翻新政，将兵之制，虽未尽废，然兼令州县官得统辖兵队，与将官分权，军令不出于一，而兵之偷惰乃日甚。驯至女真长驱，莫之能御，而宋遂以此南渡矣，悲夫！

第三 保甲

省兵也，置将也，皆荆公一时权宜之政策，聊救时弊而已。若其根本政策，尚不在是，荆公者盖持国民皆兵之主义者也，欲达此目的，则必废募兵以为征兵，于是乎保甲法兴。

保甲之性质有二，其一则为地方自治体之警察，其一则为后备兵及国民兵也。荆公办保甲之意，本欲以改革兵制，而其下手则先自警察始，请先言警察之保甲。熙宁三年，始颁保甲法，其内容如下：

（一）十家为一保，五十家为一大保，十大保为一都保。

其同保不及五家者，附于地保。有自外入保者，则收为同保，俟满十家乃别置焉。

（二）每保置保长一人，每大保置大保长一人，以主户有干力者充之。每都置都保证一人，副一人，以众所服者充之。凡任保正副保长，皆以选举。

（三）每户有两丁以上者，选一人为保丁，附保两丁以上，有余丁而壮勇者亦附之。

（四）凡不在禁内之兵器，许保丁习之。

（五）每一大保，夜轮五人儆盗，凡告捕所获，以赏从事者。

（六）凡同保中有犯强盗、杀人、放火、强奸、略人、传习妖教、造畜蛊毒等罪，知而不以告者罚之，但非法律所听纠者，毋得告发。

（七）有窝藏强盗三人以上经三日以上者，邻保虽不知情，亦科以失觉之罪。

（八）此法先行诸畿甸，以次推及诸路。

由此观之，则保甲法最初之性质，与今世所谓警察者正相类，明甚。而其警察权，则委诸地方自治之团体者也。警察权当集诸中央乎？抑当分诸地方乎？当以官吏专任其职乎？抑当以人民兼任其职乎？此两者各有利害，至今言政者犹未能断定。而在境宇寥廓之国，中央政府之力，苦难综核以及于微末，则以官吏谋之，良不如使民自为谋。而荆公之保甲法，则地方警察之性质也。荆公之行保甲，非徒以为警察而已，实欲改募兵以为征兵，而借保甲为之造端。当时宋制，有所谓义勇兵者，数颇不少，然其无用亦与禁兵厢兵等。公乃欲用其形式，而变其精神，此立保甲之本意也。草创伊始，廷臣莫或以为然，公与神宗及诸臣反覆辨诘，乃克实行。今据《宋史·兵志》录其辨诘之词如下：

帝谓府兵须与租庸法相须。

安石曰：今义勇土军，上番供役，既有廪给，则无贫富皆可以入卫出戍。虽无租庸调法，亦自可为。第义勇皆良民，当以礼义奖养，今皆倒置者，以涅其手背也，教阅而縻费也，使之运粮也，三者皆人所不乐。若更驱之就敌，尤人所惮也。

冯京曰：义勇亦有以挽强得试推恩者。

安石曰：挑强而力有不足，则绝于进取，是朝廷有推恩之滥，初非劝奖，使人趋武用也。今欲措置义勇，皆当反此，使害在于不为义勇，而利在于为义勇，则俗可变而众技可成。臣愿择乡间豪杰以为将校，稍加奖拔，则人自悦服。矧今募兵为宿卫，及有积官至刺史以上者，移此与彼，固无不可，况不至如此费官禄，已足使人乐为哉！陛下诚能审择近臣，皆有政事之材，则异时可使分将此等军矣。今募兵出于无赖之人，尚可为军厢主，则近臣以上，岂不及此辈哉！此乃先王成法，社稷之长计也。

帝曰然。

帝又言节财用。

安石曰：减兵最急。

帝曰：比庆历数已甚减矣，因举河北陕西兵数，虑募兵太少，缓急或阙事。

安石曰：精训练募兵，而鼓舞三路之民习兵，则兵可省。臣屡言河北旧为武人割据，内抗朝廷，外敌四邻，亦有御奚契丹者，兵储不外求而足。今河北户口蕃息，又举天下财物奉之，常若不足以当一面之敌，其设施乃不如武人割据时，则三路事有当讲画者，在专用其民而已。

帝又言边兵不足以守，徒费衣廪，然固边疆又不可悉减。

安石曰：今更减兵，则诚无以待缓急，不减则费财困国无已时，臣以为倘不能理兵稍复古制，则中国无富强之理。

帝曰：唐都长安，府兵多在关中，则为强本；今都关东而府兵盛，则京师反不足待四方。

安石曰：府兵在处可为，又可令入卫，则不患本不强。

韩绛吕公弼皆以入卫为难。

文彦博曰：如曹濮人专为盗贼，岂宜使入卫？

安石曰：曹濮人岂无应募？皆暴猾无赖之人，尚不足以为虑，义勇皆良民，又以物力户为将校，岂当复以为可疑也？

陈升之欲令义勇以渐戍近州。

安石曰：陛下若欲去数百年募兵之敝，则宜果断，详立法制，令本末备具，不然无补也。

帝曰：制而用之在法，当预立条制，以渐推行。

彦博等又以为土兵难使千里出戍。

安石曰：前代征流求，讨党项，岂非土兵乎？

帝曰：募兵专于战守，故可恃。至民兵，则兵农之业相半，可恃以战守乎？

安石曰：唐以前未有黥兵，然亦可以战守。臣以为募兵与民兵无异，雇所用将帅何如耳。将帅非难求，但在人主能察识而善驾御之，则人材出而为用，不患无将帅，有将帅则不患民兵不为用矣。

帝曰：经远之策，必当什伍其民，费省而兵众，且与募兵相为用矣。

安石曰：欲公私财用不匮，为宗社久长计，募兵之法，诚当变革。

帝曰：密院以为必有建中之变。

安石曰：陛下躬行德义，忧勤政事，上下不蔽，必无此理。建中所以致变，德宗用卢杞之徒而疏陆贽，其不亡者幸也。

时有造作谣言，谓朝廷教练保甲，将徙之戍边者。乡民惊扰，或父子聚首号泣，或自残伤以避团。韩维等请暂停以安民。

安石曰：乃者保甲，人得其愿上番状，然后使之，宜于人情无所惊疑。且今居藏盗贼及为盗贼之人，固不便新法。陛下观长社一县，捕获府界剧贼为保甲迫逐出外者至三十人，此曹既不容京畿，又见捕于辅郡，其计无聊，专务煽惑。自古作事，未有不以势率众而能令上下如一者。任其自去来，即孰肯听命？若以法驱之，又非人所愿为。且为天下者，如止欲任民情所愿而已，则何必立君而为之张置官吏也？今宜遣官先谕上旨，然后以法推行之。

帝一日谓安石曰：曾孝宽言民有斩指诉保甲者。

安石曰：此事得于蔡骃，赵子几使骃验问，乃民因木误斩指，参证者数人。大抵保甲法，上自执政大臣，中则两制，下则盗贼及停藏之人，皆所不欲，然臣召乡人问之，皆以为便。虽有斩指以避丁者，不皆然也。况保甲非特除盗，固可渐习为兵。既人皆能射，又为旗鼓变其耳目，且约以免税上番代巡检兵，又自正长而上，能捕贼者奖之以官，则人竞劝，然后使与大兵相参，则可以销募兵之骄志，且省财费，此国家长久之计也。

帝遂变三路义勇如府畿保甲法。

冯京曰：义勇已有指挥使，指挥使即其乡里豪杰，今复作保甲，令何人为大保长？

安石曰：古者民居则为乡，伍家为比，比有长。及用兵即五人为伍，伍有伍司马。二十五家为闾，闾有闾胥。二十五人为两，两有两司马。两司马即闾胥，伍司马即比长，第随事异名耳。此三代六乡六军之遗法，其法见于书，自夏以来至周不改。秦虽决裂阡陌，然什伍尚如古制，此所以兵众而强也。近代唯府兵为近之。今舍已然之成宪，而乃守五代乱亡之余法，其不足以致安强无疑。然人皆恬然，不以因循为可忧者，所见浅近也。

或曰：保甲不可代正军上番。

安石曰：俟其习熟，然后上番，然东兵技艺，亦弗能优于义勇保甲。臣观广勇虎翼兵固然，今为募兵者，大率皆偷惰顽猾不能自振之人。为农者朴力一心听令之人，则缓急莫如民兵可用。

冯京曰：太祖征伐天下，岂用农兵？

安石曰：太祖时接五代困极，豪杰多以从军为利。今百姓安业乐生，而军中不复有如向时拔起为公侯者，即豪杰不复在军，而应募者皆偷惰不能自振之人耳。

文彦博曰：以道佐人主者，不以兵强天下。

安石曰：以兵强天下者非道也，然有道者，固能柔能刚，能弱能强。方其能刚强，必不至柔弱。张皇六师，固先王之所尚也，但不当专务兵强耳。

帝曰：保甲义勇刍粮之费，当预为之计。

安石曰：当减募兵之费以供之，所供保甲之费，才养兵十之一二。

帝曰：畿内募兵之数，已减于旧，强本之势，未可悉减。

安石曰：既有保甲代其役，即不须募兵。今京师募兵，逃死停放，一季乃数千，但勿招填，即为可减。然今厢军既少，禁兵亦不多，臣愿早训练民兵，民兵成则募兵当减矣。且今保甲阅艺八等，劝奖至优，人竞私习，不必上番然后就学。臣愚愿期以数年，其艺非特胜义勇，必当胜正兵。正兵技艺，取应官法而已，非若保甲人人有劝心也。

以上皆初设保甲时荆公廷辩之言。所以不惮冗沓而详录之者（所录尚有删节）。一以此法为荆公精神所寄，宜有以传之；一以宋史所载荆公政绩，恒务为简略，无以考见其立法之精意，惟兵志于此事，言之稍详，更不可以不表而出之也。呜呼！吾读此而叹荆公识见之远，忧国之诚，任事之勇，诚旷古而无其匹矣！夫服兵役者，国民对于国家至大之义务，无所逃于天地之间者也。故士农工商，举宜为兵，而万不容于士农工商以外，别有所谓兵之一阶级者存。使于士农工商以外别有所谓兵之一阶级者存，则此阶级必为藏垢纳污之所，而其兵未有能用者也。宋以募兵之故，而致兵别为一阶级，彼其积敝，当日诸贤言之既详。然岂必远征诸宋，即以近今之旗兵绿营防勇，其腐败之迹，固已与我辈以共见矣。荆公欲请其病源，乃发明专用乡民农民之义，此曾胡江罗之治湘军所以能有功也。其言曰：农民朴力一心听令，缓急惟民兵足恃。试番曾文正函牍中，其类此之言，不可悉数，盖非实心治事而有经验者，未易能见及此也。而其所以用之之法，则首在奖养之以礼义，而鼓舞之以名誉。夫曾罗诸贤之所以克建大业者，恃此而已。夫日本人所日日自夸炫以为大和魂，遂以屡奏奇捷使天下万国瞠目而相视者，恃此而已。而中国自秦汉以后二千年间所称贤士大夫，其能知之者有几人耶？其能知之而复能行之者更有几人耶？荆公当时所行诸新法中，惟保甲法所注心力尤多，而其受谤贾怨也亦最重。盖其他诸法，大率专以便民，故非之者惟朝廷意气之徒，民莫或和也。独至保甲法以其与减兵交相为用也，故募兵从而怨之者一矣。以其职司警察以维治安也，则为盗者与藏盗者从而怨之者二矣。然此犹未足以为病也，乃其为法也，举天下成年之壮夫，无贫无富，无贵无贱，而悉劳之以武事，范之以纪律，则夫不愿从事而从而怨之者三矣。夫常人之情，好佚而恶劳，好放纵而恶束缚。况以中国数千年来久惯放任之人民，重以有宋中叶，纪纲荡然，上下习于偷惰，以为成性，乃一旦欲取而衔勒之，劳其筋骨而张其负担，民之以为厉己，固其所耳。故夫当时廷臣耳目所接，谓有斩指以避丁，聚首以号泣者，此实情理所宜有，未必纯为虚构诬罔之词也。虽然，此足以为保甲病乎？予产有孰杀之歌，孔子有麝丧之谤，凡一政党改革之始，则必有多数人大感其苦痛者矣。缘是而遂废法不行，则天下宁复有能革之弊耶？公之言曰：自古作事，未有不以势率众而能令上下如一者。又曰：如止欲任民情所愿而已，则何必立君？此岂漫为法家专制之言哉？盖政治之大原理，实如是也。夫所恶乎专制者，恶其病民病国而自以为利耳，若夫事之关于国利民福，而总揽主权者强制以执行之，则何恶之有？夫强国民以服兵役之义务，则正国家之所当有事也，其有抗焉，则是对于国家而行叛逆也。而荆公当时对于此辈，曾未尝一惩艾焉，惟反复劝谕，且多为其途以诱导奖劝之使徐以自悟，吾但见其仁心之盎然而已。而议者乃反以为束湿之政，则甚矣群盲之论不足以为是非也。

史记训练保甲以为民兵之次第云：

熙宁二年十一月，始立府界集教大保长法，以王中正狄谘兼提举府界教保甲大保长，总二十二县为教场十一所。大保长凡二千八百二十五人，每十人一色事艺，置教头一。凡禁军教头二百七十，都教头三十，使臣十。弓以八斗、九斗、一石、为三等，弩以二石四斗、二石七斗、三石为三等，马射九斗、八斗为二等，其材力超拔者为头等。当教时，月给钱三千，日给食，官予戎械战袍，又具银碟酒醪为赏犒。

三年，大保长艺成，乃立团教法，以大保长为教头，教保丁焉。凡一都保相近者分为五团，即本团都副保正所居空地聚教之，以大保长艺成者十人衮教，五日一周之，五分其丁，以其一为骑，二为弓，三为弩。

府界法成，乃推之三路，各置文武官一人提举，河北则狄谘刘定，陕西则张山甫，河东则黄廉王崇拯，以封桩养赡义勇保甲，钱粮给其费。是岁引府界保甲武艺成，帝亲阅，录用能者，余赐金帛。

四年，改五路义勇为保甲。其年，府界河北河东陕西路会校保甲，都保凡三千二百六十六，其正长壮丁凡六十九万一千九百四十五，岁省旧缗钱一百六十六万一千四百八十三，岁增费缗钱三十一万三千一百六十六，而团教之赏，为钱一百万有奇，不与焉。

迄熙宁九年，凡义勇保甲及民兵，七百一十八万二千二十八人云。

此保甲法推行之大略也。

荆公之治保甲，成效卓著。始焉用之为警察，而盗贼大息。前此环畿群盗，攻劫杀掠，岁辄二百起，至是则无复一也。仅长野一县，而捕获近畿剧贼为保甲迫逐出外者，且三十人也。继焉用之为民兵，教阅之初，众论沸腾。教艺既成，乃胜正兵，其劝奖赏赉所需，皆取诸封桩及禁军阙额所省溢者，未尝费户部一钱。司农官亲任其事，督责检察极精密，县令有强使保甲置衣装非理骚扰者，皆予处分，故人莫敢不奉法。而奖厉既优，仕宦及有力之家，子弟皆欣然趋赴也（以上皆节《宋史兵志》语）。由此观之，则荆公与神宗十余年经营之苦心，其亦可谓不负矣。而岂意神宗之骨未寒，而良法美意，遂破坏以尽也。

元丰八年，哲宗嗣位，知陈州司马光即首上疏乞罢保甲，其言曰：

（前略）自唐开元以来，民兵法坏，戍守战攻，尽募长征兵士，民间何尝习兵？国家承平，百有余年。戴白之老，不识兵革，一旦畎亩之人皆戎服执兵，奔驱满野，耆旧叹息，以为不祥。事既草创，调度无法，比户骚扰，不遗一家。又朝廷时遣使者，遍行按阅，所至犒设赏赉，靡费金帛，以巨万计。此皆鞭挞平民铢两丈尺而敛之，一旦用之如粪土，而乡村之民，但苦劳役，不感恩泽。农民之劳既如彼，国家之费又如此，终何所用哉？若使之捕盗贼卫乡里，则何必如此之多？使之戍边境事征伐，则彼远方之民，以骑射为业，以攻战为俗，自幼及长，更无他务。中国之民，大半服田力穑，虽复授以兵械，教之击刺，在教场之中，坐作进退，有似严整；必若使之与敌人相遇，填然鼓之，鸣镝始交，其奔北溃败，可以前抖，决无疑也。（后略）

呜呼！温公之所以难保甲法者，其所持之理由，不过如此而已。吾今试得取而辨之。其谓民不知兵者已百余年，故民兵势不可复。夫人之所以贵于万物者，以其学焉而能也，就令前此未尝经见之事，苟国家有以奖教之，则无不可以驯致，而况于百年前之遗迹，湮没未尽者耶？如温公言，则国家之一切教养大政，皆可不举，宁独保甲也？其言耆老不识兵革，见有戎服执兵者，叹息以为不祥，其随义之可笑，抑更甚焉。大臣为国家谋百年大计，而其政策乃取决于乡鄙之耆老，天下事可知矣！夫正惟人民不识兵革，则执政之所以振厉之，愈不容已，此神宗与荆公所为剑及屦及而克期以观武德之成也。如温公言，举国讳兵，而执冰以嬉，其于歌舞太平良得矣，而后此胡骑长驱，百城尽靡，吾又不知其何祥也！其言草创之初，调度无法，比户骚扰。夫事属草创者，未积经验，举措乖方，谅所难免，然亦闻事之当行否耳。苟其当行，则虽累挫失，犹不当戛然止也。况温公建言之时，距熙宁草创十七年矣。吏已习其事，而法已睹其效。追罪往昔，宁得谓平？而况乎昔以民所未习之而兴举之，固为骚扰；今以民所已安者而废坏之，宁得曰非骚扰乎？以暴易暴，犹且不可，而矧于以暴易仁也？其言犒设赏赉，糜费国用，似矣。独不思保甲之所费，咸取诸封桩及省兵之羡饷，未尝动户部一文乎！不观熙宁四年之统计，以改行保甲之故，岁省百六十余万，而保甲与赏犒所需仅百三十余万，两者比较，所省犹不下三十万乎（此所举者为畿内之统计，合诸全国所省必更多）！夫为保持国家起见，虽费亦不可以已。今世各国，不惜掷数亿万以造船队是也，而况乎其有省于前也！温公此言，得毋亦欲荧人主之听而已。至其最后所论，谓中国之民，虽教之以武事，亦无所用。此言也，对于国民而科以大不敬之罪焉可也。如彼言，则是外国之民，在理宜永为征服者，而中国之民，在理宜永为被征服者也（参观前叶所引奏议原文）。夫人民既虽教焉而不可以战矣，彼募兵者，独非人民之一分子乎？前此募兵之不可以御侮，五尺童子皆能知之，宁以温公而不知者！今但言保甲之不可战而已，而不更求其所以恃为可战者，则推温公之意，岂非以臣妾于北虏为天经地义而莫敢或畔也。呜呼！以当时诸贤所不慊于新法者，其理由乃仅如此，即保甲一端，而他可惟矣！

自元祐废保甲以后，元符二年，虽议恢复而不可果行。至徽宗崇可间，蔡京以反覆小人，托言绍述，乃复倡之，然其精神形式，皆非复荆公之旧矣。善夫高安陈氏汝锜之言也！曰："宋武衰而积弱之国也，将权释于杯酒，而藩方之兵弱。天子之禁军，以戍边备征讨，而王畿之兵弱。招游手而涅刺之，既违土著，兼困民供，而所在防御之兵弱。以故金虏一讧，陷朔代，围太原，下燕蓟，直捣汴京，有南朝无人之叹。而太后手诏，亦有人不知兵之恨。使保甲不废，则训练以时，韬钤日熟，家有干橹，而人皆敌忾，纵胡马南嘶，亦何至掉臂行数千里，无一城一垒撄其锋者！而又何至纷纷召集，下哀痛勤王之诏也哉！故吾以为编保甲法习民兵，已逆知他日之必有靖康，而靖康之所以河决鱼烂者，正以保甲之法坏，蒙其名而弃其实，额日广而锐日销，驱病妇弱子，张空卷以与饿豺狼斗，而立碎于爪吻之下耳。尚介甫之诅且詈乎！"呜呼，此言可谓先得我心矣！保甲之法既废，将兵之制复坏，宋欲不南，更可得耶？然则祸宋者，果荆公乎哉？抑温公乎哉？

第四　保马

保马法者，官给民以马，使代养之，且奖厉民自养之，俟有缓急时，则偿其直而收其用也。马为战阵一利器，治兵者不容忽之，故历代皆以马政为国家大政之一，即今世各国亦有然。宋代马极缺乏，前此特置群牧监，常以枢府大臣领之，以重其事。然官马作弊甚多，縻费浩大，而不能收蓄息之效，至荆公而有保马法。

熙宁五年五月，诏开封府界诸县保甲愿养马者听，仍以陕西所市马选给之。六年，又诏司农寺立养马法，于是曾布等上其条约，凡五路义勇保甲愿养马者，户一匹。物力高者愿养二匹者听，皆以监牧见马给之，或官予其直令自市，毋或强予。府界毋过三千匹，五路无过五千匹。袭逐盗贼之外，乘越三百里者皆有禁。在府界者免输粮草二百五十束，加给以钱布。在五路者，岁免折变缘纳钱，三等以上十户为一保，四等以下十户为一社，以待病毙补偿者。保户马毙，马户独偿之；社户马毙者，社人半偿之。岁一阅其肥瘠。禁苛留者，凡十有四条，先从府界颁焉，五路委监司经略司州县更度之。

荆公所创诸新法中，其最不衷于学理者，莫如保马法。盖马者生物，其肥瘠生死，往往不尽由人力，而责民养之，有失则令其赔偿，此非政体也。元祐初政，建议者争言其病民，以理卜之，殆为可信。虽然荆公当时所以行此者，亦自有故。盖荆公所最注重者，为训练民兵，即保甲是也。而练民兵不可以无马，官不给则缺于用，官给之则马无所出，故贷马于民而使之自养，凡以与保甲法相维系而已。然即为此计，亦自有道。保马之法，于其所不宜干涉者而干涉之，斯千虑之一失也。今世各国，所以筹画马政之法颇多，以非关宏旨，不缕述也。

第五　军器监

器械不精，以卒予敌，军器之重，自昔然矣。宋自仁宗以来，狃于太平，军器皆朽窳不可复用。熙宁五年，崇政殿说书王雱上疏曰：

> 汉宣帝号中兴贤主，而史称技巧工匠，独精于元成之时，是虽有司之事，而上系朝廷之政。方今外御边患，内虞盗贼，而天下岁课弓弩甲胄入充武库者以千万数，乃无一坚好精利实可为用者。臣尝观诸州作院，兵匠乏少，至拘市人以备役，所作之器，但形质而已。武库之吏，计其多寡之数而藏之，未尝贵其实用。故所积虽多，大抵敝恶。夫为政如此，而欲抗威决胜，外攘内修，未见其可也。倘欲弛武备示天下以无事，则金木丝枲木筋胶角羽之材，皆民力也。无故聚工以毁之，甚可惜也。莫若更制法度，敛数州之作，聚为一处，若今钱监之比，择知工事之臣，使专其职，且募天下良工，散为匠师，而朝廷内置工官以总制其事，察其精窳而赏罚之，则人人务胜，不加责而皆精矣。

上然其言。明年，遂置军器监，总内外军器之政，置判一人，同判一人。先是军器领于三司，至是罢之，一总于监。凡知军器利害者听诣监陈述，于是吏民献器械法式者甚众云。

按元泽为荆公爱子，其学行才能皆有大过人者，惜蚤卒不得表见。而后人诋之，不遗余力，即宋史载此奏，亦以为逢迎上意，欲妄更旧制。夫旧制之敝坏，既已若此，即欲不更之，其可得乎？观其所言，与今东西诸国之法正暗合。盖国家而欲强兵，非先利其器不可。而欲利戎器，非设专官以董其事不可。若如宋前此之制，委各州官吏循例供献，即欲求其不朽窳而差堪用，犹不可得，况能改良以日新者哉！夫军器监之设，虽以今日之中国，尚为当务之急，而执政者且未见及也。而元泽于千年前能言之，其识不亦远耶！以宋史兵志所载，自军器监设置之后，其发明新式之军器，不一而足。劝工之效，亦可见矣。而元祐更张，又一举而废之，还责诸诸路坊作，斯真元泽所谓聚工以毁天地有用之材耳！宋之为宋如此，虽欲不南，安可得也？

综观荆公之军政，其大体悉衷于学理，与今世各国之军政略相近。而其欲变募兵以为民兵，更经国之远谟。今之中国犹未能行，而非断行之不足以图强者也。但其保甲之法，全仿古制，非徒使人人为兵而已。又欲使人人无时而不为兵，夫人人为兵，宜也；人人无时而不为兵，此在古代小国寡民，或可行之，而非可以施诸秦以后泱泱之大国。何也？古代部落，以战争为国家第一大事，而经济不过为供给战争之资。及夫世运日进文明，则以经济为国家第一大事，而战争不过保护经济之具。人人无时而不为兵，则虽曰农隙讲武，而有妨于生产者终不少焉。法之未尽善，此其一也。又古代小国寡民，非尽籍为兵，不足以御侮。后世禹域一家，民数自数千万以增至数万万，使人人无时而不为兵。则国家固无需此多兵，且即尽搜一国之财，亦不足以供其费。法之未尽善，此其二也。故唐府兵之所以变为弓广骑，虽曰执政之无术？然亦势所必至者矣。然曰荆公人人皆兵之主义，竟不能实行乎？曰：是又不然。今世各国之区别常备兵、预备兵、后备兵，得其道矣。人人皆有执干戈卫社稷之义务，然其服此义务也，或一年，或二年、三年，过此以往，则散而归农，非有大故，则征调不及也。此各国已然之成法，虽有后圣，亮无以易矣。曰：然则以荆公之学识，胡乃见不及此乎？曰：荆公盖已见及之。曰：既见及则何为不行？曰：是当论其世也。彼荆公执政之时，国家固已有募兵百余万，此即比于各国之常备兵者也。以荆公之计划，固欲尽废之而代以民兵也。然中唐以来数百年之积弊，革之不能骤也，故以渐焉。于一方面减募兵，同时于一方面以民兵补其所省之额，于是乎有所谓上番者。其上番之民兵，即服常备兵之义务者也；其退番之民兵，即服预备兵后备兵之义务者也。孰谓荆公而风不及此也！使无反对党之阻挠，而荆公更久于其位，则安知现今各国通行之军制，我国不于千年前创之，以为世界模范耶！

第十二章　荆公之政术（四）

教育及选举

民政财政军政，荆公之新法，殆尽于是矣。此外尚有一二，请括而论之。

第一　教育

教育行政，荆公平昔所最重也，其上仁宗书言之最切。及执政，首注意于学校。熙宁元年，增太学生员。四年，以锡庆院朝集院为大学讲舍，厘学生员为三等，初入学为外舍，外舍升内舍，内舍升上舍。上舍员百，内百二百，外舍不限员。其后内舍生增至三百人，外舍生限二千人。其年，置京东京西河东河北陕西五路学，以陆佃等为诸州学官。其后诸路州府皆悉立学，而学官共五十三人。马氏端临谓是时大兴学校，而教官只有此数者，盖重师儒之官，不肯轻授滥设故也。

其所教者，以经为主，人专一经。至熙宁八年，以荆公所编著三经新义颁于学官焉。三经者，周官及诗、书也。

按三经新义，亦为当时及后世攻击荆公之一大口实。史称苏嘉在太学颜复尝策问王莽后周变法事，嘉极论其非在优等。荆公怒，遂逐诸学官，以李定常秩同判监事，选用学官，非执政所喜者不与，其后遂颁三经新义云。考荆公平日言论，多以一学术为正人心之本，则史所云云，谅非诬辞，此实荆公政术之最陋者也。盖欲社会之进化，在先保其思想之自由，故今世言政治者，无一不以整齐画一为贵，而独于学术则反是，任其并起齐茁，而信仰各从乎人之所好，则理以辨而愈明，人心之灵，浚之而不竭矣。强束而归于一，则是敝之也。自汉武帝罢黜百家，而中国学术史上，光耀顿减。以荆公之贤，而犹蹈斯故智，悲夫！

考荆公当时，亦非于新义之外，悉禁异说，不过大学以此为教耳。夫既设学校，则必有教者，教者必有其所主张之说。学校既为一国学术所从出，则此说遂若占特别势力于社会，此亦事势所必至，无可逃避者。即如今之日本，其帝国大学二三老辈之学说，颇为新进诸颜所抨击。然举国学者，大率仍诵习之，此亦无可如何也。然则是亦不足深为荆公罪矣。盖使荆公而禁异说，则为戕贼思想之自由，然公固未尝禁之，不过提倡己之所主张而已。夫学者有其所主张之说，则必欲发挥光大之以易天下，非徒于理不悖，抑责任亦应尔也，于公乎何尤？若夫学者不求自立，而惟揣摩执政之所好尚，欲以干禄，此则学者之罪，而非倡新说者之罪也。三经新义，自元祐废黜以后，南宋学者，更抨击不遗余力，自是数百年来承学之士羞称之。诗书义出荆公子及其门人之手，已佚。惟周官义乃荆公所手著，本朝乾隆间修四库书，从永乐大典掇拾重编，尚可得而见焉。吾尝窃取读之，其精要之处盖甚多，实为吾中国经学辟一新蹊径，自汉以迄今日，未有能过之者也。此当于第二十章别论之，今不先赘。而学者不察，随声附和肆为诋排，昌黎所谓蜉蝣撼大树，可笑不自量者非耶？荆公未尝禁人习王氏以外之学说，而反对荆公者，则禁人习王氏学说。然则束缚思想自由言论自由者，为荆公耶？为反对荆公者耶？是又不可以不察也。哲宗元祐元年，国子司业黄隐焚三经义之版，禁诸生诵习矣。大学诸生闻荆公之薨，欲设斋致奠，且禁之矣。二年，下诏禁科举用王氏经义字说矣。钦宗靖康间，祭酒杨时奏言王安石著为邪说以涂学者耳目，请追夺王爵，使邪说淫乱不能为学者惑矣。高宗绍兴六年，张浚为相，又申临川学禁矣。由此观之，以荆公视诸贤何如哉？当杨时之诋王学也，御史中丞王过庭劾之云：

> 五经义微，诸家因而异见，所不能免也。以所是者为正，所否者为邪，此乃一偏之大失也。顷者指苏轼为邪学而加禁切，已弛其禁，许采其长而用之，实为通论。祭酒杨时矫枉太过，复诋王氏以为邪说，此又非也。诸生习用王学，率众见时而诋詈之，时引避不出，乃得散退，此亦足以见时之不能服众矣。

此言可为笃论。杨时何人？即程门高弟，依附蔡京以干进，而学者尊之为龟山先生从祀孔子庙庭至今未废者也。而诸儒所以尊之者，盖又以其排斥王学之功独高也。当时程氏之徒，自以其学为孔子之正统，凡异己者，皆攘斥之。夫著书讲学，辟他人之说以申己说，此固学者本分所当然，独奈何欲挟帝者之力以箝天下之口也！有宋之党争，前此不过在政见之异同耳。及程氏之徒得志，始焉禁锢苏氏之蜀学，继焉荼锢王学，自是学党之争日烈。而政界又益相水火。以至终宋之世，谁生厉阶，君子不能不深恶痛绝于杨时辈也。后此庆元伪学之禁，读史者咸能斥之。夫韩胄之禁伪学则诚非矣，然亦曾思作俑者谁乎？胄所为，亦请君入瓮而已。夫吾于程朱之学，虽非所愿学者，然固敬仰之，岂敢妄诋！然于诸君子之妄自尊大排斥异己，非直不敢附和，且以为中国近数百年来学术之不发达，厥由程朱之徒务束缚人思想自由，实尸其咎，故今因论荆公经义而及之。

熙宁五年，又建武学于武成王庙，选文武官知兵者为教授，教以诸家兵法，纂次历代用兵成败前世忠义之节，足以训者解释之，生员以百人为额。

熙宁六年，又于大学置律学教授四员，凡命官学人，皆得自占入学。同年，又诏进士诸科及选人任子，并令试断案律令大义。

又于大学置医学教授，以翰林医官以下与上等学生及在外良医为之，学生常以春试，取三百人为额。有方脉科、针科、疡科，考察升补，略如诸学之法。其选用最高者，为尚药医师以次医职，余各以等补官，为本学博士正录及外州医学教授云（此事宋史失载，今据《文献通考》。但通考不言何年设立，但云神宗时耳）。

此荆公教育行政之大概也。观其所设施，大率注重于京师大学，而各州县之学，规模似未大完。不知史失载耶，抑当时之力，尚有所不暇给也。至其大学，以校诸今日欧美各国，虽未可云备，然观其有律学医学等科，与经学并重，则是分科大学之制，实滥觞于是，其起原视英之阿士弗大学为尤古矣。使非中道废弃，能继续其业以至今日，则岂不足以自豪于世界耶！然即此昙花一现，已足为我国学术史之光矣。当荆公之初置法科也，司马光奏言：“律令敕式，皆当官者所必须，何必置为一科？使为士者预习之，夫礼之所去，刑之所取，为士者果能知道义，自与法律冥合，若其不知，则习法徒成刻薄，为政岂有循良，非所以长育人材敦厚风俗也。”呜呼！温公此论，在今日法治论大昌之时，稍有识者当知其非，无俟深辩。果如其言，则今世诸文明国，非曾治法学者不得任官，宜其无一循吏矣。吾壹不解温公之于荆公一举一措，无论大小，而必反抗之不遗余力，其用心果何在也！吾又不解后世读史者，于当时一举一措，无论大小，而必袒温公以抑荆公，其用心果又何在也！

第二　选举

科举取士，非荆公意也，其上仁宗书论其弊详矣。乃及其执政，而犹不革之者何也？则公自言之矣。其请改科条制札子云："今欲追复古制以革其弊，则患于无渐，宜先除去对偶声病之文，使学者得以专意经义，以俟朝廷兴建学校，讲求三代所以教育选举之法，施于天下。"由此观之，则仅罢诗赋而试经义，不过荆公权宜之制，而非其心之所以为安也，然当时攻之者已云起矣。

熙宁二年，议更贡举法，罢诗赋明经诸科，以经义论策试进士，直史馆苏轼上议，略云：

> 得人之道，在于知人；知人之法，在于责实。使君相有知人之明，朝廷有责实之政，则胥吏皂隶未尝无人，而况于学校贡举乎！虽用今之法，臣以为有余。使君相无知人之明，朝廷无责实之政，则公卿侍从常患无人，况学校贡举乎！虽复古之制，臣以为不足矣。夫时有可否，物有兴废，使三代圣人复生于今，其选举亦必有道，何必由学乎？且庆历间尝立学矣，天下以为太平可待，至于今惟空名仅存。今陛下必欲求德行道艺之士，责九年大成之业，则将变今之礼，易今之俗，又当发民力以治宫室，敛民财以养游士。置官立师，而又时简不帅教者屏之远方，徒为纷纷，其与庆历之际何异？至于贡举，或曰乡举德行而略文章，或曰专取策

论而罢诗赋，或欲举唐故事，兼采誉望而罢封弥，或欲变经生朴学，不用帖墨而考大义，此皆知其一未知其二者也。夫欲兴德行，在于君人者修身以格物，审好恶以表俗。若欲设科立名以取之，则是教天下相率而为伪也。上以孝取人，则勇者割股，怯者庐墓；上以廉取人，则敝车羸马，恶衣菲食，凡可以中上意者，无所不至。德行之弊，一至于此。自文章言之，则策论为有用，诗赋为无益。自政事言之，则诗赋论策均为无用矣。虽知其无用，然自祖宗以来，莫之废者，以为设法取士，不过如此也。近世文章华丽，无如杨亿，使亿尚在，则忠清鲠亮之士也。通经学古，无如孙复石介，使复介尚在，则迂阔诞谩之士也。矧自唐至今，以诗赋为名臣者，不可胜数，何负于天下而必欲废之？

上读轼疏，疑焉，以问荆公。公曰："若谓此科尝多得人，自缘仕进别无他路，其间不容无贤，若谓科法已善则未也。今以少壮时，正当讲求天下正理，乃闭门学作诗赋，及其入官，世事皆所不习，此乃科法败坏人才，致不如古。"于是上意决，乃罢明经及诸科进士，罢诗赋，各占治诗、书、易、周礼、礼记一经，兼以论语、孟子，每试四场，初大经，次兼经，大义凡十道，次论一首，次策三道，礼部试即增二道，中书撰大义式颁行。此当时科举制之大略，而此沿之数百年以至于今者也。呜呼！荆公之良法美意何限，皆废绝无一遗，独此权宜不得已之制，为荆公所欲废而及身未能废之者，则沿袭数百年以毒天下，悲夫！

能悉废科举而代以学校，善之善矣！而当学校未成，而国家又不可以一日不取士也，则科举固不能骤废矣。既不能骤废，则与其诗诗赋又不如试经义，彼善于此，又至易见者也。乃东坡之言，一则曰三代圣人复生于今，其选举亦不由学。再则曰诗赋虽无用，然设法取士不过如此。三则曰诗赋何负于天下，而又痛诋兴学之政为徒为纷纷劳民伤财。此真所谓莠言乱政，宜荆公斥彼辈为流俗也。今科举已废，稍有识者皆知其说之非，不俟深辩。然犹著之者，凡以见当时反对新法之人，其所言皆持之不能有故，言之不能成理，率类此也。以上三章，荆公当时所设施者，大端备矣。自作小节亦所在多有，非关一代兴亡大计，则不著也。

（考异七）世传荆公当国，设宫观祠录之官以处异己者，万口相传，莫知其所自来。王渔洋池北偶谈乃更确指为熙宁二年所增置，非祖宗故事。且引邱文庄世史正纲以为证，而御批通鉴辑览亦沿之。吾不知邱氏所据者果又为何书，但考诸宋史职官志云：祠禄之官，以佚老优贤，先时员数绝少，熙宁以后增置焉。又曰：在京宫观旧制以宰相执政充使，前宰执留京师者，多除宫观以示优礼。然则此制不创于荆公甚明。宋史诸传中前大臣罢政领宫观者不可悉数，即以见于临川集者论之，王德用以同中书门下平章事除会灵观使，在庆历八年。贾文元以检校太师充景灵宫使，在嘉祐二年。凡此皆远在熙宁以前者也。熙宁初朝廷议废宫观使副都监，荆公曰：宫观置使提举都监，诚为冗散，然今所置，但为兼职，其有特置，则朝廷礼当尊宠，不以职事责之者也。废与置其为利害亦不多，若议冗费，则宫观之类，自有可议，非但置使提举都监为可省也。据此则荆公当国，安有增置员数之事？听官志殆亦缘谤者之言而采入之耳，而琼山渔洋之徒，于祠禄所由来载于诸书者若全未入目，亦何足与语史事哉！因论荆公新法而附辨之如此。

第十三章　荆公之武功

俗儒诋制公最甚者二事，其一则聚敛，其一则黩武也。荆公之理财，绝非聚敛，吾既极言之矣。荆公之用兵，独得云黩武乎？是又不可以不辨。

今外人动诮我为不武之国。我之不武，非自昔而然也，宋以后之学说误之也。宋人之以忍耻包羞为德也久矣。自澶渊议和以后，举国以得免兵革为幸，自是而增岁币，求割地，若小侯之事大国，匪敢不从，若乃蕞尔西夏，自继迁德明以来，叛服不常，虽韩范迭为安抚经略，议战议守，而环庆延？诸州，仍累年救死伤不赡，曷尝闻有人焉，出一步建一策为进取之计者。孙子曰：母恃敌之不来，恃我有以待之。若前此宋之君臣，则不谋所以待敌，而惟侥幸于其不来者也。重以西南土蛮，屡思蠢动，为心腹之患，而安南边场，又数不靖。夫慑于两大敌之间，已一日不能即安，况重以小丑之窃窃议其后者乎？荆公之政策，先肃清小丑，且藉此以增长军事上之经验，然后从事于大敌。而其策二敌也，谓彼若合以谋我，则吾所以应之者且殆，则先图其较易图者，然后及其难图者，复河湟以制西夏，制西夏以弱契丹，此荆公毕生之抱负，而当国时即著著实行之者也。今论次当时战绩以示世之读史者，以证黩武之谤果为当焉否也。

第一 河湟之役

河湟者何？即今甘肃巩昌以西，岷州洮州之地沿洮河一带是也。秦筑长城，起于临洮，汉置武威、张掖、酒泉、敦煌五郡，称为断匈奴右臂。自古与西北夷争强弱，未有不注重此地者。且以逼近秦陇之故，若为敌有，则中国将无宁日。蜀汉末，姜维数出狄道以挠陇西，魏人建为重镇，维不得以得志。晋之衰也，河西扰乱，大约举狄道则足以侵陇西，狄道夫而河西有唇齿之虞，拓拔魏兼有秦凉，以狄道为咽喉之地，列置郡县，恃为藩蔽。唐拒吐蕃，以临州为扼控之道。及临州不安，而庞右遂成荒外矣，此古今得失之林也。

自唐中叶以后，此地没于吐蕃，中更五季，以迄宋有天下百年，莫有议恢复者。熙宁元年，前建昌军司理参军王韶诣阙上平戎策三篇，其略云：

> 国家欲取西夏，当先复河湟，河湟复则夏人有腹背受敌之忧。夏人比年攻青唐不得克，万一克之，必并兵南向大掠秦渭之间，牧马于兰会，断古渭境，尽服南山生姜，西筑武胜，遣兵时掠洮河，则陇蜀诸郡当尽惊扰，瞎征兄弟，其能自保耶？今唃氏子孙，惟董毡粗能自立，瞎征欺巴温之徒，文法所及，各不过一二百里，势岂能与西人抗哉！武威之南，至于洮河兰鄯，皆故汉郡县，土地肥美，宜五种者在焉。其地可以耕而食，其民可以役而使，幸今诸羌瓜分，莫相统一，此正可合并而兼抚之时也。陛下诚能择通材明敏之士周知其情者，令往来出入于其间，推忠信以抚之，使其倾

心向慕，欢然有归附之意，但能得大族首领五七人，则其余小种，皆可驱迫而用之。诸种既失，唃氏敢不归？唃氏归，即河西李氏在吾掌握中矣。急之可以荡覆其巢穴，缓之可以胁制其心腹，所谓见形于彼而收功于此也。

疏上，上奇其言，荆公亦力赞之，于是以韶为管干秦凤司经略机宜文字。熙宁之年，韶请筑渭泾上下两城，屯兵以抚纳洮河诸部，下秦凤经略使李师中议，师中以为不便，乃诏师中罢帅事。韶又言渭原至秦州，缘河五六百里，良田不耕者万顷，治千顷，则岁可得三十万斛，请置市易司，取其赢治田。从之，命韶领市易事。师中屡与韶为难，谓韶所指田，不过极边弓箭手地，置市易司，所得不补所亡。荆公力主韶议，为罢师中，以窦舜卿代之。后帅郭逵劾韶盗贷市易钱，荆公以为莫须有，即有亦不足校，徙逵泾原。四年，置洮河安抚司，命韶主之。五年，建古渭砦为安远军，以韶兼知军事，行教阅法。韶首降青唐部大首领，赐姓名曰包顺。八月，韶击吐蕃，大破之，复武胜。武胜者，唐之临州，今兰州府狄道也，遂城之以为镇洮军。韶寻破木征于巩令城。荆公集中有与王子醇第一书，即此时也。书略云：

洮河东西，蕃汉附集，即武胜必为帅府，今日筑城，恐不当小，若以目前功多难成，城大难守，且为一切之计，亦宜勿隳旧城。审处地势，以待异时增广。城成之后，想当分置市易务，为蕃巡检作大廨宇，募汉有力人，假以官本，置坊列肆，使蕃汉官私两利，则其守必易，其附集必速矣。

十月升镇洮军为熙州镇洮军节度，置熙河路，以韶为经略安抚使。十一月，河州首领瞎药等来降。十二月，筑熙州南北关及诸堡砦，荆公有与韶第二书云：

承已筑武胜，又讨定生羌，甚善。闻郢成珂等诸首，皆聚所部防拓，恩威所加，于此可见矣。然久使暴露，能无劳费，恐非所以慰悦众心。今见内附之利，谓宜喻成珂等，放散其众，量领精壮人马防拓，随宜犒劳，使悉怀惠。城成之后，更加厚赏，人少则赏不费财，赐厚则众乐为用，不知果当如此否？请更详酌。荡除强梗，必有谷可获以供军，有地可募人以为弓箭手，特恐新募未便得力，若募选秦凤泾原旧人投换，即素教之兵，足以镇服初附，事难遥度，心所谓然，聊试言之。

六年二月，韶遂克河州，获吐蕃木征妻子。河州元魏时之枹罕，今兰州府河州治也。公有与韶第三书云：

今熙河所急，在修守备，严戒诸将，勿轻举动。武人多欲以讨杀取功，此而不禁，则一方忧未艾也。窃谓公厚以恩信抚属羌，察其材者收之为用。今多以钱粟养戍卒，乃适足备属羌为变，而未有以事秉常董毡也。诚能使属羌为我用，则非特无内患，亦宜赖其力以乘外寇矣。自古以好坑杀人致衅，以能抚养收其用，皆公所览见。且王师以仁义为本，岂肯以多杀敛怨耶？喻及青唐既与诸族作怨，后无复合理，固然也。然则近董毡诸族，事定之后，以兵威临之，而宥其罪，使讨贼自赎，随加厚赏，彼亦宜遂为我用，无复与贼合矣。与讨而驱之使坚附贼为我患，利害不侔也。又闻属羌经

讨者，既亡蓄积，又废耕作。后无以自存，安得不屯聚为
寇？如募之力役，因以活之，宜有可为。幸留意念恤。边事
难遥度，想公自有定计，意所及尝试言之。

其年九月，降羌有叛者，诏回军击之。木征以其间复据河
州，韶力战破走之。岷州首领木令征（与木征异人）以城降，韶
入之，于是宕洮叠三州羌酋皆以城附。韶军行五十四日，涉千八
百里，得州五，斩首数千级，获牛羊马以万计云。岷宕洮叠皆今
甘肃巩昌府属也。

捷至，帝御紫宸殿受群臣贺，解所服玉带以赐荆公，所以奖
运筹功也。自韶之为安抚司，不过二年，而辟地二千余里，招抚
大小蕃族三十余万，取二百余年来沦没之旧疆，一举而复之，亦
可谓振古奇勋也已。然非荆公知人之明，委任之笃，调度之勤，
亦安克及此？元厚之平戎庆捷诗云：何人更得通天带，谋合君心
只晋公。盖前此盈廷沮挠，实更甚于元和讨蔡之时。而神宗之得
荆公，又过于唐宪之有裴度。玉带之宠惟公无愧矣。其明年四
月，公复有与韶第四书云：

> 本征内附，熙河无复可虞，唯当省冗费，理财谷，为经
> 久之计而已。上以公功信积著，虚怀委任，疆场之事，非复
> 异论所能摇沮，公当展意思，有以报上，余无可疑者也。

观韶所经画，及荆公所与韶诸书，则知熙河之复，诚非得
已，而公慈祥恻怛不欲涂炭斯民之心，亦可以见矣。而论者乃哓
哓然以轻开边衅为韶罪，且为荆公罪。夫开衅者，敌本无衅自我
开之云尔。曾亦思继迁德明元昊六七十年间，用兵不已，当时执

国命者，果谁为开之乎？抑衅由敌开而我虽欲不应之而有所不能也。景祐元年，元昊攻环庆卫，二年攻唃厮罗，取瓜肃沙三州，元昊欲南侵，恐唃厮罗制其后，复举兵攻兰州诸羌。当是时也，譬如甲与乙遇，斗于涂，甲自知不敌矣，疾走而避之，键户而守之，而攘臂者犹在门。彼德明元昊数攻唃厮罗，其势将及我秦陇，亦何以异此？然则欲御西夏，必开熙河；欲开熙河，必取诸羌，所以绝夏人南侵，莫切于此也。夫不计夏人南侵为中国大患，而以开边衅罪二王，然则必开门揖盗而始为无罪耶？尤可异者，元祐初司马光执政，荆公之法，更张既尽，并欲举熙河而废之。时有孙路执图以进曰：若此则陵西一道危矣。光乃止。昔汉灵帝时，西羌反，韩遂作乱陇右，司徒崔烈以为宜弃凉州。傅燮曰："司徒可斩也！凉州天下要冲，国家藩卫，高祖初兴，使郦商别定陇右，世宗拓境，列置四郡，以为断匈奴右臂。今使一州叛逆，乃欲割弃一方万里之土，若使左衽之虏，得居此地，士劲甲坚，因以作乱，此国家之至虑，社稷之深忧也。"由此言之，河西为夏人必争之地，其不可弃，较然益明。光能著通鉴，岂其于傅燮之言，不一记省，乃悍然必欲弃之，吾不解其何心也！况崔烈之时，犹值有叛乱者，而傅燮且以为可斩。熙河之复，十余年矣，荆公所以策其善后者，虽赵充国之议屯田，未之或过。观其与韶之诸书而可见也。诸羌回首而内，渐已同化，其地耕牧所入，足以资圉守，未尝劳朝廷以西顾之忧，何嫌何疑，而必欲废之？推光之意，不过曰凡安石之所为者，我必废之然后为快也！呜呼，是直以国家大计为其泄愤复仇之具。谓古大臣而宜若是，吾未之闻也！呜呼，即此一事，而元祐诸人猖猖然抗言新法之若何误国，若何病民者，皆可以作如是观矣。

第二　西南夷之役

中国古代史，一汉族与苗族相争之历史也。自女娲黄帝以迄神禹，用兵凡数百年，而汉族之位置，始克大定，苗族见蹙，转徙于江淮以南，既而宛转以入于溪峒，自是不复敢与中国抗颜行。然一国之中而有言语不通、风俗不同之两民族，错处其间，终其长治久安之道。故抚循苗蛮，使之同化，实为中国最要之一政策，而至今尚未藏其业者也。自秦以后，最能实行此政策者，前则有汉武帝之辟西南夷，后则有本朝之两度改土归流，而中则有王荆公之经略湖川夷蛮。

荆公之经略夷蛮，凡分两路，一在今之湖南，一在今之四川。其湖南一路所命之主帅，则章也，其四川一路所命之主帅则熊本也。今分别论之：

（甲）湖南路

湖南溪峒诸蛮，自春秋时始役属于楚，战国时秦白起略取之，置黔中郡，汉改为武陵郡，后汉时大为寇钞，马援击破之。历晋宋齐梁陈，或叛或服。隋置辰州，唐置锦州、溪州、巫州、叙州，率羁縻勿绝而已。唐季之乱，蛮酋分据其地，自署为刺史。马希范据湖南时，蛮夷保聚，依山阻江，殆十余万。至周行逢时，数出寇边，逼辰永二州，杀掠民畜无宁岁。及宋之有天下，兵威不振，力不及远，其酋据地自署，朝廷即因而命之，以故骄纵日益甚。其强者有北江之彭氏，南江之舒氏、田氏、向氏，梅山之苏氏，诚州之杨氏等。北江彭氏，世有溪州，州有三，曰上中下溪。又有龙赐、天赐、忠顺、保静、感化、永顺州，凡六；懿、安、新、远、给、富、来、宁、南、顺、高州，凡十一，总二十州。南江诸蛮，自辰州达于长沙，各有溪峒，曰叙、曰峡、曰中胜、曰元，则舒氏居之；曰奖、曰锦、曰懿、曰晃，则田氏居之；曰富、曰鹤、曰保顺、曰天赐、曰古，则向氏居之。皆刻剥其民，且自相仇杀，涂炭无艺，又屡寇边，为良民患苦。至熙宁初，湖北提点刑狱赵鼎，言峡州峒首刻削无度，蛮众愿内属，辰州布衣张翘亦上书言南北江利害，时神宗与荆公，方思用兵以威四夷，五年七月，乃遣章察访荆湖北路，经制蛮事。

其年十一月，遂招降梅山峒蛮苏氏。梅山旧不通中国，其地东接潭，南接邵，西接辰，北接鼎澧，招降之。籍其民万四千八百余户，田二十六万四百余亩，均定其税，使岁一输，筑武阳、开峡二城，置安化县，即今长沙府之安化县与宝庆府之新化县也。

六年十月，南江蛮向永晤舒光银，各以其地降惇，独田氏有元猛者，颇桀骜。进兵攻懿州南江州峒悉平，遂置沅洲，以懿州新城为治所。后诚徽州蛮酋杨光富，亦率其族姓二十三州峒归附，因置诚州。沅州即今之沅州府，诚州即今之靖州，而徽州则今靖州属之绥宁县也。

九年正月，惇又招降下溪蛮彭师晏。先是彭氏世长五溪，自策为刺史，凡数世，朝廷莫敢过问。惇既平南江，师晏恐惧，惇乃与湖北提刑李平招降之，凡所属二十州皆归版籍，即今之辰州府也。遂诏筑下溪城，赐名会溪，戍以兵，隶辰州，使出租赋如汉民焉。

惇经制蛮事，三年有奇，所招降巨酋十数，其地四十余州，当今四府。又自广西融州创开道路，达诚州府，增置浔江等堡。融州即今柳州府融县也。元祐初，傅尧俞王岩叟请尽废熙宁间所置新州，以蛮情安习已久，不便尽废，乃废诚州而留沅州。其所创开之道路，所创置之砦堡，悉毁之，自是五溪郡县，弃不复问矣。

王船山论之曰："章惇经制湖北蛮夷，探神宗用兵之志以希功赏，宜为天下所公非。然而澧沅辰靖之间，蛮不内扰，而安化靖州等州县，迄今为文治之邑，与湖湘诸郡县齿，则其功又岂可没乎！惇之事不终，而麻阳以西，沅叙以南，苗寇不戢，至今为梗。近蛮之民，躯命妻子，牛马粟麦，莫能自保。则惇之为功为罪，昭然不昧，胡为乐称人之恶，而曾不反思耶？乃若以大义论之，则其为功不仅此而已。语曰：王者不治夷狄。此言夫九州以外耳。（节略）若夫九州之内，负山阻壑之族，其中为夏者，其外为夷；其外为夏者，其中又为夷，互相襟带，而隔之绝之，使胸腋肘臂，相亢悖而不相知。非无可治而非不当治也，然且不治，则又奚贵乎君天下者哉！君天下者，仁天下者也；仁天下者，莫大乎别人于禽兽，而使贵其生。苗夷部落之魁，自君于其地者，皆导人以骄戾淫虐，沉溺于禽兽，而掊削诛戮，无间于亲疏。仁人固弗忍也，则诛其长，平其地，受成赋于国，涤其腥秽，被以衣冠，渐之摩之，俾诗书礼乐之泽兴焉，于是而忠孝廉节文章政事之良材，承和气以生，夫岂非仁天下者之大愿哉！惟然，而取蛮夷之土，分立郡县，其功溥，其德正，其仁大矣！（中略）且彼辰沅澧靖之山谷负险阻兵者，岂独非汉唐政教敷施之善地欤？出之泥滓，登之云逵，虽有诛戮，仁人之所不讳。而劳我士马，费我刍粮，皆以保艾我与相接壤之妇子。劳之一朝，逸之永世，即有怨咨，可弗避也。君天下者所宜修之天职也。夫章惇之立心，逢君生事以邀功，诚不足以及此。而既成乎事，因有其功，既有其功，终不可以为罪。迄于今日，其所建之州县，存者犹在目也。其沿之以设，若城步天柱诸邑之棋布者，抑在目也。而其未获平定，为苗夷之穴，以侵陵我郡邑者，亦可睹也。

孰安孰危？孰治孰乱？孰得孰失？徵诸事，同诸心，奚容掩哉！概之以小人，而功亦罪，是亦非，自怙为清议，弗能夺也。虽然，固有不信于心者存矣。"船山平日持论，固不袒荆公者，独至论此事，可谓能见其大矣。独怪元祐诸贤，于既成之功，而务必隳之以为快。夫曰骚扰生事，则其迹固已陈矣，后此因而修之而已。国家劳费不多，而蛮民安之已久，其必须废置之理由果安在？从可知当时誾誾于朝、嚣嚣于野者，全出于意气之私，而未尝有一事焉为国家百年计也。

（乙）四川路

巴蜀徼外诸夷，自汉以来，有夜郎、滇、邛、都、巂、昆明、徙、莋都、冉駹、白马氏等，其后离合畔服不常。熙宁初泸州乌蛮有二酋领，曰晏子、曰斧望个恕、浸强大，擅劫晏州山外六姓及纳溪二十四姓生夷，自淯井谋入寇。六年，命熊本察访梓夔，得以便宜治夷事，本谓彼能扰边者，介村豪为乡导耳。以计致百余人，枭之泸州，其徒股栗，愿矢死自赎。本请于朝重赏之，皆踊跃顺命，独柯阴一酋不至。本合晏州十九姓之众，发黔南义军强弩击溃之，于是淯井、长宁、乌蛮罗氏鬼王诸夷皆内附，愿世为汉官奴。提点刑狱范百禄为文以誓之曰：

蠢兹夷丑，淯溪之浒。为虺为豺，凭负固圉。杀人干货，头颅草莽。莫惨燔炙，莫悲奴虏。狙啸熟慝，胡可悉数。疆吏苟玩，喋不敢语。奋若之岁，曾是疆御。踯躅啸聚，三壕罗幕。偾我将佐，戕我士伍。西南绎骚，帝赫斯怒。帝怒伊何？神圣文武。民所安乐，惟曰慈抚。民所疾苦，惟曰砭去。乃用其良，应变是许。粥熊裔孙，爰驭貔虎。歼其渠酋，判其党与。既夺之心，复断右股。摄提孟陬，徂征有叙。背孤击虚，深入厥阻。兵从天下，铁首其举。纷纭腾沓，莫敢婴牾。火其巢穴，及其囷贮。暨其赀畜，墟其林弉。杀伤系缧，以百千数。泾滩望风，悉力比附。丁为帝民，地曰王土。投其器械，籍入官府。百死一赎，莫保铜鼓。歃盟神天，视此狗鼠。敢忘诛绝，以干罪罟。乃称上恩，俾复故处。残丑崩角，泣血朔语。天子之德，雨旸覆护。三五噍类，请比泾仵。大邦有令，其警戒汝。天既汝贷，汝勿予侮。惟十九姓，往安汝堵。吏治汝责，汝力汝布。吏时汝耕，汝稻汝黍。惩创于今，无怃往古。小有堡障，大有城戍。汝或不听，汝击汝捕。尚有虓将，突骑强旅。傅此黔军，毒矢劲弩。天不汝容，暴汝居所。不汝遗育，悔于何取。

文成，立石于武宁砦。本还朝，神宗劳之曰：卿不伤财，不害民，一旦去百年之患。乃擢集贤殿修撰，赐三品服，自是徼外诸夷，相继内附。淯井在今长宁县北，长宁今为县，属叙州府。乌蛮居姚州，则今泸州也。熙宁八年，渝州南川燎木斗叛，诏本安抚之。本进营铜佛坝，破其众，木斗气索，举秦州地五百里来归，为四砦九堡，建铜佛坝为南平军。渝州秦州者，今之重庆府也。

第三　交趾之役

熙宁八年冬，安南国主李乾德入寇，陷钦廉三州。明年春，陷邕州（今广西南宁府）。以郭逵为安南招讨使，赵卨副之，发兵进讨。荆公自为敕榜云：

敕交州管内溪峒军民官吏等，眷惟安南世受王爵，抚纳之厚，实自先朝，含容厥愆，以至今日。而乃攻犯城邑，杀伤吏民，干国之纪，刑兹无赦。致天之讨，师则有名。今顺时兴师，水陆兼进。天示助顺，已兆布新之祥。人知侮亡，咸怀敌忾之气。然王师所至，弗迓克奔。咨尔士庶，久沦涂炭，如能谕王内附，率众自归，爵禄赏赐，当倍常科，旧恶宿负，一皆原涤。乾德幼稚，政非己出，造廷之日，待遇如初。朕言不渝，众听毋惑。比闻编户，极困诛求，已戒使人，具宣恩旨。暴征横赋，到即蠲除。冀我一方，永为乐土。

八年春，遂次长沙，先遣将复邕廉，而自将西征。至富良江，蛮以精兵乘船逆战，官军不能济。卤分遣将吏，伐木治攻具，机石如雨，蛮船皆坏，因设伏击之，斩首数千，杀其伪太子洪真。乾德惧，遣使奉表，诣军门降。富良江去国已不远，然官兵仅八万人，冒暑涉瘴地，死者过半，故不复渡。得其广源州门州思浪州苏茂州桃榔县而还，群臣称贺。诏以广源为顺州，赦乾德罪，还其封，自是终宋之世，安南未尝寇边，贡献不绝。

（考异八）《续通鉴》云：自王安石用事，锐意开边。知邕州萧注喜言兵，羡王韶等获高位，乃上疏言交趾虽奉朝贡，实包祸心久矣，今不取必为后忧。诏以注知桂州经略之。注入朝，帝问攻取之策，注复以为难，乃以沈起代注。起迎合安石，遂一意事攻击，交趾始贰。又宋史本传云：谍得交趾露布，言中国作青苗助役法，穷困生民，今出兵欲相拯济。安石得书大怒，自草敕榜诋之。《续通鉴》又云：张方平言，举西北壮士健马，弃之炎荒，其患不可胜言。若师老费财，无功而还，社稷之福也。后皆如其言。今案此所云云，一意以丑诋荆公为事。至谓交趾入寇，全由公启之，而其靖边之功，悉略而不录，此宋以来史家之惯技，吾司空见惯，殆不以为骇矣。然其言支离诬罔，实有不可不辨者也。考《宋史萧注传》，载其请图交趾之疏，而不言为何年所上。又言：熙宁初以注知桂州，帝问攻取之策，对曰：昔者臣有是言，今交人生聚教训十五年矣，未可轻议。又言注既至桂，延访山川曲折老幼安否，皆得欢心。李乾德动息必知之。注之知桂州，不知在何年。然沈起代注，在熙宁六年。则注之治桂，当在四五年间。既入觐然后就任，其入觐之时日，当更在前。而其对神宗之言，谓十五年前事，今昔殊异。然则注之倡议取安南，乃在嘉祐元二年之间，时安石仅为群牧判官，未尝与闻朝政，更何有于王韶？以渺不相属之事，而牵引以入人罪，虽周兴、来俊臣之断狱，当不能如是也。《续通鉴》云云，盖本于《宋史·沈起传》。起传与注传同在一卷，前后相去数叶，而其文矛盾至是，学者其犹以宋史为足信否耶？考交趾自李公蕴篡黎氏而自立，屡蓄异志。其子德政，德政子日尊，皆颇骁雄。景祐中，郡人陈公永等六百余人内附，德政遣兵千余境上捕逐之。三年，入寇邕州之思陵州西平州石西州及诸峒，略居人马牛，焚屋庐而去。庆历三年，灭占城，虏其王。皇祐二年，侬智高反，德政率兵二万，声言入助，及日尊立。嘉祐四年，寇钦州，五年寇邕州，五年又上表索温闷洞等地。其父子祖孙，虽受中国册命，实则帝制自为。至日尊竟僭称法天应运崇仁至道庆成龙祥英武睿文尊德圣神皇帝，国号大越，改元宝象。由此观之，交趾当讨之日久矣。其累岁寇边，真仁英三朝未尝绝，岂因安石好用兵而自开边衅者？而于青苗助役诸法，更何与焉？中国行新法数年，只闻臣僚交攻于朝，未闻氓庶揭竿于野，即外夷假异说为兵端，亦何至及此？史家之为此言，务欲以天下之恶，皆归于安石而已。及观安石所作榜文，则真王者之师，仁人之言。与所谓大怒以诋者，何太不相肖也！夫当时交趾之包藏祸心，众所共见。使宋而稍自振者，宜膺惩之久矣。徒以满朝泄沓性成，畏言兵事，骄纵之使之夜郎自大，乃至两月之间，连陷我三州。其时荆公当国，安能坐视不恤？然公方锐意内治，内力未张，不欲遽用之于外。且辽夏二大敌在前，更不宜自敝而授之可乘，故亦薄伐之，以剿为抚而已。读榜文其意可见也。史家美张方平之言，谓为先见，吾不知方平所谓师老费财无功而还者，果何所验？赵卨等以熙宁八年春出征，其冬即大捷于富良江，不得谓老师。洪真见戮，乾德乞降，略其数州，置为郡县，不得谓无功。若以不灭其国虏其王为罪耶，则当用兵之初，其计划本不如此。盖将养其力以有待也。而交人自兹以后，终宋之世，不复敢寇边，则知此役之所以惩艾之者至矣。吾不知方平之言之所谓验者何在也？如当时廷臣之意，敌虽压境，而犹不思所以应之，应之则曰好事也，黩武也，然则钦廉邕诸郡邑，几何不沦为燕云十六州；而势不至岁以缯币事李乾德而不止也？噫！

综诸役以观之，则知荆公当时用兵，皆出于不得已，绝非如诬谤者所云黩武。而其所拔擢委用之人，如王韶，如熊本，如章惇，如赵卨皆以文臣而富将略，所向有功，则知人善任，又可见矣。呜呼！数千年国史中，如公者有几人哉！

第十四章　罢政后之荆公

"齐有倜傥生，鲁连特高妙。明月出海底，一朝开光曜。却秦振英声，后世仰末照。意轻千金赠，顾向平原笑。吾亦澹荡人，拂衣可同调。"此太白咏史诗也。呜呼，吾于荆公见之矣！

公少年尝有诗云："天下苍生待霖雨，不知龙向此中蟠。"又有诗云："谁似浮云知进退，才成霖雨便归山。"其抱负之伟大，其性情之恬退，于此二诗见之矣。求诸先世，则有范蠡之泛舟五湖，张良之从赤松子游，其迹与公颇相类，然彼等皆见其主之不可以共安乐，为自全计，苟以免祸而已，是老氏之学也。公则不然，可以仕而仕，可以已而已，其一进一退之间，悉衷于道，自古及今，未有能过之者也。

公以熙宁二年二月参加政事。四年，同中书门下平章事。七年六月，罢知江宁府。八年二月复相。九年十月再罢。其进退之节有皦然予天下以共见者。今于本集中撷录数文而论次之。其熙宁七年乞解机务扎子凡六上，今录其二。

臣以羁旅之孤，蒙恩收录，待罪东府，于今四年。方陛下有所变更之初，内外大小纷然，臣实任其罪戾，非赖至明辨察，臣宜诛斥久矣。在臣所当图报，岂敢复有二心？徒以今年以来，疾病浸加，不任劳剧。比尝粗陈恳款，未蒙陛下听从，故复黾勉至今，而所苦日甚一日。方陛下励精图治事事皆欲尽理之时，乃以昏疲，久尸宰事，虽圣恩善贷，而罪衅日滋，至于不可复容，则终上累陛下知人之明，非特害臣私义而已。臣所以冒昧有今日之乞也。伏奉宣谕，未赐哀矜，彷徨屏营，不知所措。然臣所乞，固已深虑熟计而后敢言，与其废职而至诛，则宁违命而获谴。且大臣出入，以均劳逸，乃是祖宗成宪。盖国论所属，怨恶所归，自昔以擅其事，鲜有不遭罪黜。然则祖宗所以处大臣，不为无意也。臣备位亦已久矣，幸蒙全度，偶免谴诃，实望陛下深念祖宗所以处大臣之宜，使臣获粗安便，异时复赐驱策，臣愚所不敢辞。（右其一）

臣伏奉圣恩，特降中使，令臣入见供职，臣之恳诚，略已冒昧。天听高邈，未蒙垂恻，辄复陈叙，仰冀哀怜。伏念臣孤远疵贱，众之所弃，陛下收召拔擢，排天下异议而付之以事，八年于此矣。方陛下兴事造功之初，群臣未喻圣志，臣当是时，志存将顺，而不知高明强御之为可畏也。然圣虑远大，非愚所及。任事以来，乖失多矣。区区夙夜之劳，曾未足以酬万一之至恩。今乃以久擅宠利，群疑并兴，众怨总至，罪恶之衅，将无以免。而天又被之疾，使其意气昏惰，而体力衰疲，虽欲勉强以从事须臾，势所不能，然后敢干天威，乞解机务。窃以谓陛下天地父母，宜垂矜怜。论其无功，则虽可诛；闵其有志，则或宜宥。终始全度，使无后艰。而未蒙天慈顾哀，犹欲强以重任。使臣黾勉，尚能有补圣时，则虽灭身毁宗，无所避惮。顾念终无成效，而方以危辱上累朝廷，此臣所以不敢也。陛下明并日月，何所不烛，愿赐容光之地，稍委照焉，则知臣之昭昭，非敢苟忏恩指也。臣乞且于东府听候朝旨，伏望陛下垂恩，早赐裁处。（右其六）

又答手诏留居京师札子云：

臣伏奉手诏，欲留京师以为论道官，宜体朕意，速具承命奏来。臣才能浅薄，误蒙陛下拔擢，历职既久，无以报称。加以精力衰耗，而咎衅日积，是以冒昧乞解重任。幸蒙圣恩，已赐矜允，而继蒙恩遣吕惠卿传圣旨，欲臣且留京师以备顾问。臣窃伏惟渥荷知遇，诚不忍离左右，既又熟计，论道之官，固非所宜，且以置之闲地，似为可处。陛下付托，既已得人，推诚委任，足以助成圣治，臣义难以更留京师以速官谤。若陛下付臣便郡，臣不敢不勉。至于异时，或赐驱策，即臣已尝面奏，所不敢辞。

观其乞解机务，疏凡六上，言词哀恻。始蒙允许，犹复手诏慰留，使居京师以备顾问，眷顾之隆，实无伦比。而公犹浩然必欲归者，则前后所上札子，盖其实情。夫以公当国数年间，文事武备，内政外交，百废俱举，以吾侪今日读史，犹觉应接不暇。而公以一人独膺其繁剧，则精力耗减，实在意中。而处群疑众谤之中，欲引退以塞哓哓者之口，亦不得已之所为也。然公不乞之于前数年，而乞之于此日者何也？则以前此一切新政，草创伊始，一去则非徒虑有动摇而已。而非躬负责任，亦难冀底于成。

至是则大端已举，以神宗之明主持于上，而继位者能萧规曹随，则九仞之功，可不亏于一篑，此公之所以能飘然而去也。而或谓其以去要君，则是以小人之腹，度君子之心。夫苟有所求于其君而不获，斯或要之耳。神宗于荆公，言听计从，固无所待于要，而公亦更何要之有？

（考异九）宋史本传云：郑侠上疏，绘所见流民扶老携幼困苦之状，为图以献，曰旱由安石所致，去安石，天必雨。慈圣宣仁二太后流涕谓帝曰：安石乱天下，帝亦疑之，遂罢为观文殿大学士知江陵府。今案以此诸札子证之，则与宋史所记，何其适相反耶！乞解机务之疏凡六上，仅见听许，犹欲强留之京师，帝果疑安石，乃如是耶！且继相之人为韩绛吕惠卿，皆安石所荐，帝如因侠及太后之言，乃罢安石，则何为更用所荐之人耶？是知宋史无一而不妄也。

公既获就闲散，即以其余力，著成三经新义，未及一年，被召复相，意必当时神宗尝与要约谓再召勿得辞，然后许之，故其札子屡言异时或赐驱策，所不敢辞，至是不得不应召也。然再相年余，江湖之兴，愈不可遏，卒复引退，表数上，不见听许，至于敕断来章，不许陈请，公不得已，复托王冕为之开陈。集中有与参政王禹玉二书云：

> 某久尸宰事，每念无以塞责，而比者忧患之余，衰疹浸加，自惟身事，漫不省察，持此谋国，其能无所旷废，以称主上任用之意乎！况自春以来，求解职事，至于四五。今则疾病日甚，必无复任事之理，仰恃契眷，谓宜少敦僚友之谊，曲为开陈，使得早遂所欲，而不宜迪上见留，以重某逋慢之罪也。（右其一）
>
> 继蒙赐临，传谕圣训，彷徨踦踽，无所容措。某羁孤无

助，遭值大圣，独排众毁，付以宰事，苟利于国，岂辞麋殒！顾自念行不足以悦众，而怨怒实积于亲贵之尤；智不足以知人，而险诐常出于交游之厚。且据势重而任事久，有盈满之忧；意气衰而精力弊，有旷失之惧。历观前世大臣如此，而不知自弛，乃能终不累国者，盖未有也。此某所以不敢逃逋慢之诛，欲及罪戾未积，得优游里间，为圣时知止不殆之臣。庶几天下后世，于上拔擢任使，无所讥议。伏惟明公方佐佑大政，上为朝廷公论，下及僚友私计，谓宜少垂念虑，特赐敷陈，某既不获通章表，所恃在明公一言而已。心之精微，书不能传，惟加悯察。（右其二）

公至是盖益衰病，不任繁剧，故八年二月再相，九年春即辞至四五。久之既不得请，乃复乞同僚以助之。而词意肫肫，皆惧晓废所职，以误国家，而累其君知人之明。至是而神宗亦知公高蹈远举之志，终不可回矣，于是以检校太傅依前尚书左仆射同中书门下平章事，使持节都督洪州诸军事充镇南节度管内观察处置使判江宁府，加食邑一千户，食实封四百户，仍改赐推诚保德崇仁翊戴功臣。盖以使相居外，宋代优礼勋臣之特典也。公屡表辞，不获命。明年，拜集禧观使，封舒国公。元丰二年复拜左仆射观文殿大学士换特进，改封荆公，居江宁十年，恩赉存问稠叠，终神宗之世，行公政策不少变。

（考异十）宋史本传云：安石与吕惠卿相倾，上颇厌安石所为。及子雱死，尤悲伤不堪，力请解机务，上益厌之，罢判江宁府，终神宗世不复召。国史氏曰：嘻，甚矣宋史之敢于诬安石而并诬神宗也！安石谢事之本意，具见前所录诸文中，惟兢兢焉以盈满为戒，以旷失为忧，以累其君知人之明为惧，其于大臣进退之义，可退无遗憾矣。安石既去，而宠以使相之尊，封荆封舒为仆射为特进，遣赐汤药存问无虚岁，其谢表见于本集者盖数十章。其于待去国之臣，亦可谓恩至义尽矣。况当其第二次之辞职也，自春徂冬，表数上，皆不得请，乃至敕断来章，不许陈诉，至托同僚为之转圜。试思安石去志之决既若此，欲再起之，其可得乎？曾公亮尝言：上与介甫如一人。神宗亦自言：自古之君臣，如朕与安石相知绝少。惟其君臣相知甚深，故不惟知其才，知其德，且知其志。安石之初罢政也，言异时有所驱策所不敢辞，故一闻召即起应命，践其言也。至其再罢，则所以报其君者已尽，浩然不复可挽，神宗深知之矣。故惟恩赐存问，聊酬其勋，而不复再强之以负责任，此其所以十年不召也。若如宋史所言，一则曰上亦厌之，再则曰上益厌之，又曰太后亦尝涕泣宫中也。吾试有以诘之，使安石为相而帝果厌之也，则径罢黜之可耳。安石岂拥兵自重，而帝有投鼠忌器之惧者耶？即不然，而曰优礼大臣，养其廉耻，则于其辞而即听之去可耳。曷为每恳至再三，犹未之允，且至敕断来章耶？且上既厌之，则安石既去，新法宜可以速改，上有以慰太后之心而全其孝而已，亦得以少宽其厌恶之情，何新法行于元丰，十年如一日耶？夫吕惠卿所创之手实法鬻祠法，惠卿一去而即罢矣；而安石之法，终神宗世无一废弃，则知曾公亮所谓上与介甫如一人者，洵不诬矣。窃尝论自古君臣相与之际，盖难言之矣。萧何与汉高帝并起为吏，佐帝定天下，功臣位居第一。其后益封置卫，买民田宅。君有疑于其臣，臣亦致疑于其君，卒下相国廷尉械击之。唐太宗谓魏徵箴规过失，不可一日离左右。其薨也，既自制碑文，又许以公主妻其子，乃未数月而踣碑罢婚。求其如神宗之与荆公，咸有一德，二十年如一日者，振古未尝有也。盖君与臣皆惟知有国，惟知有民，而不知有其私，而其谋事之识，任事之勇，皆足以相辅，故能沆瀣一气，始终无间然也。宋之小人儒，衔安石次骨，所以诋之者无所不用其极，其衔神宗，盖亦如是矣。然不敢于迳诋神宗也，而又见乎诋安石之即无异于诋神宗也，于是不得不造为诬词，而曰上亦厌之，上益厌之。不知上之所以待安石者，章章在人耳目；上之所以继安石之志而思竟其业者，亦章章在人耳目。将谁欺？欺天乎？神宗而有知，吾信其必不瞑于九原也。夫使荆公而果如苏洵所言合王衍卢杞为一人也，则神宗亦必如杨用修所言合赧亥桓灵为一人而后可。盖其君相二人，已成一体，功则俱功，罪则俱罪，贤则俱贤，不肖则俱不肖也。今既欲共鲧荆公，又不得不尧舜神宗，进退失据，而造为此矛盾之言，不亦大可哀耶！然固已著之正史，以一手掩天下目者，千年于兹矣。因知秽史之毒天下，甚于洪水猛兽也！

《隐居诗话》云：

> 熙宁庚戌冬，王荆公自参知政事拜相，造门奔贺者相属，公以未谢皆不见，独与余坐西庑小阁，语次忽取笔书窗曰：霜筠雪竹钟山寺，投老归欤寄此生。放笔揖余而入。

> 盖公生平进退大节，其所以自处者，皆定之于夙。彼其禀德高尚，轩轩若云间鹤，人世富贵，视若浮云，曾不足以芥其胸，而又夙持知命不忧之义，虽以道之兴废，犹信为不可强致，故当受事之始，即已怀归耕之志，而后此乃一一践其言，所谓矊然泥而不滓者非耶！黄山谷题公画像云：予尝熟观其风度，真视富贵如浮云，不溺于财利酒色，一世之伟人也。象山陆子云：英特迈往，不屑于流俗声色利达之习，介然无毫毛得以入于其心，洁白之操，寒于冰霜，公之质也。又云：公以盖世之英，绝俗之操，山川炳灵，殆不世有。吾辈生千年后，读公之书，犹穆然想见其为人，高山仰止，景行行止，虽不能至，心向往之。然如秽史所记，则公乃直一热中利禄之徒，其进也以诡遇，其退也，乃见疏于其君，而犹汲汲焉思献媚以觊再起。则夫山谷象山之言，为皆呓语矣。吾于诋新法者，仅怜其无识耳，犹自可恕。至诋及公之人格者，吾每一读未尝不发为上指也！

（考异十一）诸杂史如邵氏见闻录之类，记公罢政后谋再相之事，往往而有，今不屑辨，不屑述也。

公自幼侨寓江宁，故尤乐之，其忆昨诗云：想见江南。

多翠微，归心动荡不可抑。自少已然矣。神宗知其意，故命以使相判江宁，公遂老焉。罢政后日倘佯此间，借山水之胜以自娱，翛然如一野人。读其诗词，几不复知为曾造作掀天动地大事业开拓千古者也。呜呼，欧公所谓无施不可者，至此益信矣！晚年著字说一书，精心结撰，而颇耽佛老，见道益深云。

元祐元年四月，公薨于江宁。司马温公致吕晦叔书云：

介甫文章节义，过人处甚多。但性不晓事而喜遂非，致忠直疏还，谗佞辐辏，败坏百度，以至于此。今方矫其失革其弊，不幸介甫谢世，反覆之徒，必诋毁百端。光意以为朝廷宜特加优礼，以振起浮薄之风，苟有所得，辄以上闻。不识晦叔以为何如？更不烦答以笔札，庶前力言，则全仗晦叔也。

于是敕赠太傅，其文曰：

朕式观古物，灼见天意，将以非常之大事，必生希世之异人，使其名高一时，学贯千载，智足以达其道，辩足以行其言，瑰玮之文，足以藻饰万物，卓绝之行，足以风动四方，用能于期岁之间，靡然变天下之俗。故观文殿大学士守司空集禧观使王安石，少学孔孟，晚师瞿聃，网罗六艺之遗文，断以己意；糠秕百家之陈迹，作新斯人。属熙宁之有为，冠群贤而首用，信任之笃，古今所无。方需功业之成，遽起山林之兴，浮云何有，脱屣如遗。屡争席于渔樵，不乱群于麋鹿，进退之际，雍容可观。朕方临御之初，哀疚罔极，乃眷三朝之老，邈在大江之南，究观规模，想见风采，岂谓告终之问，在予谅暗之中，胡不百年，为之一涕。于戏！死生用舍之际，孰能违天；赠赙哀荣之文，岂不在我！是用宠以师臣之位，蔚为儒者之光，庶几有知，服我休命，可特赠太傅。

此敕文见东坡集，盖东坡所草也。此实苏子由衷之语，亦为王公没世之光，饰终尚有此文，公论庶几未泯。当时熙宁之政，更张殆尽，温公东坡，又皆平昔相排最力之人，然温公称其节义过人，力请优恤。东坡撰敕，于其政绩，虽不置可否，而诵其盛德，赞不容口。虽公平昔操行，有以见信于友朋，而温公东坡之贤，亦不可及矣。

自是而此绝世伟人，遂去此世界，而长留其事业言论，以供后世史家公案。

（考异十二）与荆公并时诸贤，除吕晦一人外（吕晦非端人，次章别论之），从未有诋及荆公私德者，所争者在新法而已。盖荆公之操行，有与人以共信者也。自杨时、邵伯温、范冲、魏泰辈出，始污蔑荆公，无所不至，而又以其言一一托诸前人，以为徵信。于是有苏老泉辨奸之论，有东坡谢张方平作老泉墓表之文，又有温公日录涑水纪闻等书，皆描写荆公丑态，读之则数千年来穷凶极恶之小人，宜莫有荆公若也。夫使此等文而果出于老泉、东坡、温公之手，则荆公晚年，东坡屡从之游，向往备至，悉见坡集。是东坡为甘于比匪，而乃翁所诋为阴贼险狠，与人异趣，不近人情，为大奸恶者，而东坡乃谓为希世异人，学贯千古，卓绝之行风动四方，明目张胆与其父为难，东坡尚得为人子哉！至温公与晦叔书，既言介甫节义过人处甚多，而又虑反覆之徒，必诋毁百端，则后此之事，温公其知之矣。若如日录及涑水纪闻所记，则介甫之为人，殆狗彘不若，而尚何节义之可言？且其所谓反覆之徒诋毁百端者，不已躬自蹈之耶？蔡氏上翔力辨此等文书，皆南宋以后小人儒所伪造，可谓特识。非特为荆公雪冤，亦为温公苏公诸贤雪冤也。而独恨谬说流传，习非胜是，胡元陋儒，采入正史，遂成铁案，莫敢或疑，乃至侪稷契于共欢，指夷齐为跖硚，公论亡而人道或几乎息矣。予岂好辩哉？予不得已也。

第十五章　新政之成绩

荆公之新政，为成乎？为败乎？其不能具谓之成，无待言也。何也？以其效果往往不如其所豫期也。虽然，具谓之败焉不得也。何也？彼行之诚不免有流弊，然为救时之计，利率逾于病也。熙宁五年，公尝有上五事札子云：

陛下即位五年，更张改造者数千百事，而为书具为法立，而为利者何其多也！就其多而求其法最大、其效最晚、其议论最多者，五事也：一曰和戎，二曰青苗，三曰免役，四曰保甲，五曰市易。今青唐洮河幅员三千余里，举戎羌之众二十万。献其地，因为熟户，则和戎之策已效矣。昔之贫者，举息之于豪民；今之贫者，举息之于官。官薄其息，而民救其乏，则青苗之令行矣。惟免役也，保甲也，市易也，此三者有大利害焉。得其人而行之则为大利，非其人而行之则为大害。缓而图之则为大利，急而成之则为大害。传曰：事不师古，以克永世，匪说攸闻。若三法者，可谓师古矣，然而知古之道，然后能行古之法，所谓大利害者也。盖免役之法，出于周官所谓府史胥徒，王制所谓庶人在官者也。然而九州之民，贫富不均，风俗不齐，牌籍之高下不足据。今一旦变之，则使之家至户到均平如一，举天下之役，人人用募，释天下之农，归于畎亩，苟不得其人而行，则五等必不平，而募役必不均矣。保甲之法，起于三代丘甲，管仲用之齐，子产用之郑，商君用之秦，仲长统言之汉，而非今日之立异也。然而天下之人，凫居雁聚，散而之四方而无禁也者，数千百年矣。今一旦变之，而使行什伍相维邻里相属，察奸而显诸仁，宿兵而藏诸用，苟不得其人而行之，则搔之以追呼，骇之以调发，而民心摇矣。市易之法，起于周之司市，汉之平准。今以百万缗之钱，权物价之轻重，以通商而赀之，令民以岁入数万缗息，然甚知天下之货贿未甚行，窃恐希功幸赏之人，速求成效于年岁之间，则吾法隳矣。臣故曰：三法者得其人缓而谋之则为大利，非其人急而成之则为大害。故免役之法成，则农时不夺而民力均矣；保甲之法行，则寇乱息而威势强矣；市易之法成，则货贿通流而国用饶矣。

孔子曰：欲速则不达。又曰：其人存则其政举，其人亡则其政息。凡百皆然，岂直此三事者？而公独举此三法郑重言之，则以此三法最繁重，而官吏之舞文，亦较易故也。而荆公当诸法草创将次就绪之时，忽焉而上此札子，毋亦微窥神宗当时，不免有求治太急，用人太滥之弊耶？观其论馆职札子，言陛下即位以来所拔用，多士之有小才而无行义者，则知其虑此也久矣。据公此札则知和戎、青苗二事，乃公所认为已有成效者。和戎之事，其功与天下以共见，不必论。青苗法立意虽善，然以理势度之，不能有利而无弊，其或初年行之颇得其人，故见效多而见病少欤？抑公之聪明犹有所蔽，未及尽察欤？虽然，如当时反对党之诋其有弊而无利，此又殆必无之事。观后此元祐欲废之，而讼其不可废者反甚多，斯可见也。免役法厘革数千年之苛政，为中国历史上开一新纪元。当改革伊始，虽不免一部分人略感苦痛，然所不利者在豪右之家，前此有特权者耳。自余细民，则罔不食其赐也。此可谓纯有利而绝无病者也。保甲法体大思精，为公一生最用力之事业，其警察的作用，可谓有利而无病，其成效亦已章章可睹。其寓兵于农的作用，则以当时募兵未能尽废，常备后备之区别不立，其稍扰民，固意中事。然为起宋之衰，势不得不尔也。独至市易法，其用意虽非不善，然万不可以行于专制政体之国家，万不可以行于以自由竞争为根本观念之经济社会。奉行者虽得其人，犹惧以国家为兼并之戎首；奉行者若非其人，则将为官吏开利孔，而使小民生计，日以憔悴。荆公之失策，殆未有过是者。而当时成效之无可见，亦莫此为甚也。当时沮挠新法者，靡不言以新法之故，致小民颠连困苦，无所控诉，其言载于史籍者，未易一二数也。然稽诸往古，凡行厉民之政者，鲜不及身以召乱亡，若秦始、隋炀之徒无论矣。又如王莽，固亦托于周官，以变更百度，然其所行者，无一为法先王之意，而亦自始无乐利其民之心，故怨讟繁兴，不数年而海内云扰矣。后世之论荆公者甚或以比新莽。夫荆公创法立制，无一不以国利民福为前提，其不可与新莽同年而语，固不待辩。而末学肤受之辈，或见不及此，则盍取其结果而比较之。使荆公之法而果为病民，则民当呻吟枕藉救死不赡之时，势必将铤而走险，荆公虽有绝大之专制力，安能禁之？乃宋自真仁以来，虽号称太平，而潢池窃发，犹累岁不绝，其椎埋剽掠于乡邑者，更所在而有。夫其前此固已募强悍之民，纳之于兵矣，而国内之不能保其安宁秩序也，犹且若此，独至熙宁元丰二十年间，举一切而更革之，而又以行保甲之故，不禁民挟弓弩，苟政府之设施，而果大拂民情也，则一夫攘臂，万众响应，其于酿成大乱易易也，乃不特不闻有此而已。即萑苻之盗，亦减于旧，而举国熙熙融融，若相忘帝力于何有。读当时诸贤之诗文集，其气象可想见也。荆公集中有元丰行示德逢一首云：

四山脩脩映赤日，田背坼如龟兆出。湖阴先生坐草室，看踏沟车望秋实。

雷蟠电掣云滔滔，夜半载雨输亭皋。旱禾秀发埋牛尻，豆死更苏肥荚毛。

倒持龙骨挂屋敖，买酒浇客追前劳。三年五谷贱如水，今见西成复如此。

元丰圣人与天通，千秋万岁与此同，先生在野故不穷，击壤至老歌元丰。

又后元丰行一首云：

歌元丰，十日五日一风雨，麦行千里不见土。连山没云皆种黍，水秧绵绵复多稌。龙骨长乾挂梁栢，鲋鱼出网蔽洲渚。获笋肥甘胜牛乳，百钱可得酒斗许。虽非社日长闻鼓，吴儿蹋歌女起舞，但道快乐无所苦。老翁堑水西南流，杨柳中间荡小舟。垂兴歌眠过白下，逢人欢笑得无愁。

又歌元丰绝句五首云：

水满陂塘谷满篝，漫移蔬果亦多收。神林处处传箫鼓，
共赛元丰第二秋。

露积成山百种收，渔梁亦自富虾鳅。无羊说梦非真事，
岂见元丰第二秋。

湖海元丰岁又登，秬生犹足暗沟塍。家家露积如山垅，
黄发咨嗟见未曾。

放歌扶杖出前林，遥和丰年击壤音。曾侍土阶知帝力，
曲中时有誉尧心。

豚栅鸡埘晻霭间，暮林摇落献南山。丰年处处人家好，
随意飘然得往还。

杜工部之追咏开元全盛也，曰：稻米流脂粟米白，公私仓廪
俱丰实。九州道路无豺虎，远行不劳吉日出。齐纨鲁缟车班班，
男耕女桑不相失。读公此数诗，气象彷佛似之矣。非极太平之
治，安得有此？斯时新法之行，已十余年，而荆公亦既归休矣。
以视温公所述英宗时民间景况，谓不敢多种一桑多置一牛，不敢
蓄二年之粮，不敢藏十匹之帛者，其相去抑何远耶！夫前后不过
二十年耳，而胡以人民生计之纾蹙，其霄壤乃忽若此？岂不以最
厉民之差役法，既已豁除，复有青苗钱掊注其间，以助生产之发
达，而保甲既行，盗贼衰息，故外户不闭之盛，不期而自至也。
准此以谈，新政之效，亦可睹矣。

苏子瞻有与滕达道书云：

某欲面见一言者，盖谓吾侪新法之初，辄守偏见，至有
同异之论，虽此心耿耿，归于忧国，而所言差谬，少有中理
者，今圣德日新，众化大成，回视向之所执，益觉疏矣。若

变志易守以求进取，固所不敢；若哓哓不已，则忧患愈深。公此行尚深示知非静退意，但以老晚衰病旧臣之心，欲一望清光而已，如此恐必获一对，公之至意，无乃出于此乎？

夫子瞻固畴昔诋新法最力者也，其上神宗书，则诋新法者所视为圣经贤传，谓悬诸日月而不刊者也。而其晚年定论则若此，深感叹于圣德日新众化大成。然则熙宁元丰之治，必有度越前古，予人以心悦诚服者矣。新法果何负于天下，而元祐诸贤之扰扰，果何为也哉！

第十六章　新政之阻挠及破坏（上）

　　国史氏曰，吾读泰西史而叹公党之有造于国家，如彼其伟也。吾读国史至宋明两朝，而叹私党之贻毒于国家，如此其烈也。彼私党者，其流品不必为小人也，而君子亦多有焉。其目的不必以求禄位也，而以辞禄位为目的者亦有焉。其所争者不必为政治问题也，然无论从何种问题发端，而其葛藤恒牵及政治。其党徒不必为有意识的结合也，然随遇一事，兴风作浪，有一吠影者倡之于前，即有百吠声者和之于后。一言以蔽之，曰意气用事而已。意气胜而国家之利害可以置诸不同，此其风起于荆公得政以前，成于荆公执政之时，而烈于荆公罢政以后，宋以是亡，而流毒至易代而未已。察此性质，则当时新法所以被阻挠被破坏之故，从可识矣。

　　荆公之初得政，其首劾之者实为吕诲，其事则熙宁二年也。今录诲疏而辨之：

　　　　臣切以大奸似忠，大诈似信，惟其用舍系时之休否也。至如少正卯之才，言伪而辨，行伪而坚，顺非而泽，强记而博，非宣父圣明，孰能去之？唐卢杞天下谓之奸邪，德宗不知，终成大患。所以言知人之难，尧舜其犹病诸！陛下即位之初，起王安石就知江宁府，未几召为学士，缙绅皆庆陛下之明，擢有文之得以适其用也。及进二台席，金论未允，衡石之下，果不能欺其重轻也。古人曰：庙堂之上，非草茅所当言，正谓是也。臣伏睹参知政事王安石，外示朴野，中藏巧诈，骄蹇慢上，阴贼害物，斯众所共知者。臣略疏十事，皆目睹之实迹，冀上寤于宸监，一言近诬，万死无避。安石向在嘉兴中判纠察刑狱司，因开封府争鹌鹑公事，举驳不当，御史台略移文催促，谢恩倨傲不恭，相次仁宗皇帝上仙，未几安石丁忧，其事遂已。安石服满，托病坚卧，累诏不起，终英宗朝不臣。就如有疾，陛下即位，亦合赴阙一见，稍存人臣之礼。及就除江宁府，于私安便，然后从命，慢上无礼，其事一也。安石任小官，每一迁转，逊避不已。自知江宁府除翰林学士，不闻固辞。先帝临朝，则有山林独往之思；陛下即位，乃有金銮侍从之乐，何慢于前而恭于后，见利忘义，岂其心乎？好名欲进，其事二也。人主延对经术之士，讲解先王之道，设侍讲侍读常员，执经在前，乃进说，非传道也。安石居是职，遂请坐而讲说，将屈万乘之重，自取师氏之尊，真不识上下之仪，君臣之分，况明道德以辅益聪明者乎？但要君取名而已，其事三也。安石自居政府，事无大小，与同列异议。或因奏对，留身进说。多乞御批，自中而下，以塞同列沮论，是则掠美于己，非则敛怨于君，用情罔公，其事四也。安石自纠察司，举驳多不中理，与法官争论刑名不一，常怀忿隙。昨许遵误断谋杀公事，力为主张。妻谋杀夫，用按问欲举减等科罪，挟情坏法，以报私怨。两制定夺，但闻朋附，二府看详，亦皆畏避。徇私报怨，其事五也。安石初入翰林，未闻进一士之善。首率同列，称弟安国之才，朝廷与状元恩例，犹谓之薄。主试者定文卷不优，其人遂罹中伤。小惠必报，纤仇必复。及居政府，才及半年，卖弄威福，无所不至，自是畏之者勉意俯从，附之者自鬻希进，奔走门下，唯恐其后。背公死党，今已盛矣。怙势招权，其事六也。宰相不视事旬日，差除自专，逐近臣补外，皆不附己者，妄言尽出圣衷。若然，不应是安石报怨之人，丞相不书敕，本朝故事，未之闻也，意示作威，耸动朝著。然今政府同列依违，宰臣避忌，遂专恣而何施不可？专威害政，其事七也。凡奏对御座之前，惟肆强辩。向与唐介争论谋杀刑名，遂致喧哗，众非安石而是介。介忠劲之人，务守大体，不能以口舌胜，不幸愤懑，发疽而死，自是同列尤甚畏惮，虽丞相亦退缩不敢较。是非任性，凌轹同列，其事八也。陛下方稽法唐尧，敦睦九族，奉亲爱弟，以风天下。而小人章辟光献言俾岐王迁居于外，离间之罪，固不容诛。上寻有旨送中书，欲正其罪。安石坚拒不从，仍进危言以惑圣聪，意在离间，遂成其事。朋奸之迹甚明，其事九也。今帮国经费要会，在于三司，安石居政府与知枢密者同制置三司条例，兵与财兼领之，其掌握重轻可知矣。又举三人者勾当，八人者巡行诸路，虽名之曰商榷财利，其实动摇于天下也。臣未见其利，先见其害，其事十也。臣指陈猥琐，烦黩高明，诚恐陛下悦其才辩，久而倚毗，情伪不得知，邪正无复辨，大奸得路，则贤者渐去，乱由是生。臣究安石之迹，固无远略，惟务改作，立异于人，徒文言而饰非，将罔上而欺下，臣切忧之。误天下苍生，必斯人矣！伏望陛下图治之宜，当稽于众。方天灾屡见，人情未和，唯在澄清，不宜挠浊。如安石久居庙堂，必无安静之理，臣所以沥恳而言，不虞横祸，期感动于聪明，庶判别于真伪。况陛下志在刚决，察于隐伏，当质于士论，然后知臣言之中否。然诋讦大臣之罪，不敢苟逭，孤危苦寄，职分难安，当复露章，请避怨敌。

吕诲何人？即治平间因濮议劾韩琦欧阳修，请戮修以谢祖宗者也。修所著濮议于其语言状貌心术，刻画无余蕴矣。修所谓扬君之恶以彰己善，犹不可，况诬君以恶而买虚名哉！当时台谏，大率类此，而诲其代表也。今请按其所劾安石者而辨之。诲发端即以卢杞比安石，方谓所疏十事，必有大不得已于言者，而乃首举争鹌鹑一案。当时安石所判当否，今全案不见于史，无所考辨。即使不当，亦法官解释法文之误，其细抑已甚。且事在嘉祐之末，至是已六七年，是亦不可以已乎？其第一第二两事，皆言安石养望沽名，实怀干进，本属一事，而强分为二，以足十事之数已为可笑。若以其所劾，按诸实事，考治平二年七月，安石服满英宗趣召赴阙，至于再三。安石亦有辞赴阙三状，见集中。但云抱病日久未任跋涉，稍可支持，复备官使，犹且乞一分司官于江宁府居住，冀便将理，则三状如一，曷尝坚卧不起哉？以此而云慢上无礼，诲将不许人作病耶？治平四年正月，英宗崩，神宗即位。闰三月除安石知江宁府，犹有辞知江宁府状见集中。以疾尚未瘳也，曷尝有不屑事英宗惟欲事神宗之意哉？安石自弱冠以迄中年，皆为贫而仕，不卑小官。所谓山林独往之思者，其晚年诚有之，而前此未尝有。虽生平交游往来书牍，未尝流露，无论对君也。其前此辞试馆职，辞集贤校理，辞同修起居注，则皆有故，见于集中，班班可考也。

至治平四年九月除翰林学士，自是不闻固辞者，徒以无必须辞之理由耳。前此嘉祐六年除知制诰，固亦未尝辞矣。知制诰与翰林学士，相去几何？此而谓其前慢后恭，见利忘义，何深文之甚也！其第三事以安石主坐讲谓为要君取名，古者三公，坐而论道，自汉迄唐，未之或废。自宋艺祖篡周，而范质以前朝旧相，自居嫌疑，不敢就坐，自此沿为成例。人主之前，无复臣下坐位，人臣始以奴隶自居，而忘其为与天子共供天职矣。荆公之请复坐讲，非徒法古，且实合于至道。似此而曰要君取名，则唐以前无一纯臣矣。考叶梦得《石林燕语》，称熙宁初侍讲官建议复坐讲者，吕申公、王荆公、吴冲卿，同时韩持国、刁景纯、胡宇夫皆是申公等言，苏子容、龚鼎臣、周孟阳、王汾、刘攽、韩忠彦，以为讲读官曰侍，盖侍天子，非师道也。申公等议遂格，是主坐讲者非一人，何得以安石独见弹章？且其事已格何其罪犹不可逭也？其后元祐初，程颐为崇政殿说书，疏请坐讲殿上甚力，其时给事中顾临以为不可，颐遂复上太皇太后书，辨顾临非是，至千五百余言之多，此与安石前后一辙者，安石为要君取名，伊川得勿亦要君取名耶？后此通鉴纲目，只载颐经筵讲读疏，言豫养君德，而不及坐讲一事，岂以向时吕诲攻安石太过，不得不为伊川讳欤？且自是讲学之徒，亦无复以坐讲议安石者，岂其既为伊川讳，而安石亦遂得从末减欤？甚矣宋人是非之无定也！其第四事言是则掠美于己，非则敛怨于君云云。自新法行，举朝归过于安石，有恶而无美，有非而无是。若曰掠美于己，不知此时更有何美可掠，诲能实指其所掠之美乎？若曰敛怨于君，则众所攻者新法，所怨者安石，不知更有何非可独敛怨于君者，诲亦能实指其事否也？其第五事为登州阿芸之狱，议自许遵，而安石主之。即谓不免失出，亦观过可以知仁。乃猥指为徇私报怨，试问案中之人，果谁为安石所私？而谁又为安石所怨耶？且此事亦琐末极矣，而哓哓言之，何不惮烦也！其六事以王安国之及第为安石罪。考王氏之登进士榜者，真宗咸平三年有王贯之，安石从祖也。祥符八年有王益，安石父也。仁宗庆历二年则安石，六年则有王沆，安石从弟也。皇祐二年有王安仁则安石兄也。嘉祐六年有王安礼，则安石弟也。英宗治平四年有王雱，则安石子也。六十年中，祖孙父子兄弟皆进士者七人，则科名亦其家所固有，区区此何物，岂必以奥援而始得之者？安石兄弟，皆有声当世，而安国实与兄齐名。前此吴孝宗上张江东书，言称道安国之贤，欲举之者甚众，而嘉祐五年，欧阳公有送平甫下第诗云：自惭知子不能荐，白首胡为侍从官。则安国之贤可知矣。熙宁元年，安国由韩绛邵亢所荐，召试赐进士及第，于安石何与？而以此见诬耶！幸而安石子雱先一年成进士，否则又为诲之弹章增一资料矣。其第七事言安石专权，如其所言，似有可议。然考诸宋史，言当时中书除目，数日不决，帝辄谕问安石，然则此出神宗之意，不可以专云也。其八事言唐介愤死云云。考宋史介传，言介数与安石争论，安石强辩，而帝主其说，介不胜愤，疽发于背麤，年六十。而诲云尝与唐介争论刑名，则又专为阿芸事言之。人死于病疽，常也。介年六十而死，尤常也。介尝与文彦博以灯笼锦事争论于帝前，至遭远窜，不死，而死于争论失出之一妇人，信然也，则可谓轻于鸿毛者矣。以同列死一人而列为罪状，谁则无罪也？其第九事言章辟光请岐王居外云云。自古专制之国，以兄弟争位致乱者，史不绝书。故后世诸王分封，必使出居于外，以为与其地近而逼，不若疏远而可长保无虞也。岐嘉二王，为神宗同母兄弟，亲爱莫加焉。熙宁初，著作佐郎章辟光以迁居外邸为请，则与阴邪小人私行离间者异矣。神宗欲罪辟光，固亲亲之道宜然。安石独违众议，不欲以深罪罪辟光，要亦大臣谋国大公之义。且岐嘉二王本贤王，熙宁以来，岐王屡请居外，章上辄却，是岐王之以礼自处也。元丰八年，神宗不豫，先时二王日问起居，及既降制立延安郡王傭为太子，即令母辄入。夫以宣仁太后母子至亲，神宗二十年友爱，何嫌何疑？然犹若此者，是又宣仁之以礼处二王也。元祐初，始赐颢亲贤坊与弟颐对邸，且下制曰："先皇帝笃兄弟之好，以恩胜义，不许二王出居于外。盖武王待周公之意，太皇太后严朝廷之礼，以义制恩，始从其请，出居外宅，得孔子远其子之意。二圣不同，同归于道。"由是言之，则辟光之请，律以同归于道之旨，其不可以离间深罪罪之益明矣。而安石更无论也。其第十事攻三司条例，始为议及新法。夫当时之财政，不可不整理，而整理财政必须有一机关，则条例不可不立，前既详论之矣。至遣使巡行诸路，则又先以调查，乃立法制，诚得治事之次序者也。其所遣八人中，则有若刘彝、谢卿材、侯叔献、程颢，当时所号为贤者皆在焉。原则初心，岂有意于任用小人以败坏天下事哉？当时均输、保甲、青苗、免役诸制，尚未施行，荆公之怀抱，尚未一试，而诲何由即见其为误天下苍生也？考《宋史》诲传云：章辟光上言岐王颢宜迁居外邸，皇太后怒，帝令治其离间之罪，安石谓无罪，诲请下辟光吏，不得，遂上疏劾安石。然则诲实因争辟光事不得，激于意气，而不惜重诬安石，与前此因争濮议不得，激于意气，而不惜重诬韩琦欧阳修，事同一辙。若此辈者，就令宽以律之，已不免孔子所谓好直不好学；苟严以绳之，则直帝尧所谓谗说殄行震惊朕师也。史称诲将入对，司马光遇之朝，密问今日所言何事，诲曰：袖中弹文，乃新参也。光愕然曰：众喜得人，奈何论之？

是可见当时之贤士大夫，无一人不信荆公之为人。其诋及私德者，实一吕诲耳。此与蒋之奇彭思永之以帷薄事诬欧阳公者无以异，而后人莫或申理焉，吾故不惮词费，辨之如石（上所辨者半采蔡氏上翔之言，以间参己说，故不著蔡名，附注于此）。

（考异十三）《宋史吕诲传》又云：辟光之谋，本安石吕惠卿所导。辟光扬言，朝廷若深罪我，我终不置此二人。据此以谈，则王吕实为此案罪魁，且又扬言于外，诲尤必备闻之，不难据情直指。而此疏不言何也？岂诲犹有所爱于安石耶？然则此必后之恶安石者，因诲言而加厉焉，而史乃采之，致与原疏全然不合，亦厚诬之一端也。

今将当时以争议新法去官者，胪举于下：

熙宁二年五月，翰林学士权开封府郑獬以断谋杀狱，不依新法，出知杭州。宣徽北院使王拱辰，知制诰钱公辅皆以与安石议新法不合，拱辰出判应天府，公辅出知江宁府。

六月，御史中丞吕诲劾安石，帝还其章，诲遂求去，出知郑州。

八月，知谏院范纯仁言安石变祖宗法度，掊克财利，民心不宁。帝不听，纯仁力求去，出知河中府。寻徙成都转运使。以新法不便，戒州县不得遽行，安石怒其沮格，左迁知和州。

同月，侍御使刘述、刘琦、钱岂页连章劾安石，出述知江州，琦监处州盐酒务，岂页监衢州盐税。

同月，条例司检详文字苏辙，以与吕惠卿论新法不合，出为河南推官。

十月，同平章事富弼称疾求退，出判亳州。

三年，正月，判尚书省张方平极言新法之害，力求去，出判应天府。

二月，河北安抚使韩琦以论青苗不见听，上疏请解安抚使，止领大名府路，从之。

（考异十四）史称荆公痛诋韩琦富弼，谓弼像恭滔天，又称其以附丽韩琦为欧阳修罪，又称其子雱言枭韩琦富弼之首于市，则新法可行云云。种种诬罔之辞，不一而足。使荆公而果有此言，虽谓之病狂丧心可也。然考之临川集，乃适与相反，集中有赐允富弼辞免左仆射诏云："卿翊朕祖考，功施于时，德善在躬，终始如一。忠贤体国，义乃可留，邦有大疑，庶几求助。云云。"（后略）有赐允韩琦乞州诏云："卿以公师之官，将相之位，统临四路，屏扞一方。寄重任隆，群臣莫比。虽罹疲疾，冀即有瘳。而章书频频，来以病告，宗工元老，视遇有加，恩礼之间，然何敢薄？重违恳恻，姑即便安。"又有贺韩魏公启云：（前略）"伏惟我公。受天间气，为世元龟，诚节表于当时，德望冠乎近代。典司密命，总揽中权，毁誉几致于万端，夷险常持于一意。故四海以公之用舍，一时为国之安危。（中略）若夫进退之当于义，出处之适其时，以彼相方，又为特美。某久叨庇赖，实预甄收，职在近臣，欲致尽规之义；世当大有，更怀下比之嫌，用自绝于高闳，非敢忘于旧德。（后略）由此观之，则公于韩富二公，实不胜其向往之忱，而韩富与公。虽论新法不合，而私交始终未渝。其屡次乞休，亦实缘老病，未必专以新法之故。而史所传公丑诋韩富之说，其必为诬罔，盖无疑矣。

同月，以司马光为枢密副使，固辞不拜。

三月，知审官院孙觉，以论青苗法不便，出知广德军。

四月，御史中丞吕公著，以论青苗法，出知颍州。

同月，参知政事赵抃恳求去位，出知杭州。

同月，监察御史林旦、薛昌朝、范育劾安石罪状，不报，三人亦不见罢斥。

同月，临察御史里行程颢张戬、右正言李常、御史王子韶、交章言新法不便，各乞退，出颢为京西路提刑，戬知公安县，子韶知上元县，常通判滑州。

七月，枢密使吕公弼以劾安石，出知太原府。

九月，翰林学士司马光屡求去，留之不可，出知永兴军。

十月，翰林学士范镇劾安石，以户部侍郎致仕。

四年，三月，诏察奉行新法不职者，先是知山阴县陈舜俞不散青苗钱，知长葛县乐京、知湖阳县刘蒙不奉募役法，皆夺官。至是有是诏，知陈留县姜潜到官数月，青苗令下，潜即榜于县门三日，无人至，遂撤榜付吏曰：民不愿矣，即移疾去。

四月，监官告院苏轼上疏极论新法，不听，乞外任，出为杭州通判。

五月，知开封府韩维以论保甲法不合，力请外郡，固留不可，出知襄州。

六月，知蔡州欧阳修以老病致仕。

（考异十五）纲目云：修以风节自持，既连被污蔑，年六十，即乞谢事。及守青州，上疏请止散青苗钱，帝欲复召执政，王安石力诋之，乃徙蔡州。至是求归益切，冯京请留之，安石曰：修附丽韩琦，以琦为社稷臣，如此人，在一郡则坏一郡，在朝廷则坏朝廷，留之安用？乃以太子少师致仕。蔡氏上翔辨之曰：自宋天圣明道以来，欧阳公以文章风节负天下重望。庆历四年，曾子固上欧公书曰：王安石虽已得科名，彼诚自重，不愿知于人，以为非欧公无足以知我。是时安石年二十四也。至和二年，欧公始见安石，自是书牍往来与见诸章奏者，爱叹称誉，无有伦比。欧公全书，可考而知也。熙宁三年，公论青苗法非便，而又擅止青苗钱不散，要亦只论国家大事，期有益于公私而止，曷尝斥为奸邪，狠若仇仇，如吕诲诸人已甚之辞哉！而世乃传安石既相，尝痛诋欧公。考公擅止青苗钱在熙宁三年夏，至十二月，安石同平章事，明年春，公有贺王相公拜相启，其言曰：高步儒林，著一朝甚重之望；晚登文陛，受万乘非常之知。夫以伉直如欧公，使果有大不说于参政之时，而复献谀于为相之日，是岂欧公之所为哉！逾年欧公薨，而安石为文祭文，于欧公之为人为文，其立朝大节，其坎轲困顿，与夫生平知己之感，死后临风想望之情，无不毕露。夫以安石之得君如彼其专，行新法如彼其决，曾何所忌于欧公，而必欲挤而去之，乃生则诋其人为天下大恶，而死则誉其为天下不可几及之人，是又岂安石之所为哉！考欧公于治平三年，以濮议见攻于吕诲、彭思永。四年，以飞语见毁于彭思永、蒋之奇。自是力请外郡，出而知亳州、知青州、知蔡州，以至薨。则凡熙宁四年间，公未尝一日立于朝。而累年告病，尤在安石未执政之前，于安石何与哉？在一国则乱一国诸语，出于杨中立之神宗日录辨，其为诬显而易见。后人执此以为安石罪，而此两公全集皆不一寓目何也？今按蔡氏之文，辨证确鉴，无待更赞。欧公之去，不缘荆公，而叙之于此者，凡以辨荆公排斥忠良之诬也。欧公如此，则凡杂史述荆公诋他人之言，又岂可尽信耶？荆公祭欧公文，实中国有数文字，今录入第二十章，可参观。

七月，御史中丞杨绘，监察御史里行刘挚上疏论免役法之害，出绘知郑州，挚监衡州盐仓。

五年三月，判汝州富弼上书，言新法臣所不晓，不可以治郡，愿归洛养疾，许之。授司空武守节度使致仕。

六年四月，枢密使文彦博求去，授司空河东节度使，判河阳。

七年二月，监安上门郑侠进流民图，言大旱为新法所致，未几以擅发马递罪付御史鞫治。八年正月，窜之于英州。

以上所述，皆当时阻挠新政之大概情形也。岩岩元老，梗之于上；岳岳台谏，哄之于下；而荆公以孑然一身，挺立于其间，天下之艰危，莫过是矣！公于熙宁三年有答手诏慰抚札子云："窃观天锡陛下聪明睿智，诚不难兴尧舜之治，故不量才力之分，进事之宜，敢以不肖之身任天下怨诽，欲以奉承圣志。自与闻政事以来，遂及期年，未能有所施为，而内外交构，合为沮议，专欲诬民以惑圣听，流俗波荡，一至如此！陛下又若不能无惑，恐臣区区，终不克胜。"其危苦之情，百世下读者犹将哀之。非坚忍不拔如公者，其何一事之能就耶！后世之恶公者，不必道矣，其好公者，亦不免以任用小人为公惜。夫公所任用者，果皆为小人与否，吾将别论之，而当时阻挠新政之人，岂非世所称为君子耶？若程明道，若苏子由，皆公所最初特拔以为僚佐者也。其余韩富文吕诸元老，与公共事者，或一年，或二三年，或四五年，公自始何尝欲排挤之者？而诸贤动以去就争新法，公将以慰留僚友之故而枉所学，隳所志乎？抑以行其学，行其志之故而得罪于僚友乎？二者不得不出于一，故公于熙宁三年，尝上疏乞罢政事，亦以所志既不能行，则奉身以退耳。而神宗既信之愈笃，任之愈笃，有君如此，公何忍负？则鞠躬尽瘁，以求大业之克终。诸贤既不肯苟同，誓不与并立夫本朝，亦惟有听其去而已。我辈生今日，为公设身处地以计之，果有何道得以两全者？夫公当时所立之法，非不善也，其所革之弊，则皆诸贤所蹙额而言之者也。其后此之成绩，或不能如初之所期，则亦以奉行者非其人已尔。使诸贤能与公和衷共济，时复相补助而去其泰甚，安见其成效之不更著耶？而乃不问是非可否，凡一新更之法，必出死力以攻之，明知攻之而必不能回上意也，则投劾而去以自成其名而已。甚或身为方面。而戒州县勿得奉行朝令，其人既属巨室，为士庶所具瞻，则夫不利于新法者，皆得所趋附，以簧鼓天下之耳目，使人民疑所适从。譬之一手画圆，而十手画方，虽有良法美意，而终不能以推进，有固然矣。然则使新法之利不偿其弊者，谁之罪也？逼荆公以不得不用小人者，谁之罪也？虽然，荆公之所以待异己者，抑可谓尽其道矣。其于诸元老，则皆自乞居外，犹再三慰留，不获已然后许之也。其于诸小臣，亦不过左迁外补，未尝有一人焉削其官秩，而治罪更无论也。其间惟郑侠一人，下吏远窜，则荆公罢相归江宁一年间之事也（公以熙宁七年六月罢相，以八年二月复相，而郑侠之窜英州，则熙宁八年正月间事也）。以视子产商鞅之待贵族何如？以视张江陵之待台谏何如？以视孔子之诛少正卯何如？吾友南海潘氏（博）尝论荆公，谓惜其纯任儒术，而乏法家之精神，可谓笃论。而世之论者，咸谓荆公行申商之术，以峻法绳百僚，何其与当时情实，适相反对耶？荆公之待士大夫也以礼，虽其法缘是不能尽行，然大臣之度，足以模范千古，而元兴诸贤之所以待熙丰大臣者则何如？吾论至此而不禁有茫茫之感也！

章氏（衮）王临川文集序云：

（前略）熙宁之政，君以尧舜其民之心，坚主于上，臣以尧舜其君之心，力赞之于下，要皆以为天下而非私己也。诸臣若能原其心以议其法，因其得以救其失，推广以究未明之义，损益以矫偏胜之情，务在协心一德，博求贤才以行新法，宋室未必不尚有利也。而乃一令方下，一谤随之，今日哄然而攻者安石也，明日哗然而议者新法也。台谏借此以贾敢言之名，公卿藉此以徼恤民之誉，远方下吏，随声附和，以自托于廷臣之党，而政事之堂，几为交恶之地。且当时下则未有不逞之民，借新法以为倡乱之端，远则未有二虏之使，因新法而出不逊之语，而缙绅之士，先自交构，横溃汹汹，如狂人挟胜心，牢不可破。祖宗之法概以为善，其果皆善乎？新创之法，概诋为恶，其果皆恶乎？抑其为议，有一人之口而自相抵牾者，如苏颖滨尝言官自借贷之便，而乃力诋青苗钱之非；司马公在英宗时，尝言农民租税之外，当无所与，衙前无募民为之，而乃力诋雇役之非；苏东坡尝言不取灵武，则无以通西域，西域不通，则契丹之强未有艾，而乃力诋熙河之役之非；又如已非雇役不可行，而他日又力争雇役不可罢之类是也。有事体相类，自来行之则以为是，公行之则以为非者，如河北弓箭社，实与保甲相表裹；苏东坡请增修社约，并加存恤，而独深恶保甲法之类是也。（中略）似此之类，既非真知是非之定论，亦非曲尽利害之訏谟，宜公概谓流俗，而主之益坚，行之益力也。一时议论，既如此矣，而左右记注之官，异时记载之笔，又皆务为巧诋，至或离析文义，单摭数语而张皇之。然则当时所以攻新法者，非实攻新法也，攻公而及其法耳。（中略）彼管仲子产商鞅之数子者，诸侯之贵臣耳，然皆以其计数之审，果敢坚忍，大得逞于其国。而公以世不常有之材，当四海为家之日，君臣相契，有如鱼水，乃顾落落如彼者，时势异而娼忌众故也。夫国内多故，四竟多敌，譬彼舟流，不知所届，惟才与智，众必归之，此管仲之人所以得志也。宋之治体，本涉优柔，真仁而降，此风浸盛。士大夫竞以含糊为宽厚，因循为老成，又或高谈雅望，不肯破觚解挛以就功名。而其小人晏然如终岁在闲之马，虽或刍豆不足，一旦圉人剪拂而烧剔之，必然趫然归而断然啮。当此时而欲顿改前辙以行新法，无惑乎其骇且谤矣。公之所以不理于口者，此其一也。贾谊年少美才，疏远之臣慨然欲为国家改制立法，当时绛灌之徒，虽甚害之，而未至若是之甚者，以谊未尝得政，而文帝直以众人待之也，公令闻广誉倾一世，既已为人所忌，加以南人骤贵，父子兄弟，蝉联禁近，神宗又动以圣人目之，而寄以心膂，及横议蜂起，公又悍然以身任天下之怨，力与之抗而不顾，公之所以不理于口者，此又其一也。（后略）

章氏此论，言公所以见沮之故，可谓洞见症结。其言以南人骤贵，娼嫉者众，尤为得问。呜呼！以公洁白之质，旷远之胸，方如凰皇翔于千仞，岂省有宛雏腐鼠于其下者耶！而公之失败，竟坐是矣。庄子曰：中国之人，明于礼义，而昧于知人心。又曰：人心险于山川，难于知天。荆公惟昧于知人心也。故以遇世之所谓小人者而失败，以遇世之所谓君子者而亦失败。论荆公之所短，盖莫此为甚矣！虽然，使公而明于知人心乎？则且随俗波靡，非之无非，刺之无举，非徒得徼容悦之一时，而且将有令誉于后世，又安肯以国家之故，而牺牲一身之安乐闻誉，丛万诟而不悔也！呜呼，吾中国数千年来之士君子，其明于知人心者则多矣，而昧焉者几人哉！

第十七章　新政之阻挠及破坏（下）

　　元丰八年三月，神宗崩，哲宗立，宣仁太后临朝。五月，以司马光为门下侍郎，遂尽废新法，且窜逐神宗朝旧臣，今记其略如下：

　　元丰八年七月，罢保甲法。

　　十一月，罢方田法。

　　十二月，罢市易法。

　　同月，罢保马法。

　　元祐元年闰二月，蔡确出知陈州，章惇出知汝州。

　　同月，罢青苗法。

　　三月，罢免役法。

　　四月，罢熙河经制财用司。

　　六月，窜邓绾李定于滁州，窜吕惠卿于建州。

　　二年正月，禁用王氏经义字说。

　　四年四月，罢明法科。

　　五月，窜蔡确于新州。

　　以上不过举其荦荦大者，其他不复枚述。一言蔽之，则当时于熙丰所行之事，无一不罢；于熙丰所用之人，无一不黜而已。

范纯仁尝语司马光曰：去其泰甚者可也，差役一事，尤当熟讲而缓行。不然，滋为民病，愿公虚心以延众论，不必谋自己出。谋自己出，则谄谀得乘间迎合矣。役议或难回，则可先行诸一路，以观其究竟。光不从，持之益坚，纯仁曰：是使人不得言尔！若欲媚公以为容悦，何如少年合安石以速富贵哉？（见《宋史·纯仁本传》）昔光尝奏对神宗，谓安石贤而愎。夫光之贤，吾未知视安石何如，若其愎则何相肖而又加诸厉也！而新法遂从兹已矣。

新法之当废与否，吾于前数章既详论之，不再赘。而据俗史所纪，则谓元祐初政，天清地明，全国欢欣，四夷动色者也。吾不暇与之辨，请引先儒之说一二，助我张目焉。陈氏（汝锜）司马光论云：

靖康之祸，论者谓始于介甫，吾以为始于君实。非君实能祸靖康，而激靖康之祸者君实也。夫新法非漫然而姑尝试之者，每一法立，其君其相，往复商订，如家人朋友，相辨析积岁弥月，乃始布为令甲。而神宗又非生长深宫，懵于闾里休戚之故者，推利而计害，原始而究终，法未布于方内，而情伪已瞭撒胸中如列眉。故虽以太后之尊，岐王之戚，上自执政，下逮监门，竞苦口焉，而不为中止。虽其间奉行过当，容有利与害邻而实与名戾者，要在因其旧以图其新，救其疵以成其美，使下不厉民，而上不失先帝遗意。斯宵小无所乘其间，而报复之祸无从起矣。安在悻悻自用，尽反前辙？前以太后诸人争之而不能得之于神宗者，今以范苏诸人争之而亦不能得之于君实。一有逢己之蔡京，则喜为奉法，盖先帝肉未冷，而诸法破坏尽矣。是欲以臣而胜君，而谋之数十年者，可废之一朝也。是谓己之识虑为能贤于先帝，而昔以为良法，今以为秕政也。不大横乎！孔子何以称孟庄子之不改父臣与父政乎？今其言曰：先帝之法，其善者百世不可变，若王安石所建为天下害者，改之当如救焚拯溺。夫以神宗之为君，岂政由宁氏，听穿鼻于其臣者，而云安石所建立乎？安石免相居金陵者八年，新法之行如故也。安石建之，能使神宗终身守之，而不与手实鬻祠俱报罢乎？且元祐之划除更张无予遗，而所云百世不可变者安在乎？吾恐先帝有灵，目不能一日瞑地下也。又云：太皇太后以母改子，非以子改父。夫一切因革所为，告之宗庙颁而播之天下臣民者，吾君之子，不曰吾君之母也。君母而可废阁先帝行事，是吕后之所以灭刘，而武后之所以篡唐为周也。人臣而可挟母后之权弁髦其主，是徐纥郑俨李神轨之共相表裹而势倾中外也。尚可训乎？况元祐之初，嗣君已十余龄矣，非遗腹襁褓而君者，朝廷进止，但取决于宣仁，而嗣君无与焉。虽嗣君有问，而大臣无对，此何礼也？苏子容危其事，每谓诸老无太纷纭，君长谁任其咎？而哲宗亦谓惟苏颂知君臣之礼。盖哲宗之藏怒蓄愤，已不在绍圣亲政之日，而小人之逢君报怨，亦不待章惇京用事之时矣。何者？人臣而务胜其君以为忠，岂人子而不务继述其父以为孝？上见其意，下将表异。一表之于章惇，而羁管窜逐无虚日。再表之于蔡京，而为妖为孽，外假绍述之名而以济其私，而宋事不可为矣。君实不当少分其咎哉！孔子曰：言必虑其所终，行必稽其所敝。不虑终，不稽敝，乃举而委之于天，曰天若祚宋，必无此事。天可幸乎？天而以死先君祚宋乎？则太甲之颠覆典刑，为天实祚商；而汉惠帝之与曹参辈，守画一而清静焉，为天不祚汉矣。

王氏（夫之）宋论云：

哲宗在位十有五年，政出自太后者，凡八年，哲宗亲政以还，凡六年。绍圣改元以后，其进小人，复苛政，为天下病者，勿论矣。元祐之政，抑有难于覆理者焉。绍圣之所为，反元祐而实效之也，则元祐之所为，矫熙丰而抑未尝不效之，且启绍圣而使可效者也。呜呼，宋之不乱以危亡者几何哉！天子进士以图吾国，君子出身以图吾君，岂借朝廷为定流品分清浊之场哉？必将有其事矣。事者，国事也，其本君德也，其大用治教政刑也，其急图边疆也。其施于民者，视其所勤而休养之，视其所废而修明之，拯其天灾，惩其吏虐，以实措之安也。其登进夫士者，养其恬静之心，用其方新之气，拔之衡茅，而相劝以君子之实也。岂徒绍圣哉？元祐诸公之能此者几何邪？所能卓然出其独至之忱，超出于纷纭争论之外，而以入告者，刘器之谏觅乳媪，而以伊川请就崇政延和讲读，勿以暑废而已，范淳夫劝帝以好学而已。自是而外，皆与王安石已死之灰争是非寥寥焉无一实政之见于设施，其进用者，洵非不肖者矣。乃一惟熙丰所贬斥之人，皇皇然力为起用，若将不及，岂新进之士，遂无一人可推毂以大任之，树百年之屏翰者，而徒为岭海迁客，伸久郁之气，遂可无旷天工乎？其恤民也，安石之新法，在所必革矣。频年岂无水旱，而拯救不行；四海岂无冤民，而清问不及；督行新法之外，岂无渔民之墨吏，而按劾不施；触忤安石之余，岂无行惠之循良，而拔尤不速。西陲之覆败孔棘，不闻择一将以捍其侵陵；契丹之岁币屡增，不闻建一谋以杜其欺侮。夫如是则宋安得有天下哉？一元祐诸公扬眉舒愤之区宇而已矣。马吕两公，非无忧国之诚也，而刚大之气，一泄而无余。一时蠖屈求伸之放臣，拂拭于蛮烟瘴雨之中，暗暗自得，出不知有志未定之冲人，内不知有不可恃之女主，朝不知有不修明之法守，野不知有难仰诉之疾苦，外不知有睥睨不逞之疆敌，一举而委之梦想不至之域，群起以奉二公为宗主，而日进改图之说。二公且目眩耳荧，以为惟罢此政，黜此党，召还此人，复行此法，则社稷生民，巩固无疆之术，不越乎此。呜呼！是岂足以酬天子心膂之托，对皇天，质先祖，慰四海之孤茕，折西北之狡寇，而允称大臣之职者哉！吾诚养君德于正，则邪自不得而窥；吾诚修政事以实，则妄自无从而进；吾诚慎简干城之将，以固吾围，则徼功生事之说自息；吾诚厘剔中饱之弊，以裕吾用，则掊克毒民之计自消；吾诚育士以醇静之风，拔贤于难进之侣，为国家储才于百年，则奸佞之觊觎自戢，而善类之濯磨自宏。曾不出此，而夜以继日，如追亡子。进一人，则曰此熙丰之所退也；退一人，则曰此熙丰之所进也；兴一法，则曰此熙丰之所革也；革一法，则曰此熙丰之所兴也。然则使元祐诸公，处仁英之世，遂将一无所言，一无所行，优游而聊以卒岁乎？未见其有所谓理也，气而已矣。气一动而不可止，于是吕范不协于黄扉，雒蜀朔党不协于群署，一人党立于上，百尹类从于下，尚恶得谓元祐之犹有君，宋之犹有国也？而绍圣诸奸，驾驷马，骋康庄以进，莫之能御矣。反其所为者，固师其所为也。是故通哲宗在位十四年中，无一日而不为乱媒，无一日而不为危亡地，不徒绍圣无然矣。当其时，耶律之臣主，亦昏淫而不自保；元昊之子孙，亦偷安而不足逞，藉其不然，靖康之祸，不能待之他日也。而契丹衰，夏人弱，正汉宣北折匈奴之时会，乃恣通国之精神，敝之于一役一此之短长，而弗能自振。呜呼！岂徒宋之存亡哉？无穷之祸，自此贻之矣！立乎今日，以覆考哲宗之代之所为，其言洋溢于名册，以实求之，无一是当人心者。苟明于得失之理，安能与登屋遮道之愚民，同称庆快邪？

案船山此文有'为岭海迁客伸久郁之气'及'拂拭于峦烟瘴雨之中'二语，此失考也。荆公当国时，未尝窜逐一人，据前表所列，已较然甚明。即荆公罢政后，八年间，亦未闻有谪廷臣于岭海之事。故元祐时窜蔡确于新州，而范淳夫言此路荆棘近七十年，此可证也。

章氏（衮）王临川文集序云：

元丰之末，公既罢相，神宗相继殂落，群议既息，事体亦安。元祐若能守而不变，循习日久，膏泽自润，孰谓非继述之善也？乃毅然追怼，必欲尽罢熙丰之法，公以瞑眩之药攻治之于先，司马公又以瞑眩之药溃乱之于后，遂使国论屡摇，民心再扰。夷想当时言新法不可罢者，当不止于范纯仁李清臣数子，特史氏排公不已，不欲备存其说尔。不然，哲宗非汉献晋惠比也，何杨畏一言，而章惇即相，章惇一来，而党人尽逐新法复行哉？悲夫！始也群臣共为一党为抗君，终也君子小人各自为党以求胜，纠纷决裂，费时失事，至于易世，而犹不知止，从古以来，如是而不祸且败者，有是理哉？公昔言于仁宗，谓晋武帝因循苟且，不为子孙长远之谋，当时在位，亦皆偷合苟容，弃礼义捐法度，后果海内大扰，中国沦于夷狄者二百余年。又谓可以有为之时，莫急于今日，过此则恐有无及之悔。由此观之，则靖康之祸，公已逆知其然，所以苦心戮力，不畏艰难，不避谤议，而每事必为者，固公旦天未阴雨绸缪牖户之心也。而古今议者，乃以靖康之祸归于公，毋亦秦人枭参夷之习未亡乎？

陈氏章氏，固平昔崇拜荆公者也，其言或不免与余同病，阿其所好。若王氏之诋荆公，盖无以异于俗儒，而其论元祐之政也若此，彼尧舜宣仁而皋夔马吕者，其可一省矣。且元兴诸人之可议者，犹不止此。宋人王氏明清玉照新志云：

元祐党人，天下后世莫不推尊之。绍圣所定，止三十二人，至蔡元长当国，凡背己者皆著焉，殆至二百九人，然而祸根实基于元祐嫉恶太甚焉。吕汲公梁况之刘器之，定王介甫亲党吕吉甫章子厚而下三十人，蔡持正亲党安厚卿曾子宣而下十人。榜之朝堂，范淳父上疏以为奸厥渠魁胁从罔治，范忠宣太息语同列曰：吾辈将不免矣！后来时事既变，章子厚建元祐党，果如忠宣之言，大抵皆出于士大夫报复，而卒使国家受其咎悲夫！

章蔡之兴党狱，至今稍有识者，皆深恶而痛绝之。夫章蔡之宜恶绝无论也，庸讵知肇造此孽者，不在章蔡，而在天下后世所推尊之元祐诸贤，苟非有玉照新志偶为记述则四十人榜于朝堂之事，迄今无复知之者矣。夫党籍榜与党籍碑则何以异，衅况泐碑颁诸天下，乃崇宁间事，其在绍圣时，亦不过榜之而已（《宋史李清臣传》云：惇既逐，诸臣并籍吕公著文彦博以下三十人，将悉窜岭表，清臣曰：更先帝法度不为无过，然皆累朝元老，若从悖言必骇物听，帝曰：是岂无中道耶？合揭榜朝堂置余人不问）。由此观之，则作俑者实吕梁刘诸人，而章蔡乃尤而效之，其罪反得从末减也。而党籍碑为万世唾骂之资，党籍榜则无人齿及，岂有幸有不幸耶？亦史家赋之以幸不幸而已。

蔡确之既贬也，台谏犹论之不已，谏议大夫范祖禹亦言确之罪恶，天下不容。执政将诛确，范纯仁王存独以为不可，力争之。文彦博欲贬确岭峤，纯仁闻之，谓吕大防曰：此路自乾兴以来，荆棘近七十年，吾辈闻之，恐不自免。大防遂不敢言。越六日，竟窜确于新州（今广东肇庆府新兴县即岭峤也）。纯仁又言于太后曰：圣朝宜务宽厚，不可以语言文字之间，暧昧不明之语，诛窜大臣。今举动宜为将来法，此事甚不可开端也。不听，确遂死于窜所。呜呼！此以视荆公执政时所以待异己者何如？而荆公蒙峻刻之名，元祐诸贤，论者或犹咎其除恶不尽，天下尚有是非乎哉！

陈氏汝锜又曰："杨中立当靖康之初，谓今日之事，虽成于蔡京，实酿于安石。此语既倡，口实翩翩，以熙宁为祸败靖康之始基，以安石为鼓舞蔡京之前茅，其诬甚矣。今史牒具在，凡京所逢迎，如虚无是溺，土木是崇，脂膏盘剥于下，而宫闱盘乐于上，蠹国害民者非一政，然何者为熙宁之政？凡京所交结，如内侍则童贯李彦梁师成，佞幸则冲动父子，执政则王黼白时中李邦彦辈，挑衅召乱非一人，然何者为熙宁之人？虽京弟卞馆甥介甫，而京不以卞故，受知介甫，用事于熙宁元丰之间也，何与介甫事，而以为致有今日之祸者王安石乎？推尊配享，特借此欺君盗宠之地，而庶几弥缝其不肖之心耳。如篡汉为魏者，未尝不藉口于舜禹之事；造作符命弄孺子婴于股掌者，未尝不以周公之居摄为解，岂可谓三让登坛，历阶于让德稽首，而负于南面，乃教后世以称假皇帝成即真之谋哉?"其言可谓隽快。窃尝论之,绍圣间章惇用事,尚颇有意于绍述荆公,犹未至于祸宋也。祸宋者实惟蔡京,而蔡京之得跻显要,汲引之者谁乎?非荆公而温公也。温公欲废募役法,复行差役,群僚颇以为难,京五日而了之,温公赏其才,遂加委任。若援举主连坐之律,则温公得毋亦有不得辞其咎者耶?夫温公亦贤者也,吾固不敢学史家深文周内之技,以京之祸宋,府罪于温公;独奈何山膏善骂者流,乃反以府罪于与京风马牛不相及之荆公也哉!

第十八章　荆公之用人及交友

　　古今人之论荆公，其诋之为小人者，不必论矣，即仰之为君子者，亦未尝不以好用小人为公之玷。然则公果好用小人乎？公所用者果如史家所记述，无一而非小人乎？则又请平心以察之。

　　吾尝极论荆公所以不得不用小人者，以当时君子莫肯为之用，斯固然矣。抑考公之言尝曰：洪水之患，不可留而俟人，而诸臣之才，惟鲧优于治水，故虽方命圮族，而不能舍鲧。以此推之，则虽谓其好用小人也亦宜。及其致政而归也，亦自言智不足以知人，而险波常出于交游之厚，则其为小人所累而颇自悔之，当亦属于事实无可为讳者。夫小人非不有时而可用，而能用之与否，则恒视乎用之之人。以纯粹之君子而用小人，天下之险，莫过是也。夫人而曰小人，必其机巧变诈之尤者也，而用之之人，必其机巧变诈能与之相敌，且更过之，使彼虽极其诪张之技，而不能遁出于吾股掌之外，斯能用小人矣。若张江陵则其人也，若胡文忠则其人也，若曾文正则已非其人也，若王荆公则更非其人也。何以故？以荆公为纯粹之君子人故，以荆公为太无权术之君子人故。

虽然，谓荆公为专好用小人则非也，谓荆公所用者为皆小人，则尤非也。公上神宗论馆职札子云：陛下即位以来，以在事之人，或乏材能，故所拔用者，多士之小有才而无行义者，此等人得志，则风俗坏矣，欲救此弊，亦在亲近忠良而已。公之所进规于其君者如是，而岂其躬自蹈之？又制置条例司之初立也，神宗屡以问荆公，公曰：今欲理财，则必使能。天下但见朝廷以使能为先，而不以任贤为急，恐风俗由此而坏，将不胜其敝。陛下当念国体有先后缓急（本传不载此语。华氏《续通鑑》载于熙宁二年三月，其见宋史何处未暇细检）。是荆公之谆谆于进贤退不肖者，至深且切。故与其谓荆公好用小人，毋宁谓神宗好用小人，而荆公则虽矫正之而犹未能尽者也。夫荆公所拔擢拂拭之人，其为后世所称为君子者抑多多矣。然或后此以不附新法，用之不终，史家遂不认此人为荆公所用。夫荆公既锐意必欲行新法，则凡不愿奉行新法者，虽欲终用之而不能，此事所必至理所固然也。而谓荆公无欲用之之心焉，不可得也。若夫始终肯奉行新法之人，则后之史家，初不问其人平日行谊何如，即此附和新法之一端，已指为罪大恶极。不宁惟是，又往往虚构事实，必被以恶名而始为快，不必其与荆公共政事者，即平昔往还稍稔者，亦无一而获免焉。如是则荆公所用者，安得不皆为小人哉？非荆公之好用小人，徒以其人既经荆公之拂拭，旋即经史家之锻炼，虽君子亦为小人已耳。吾非敢谓荆公所用者必无小人，愿以为虽有之，而其不善决不如是其甚。夫以荆公之懋德高节，而经史家之刻画，犹使后之读者，觉王衍卢杞俨然在目，则其他操行不及荆公，而授人以可乘之隙者，其受诬更何所不至耶？夫以韩琦而可指为交结中官，以欧阳修而可指为盗淫甥女，且举朝汹汹，谓为希恩固宠，巧饰欺罔，则当时争意气者，岂尚有是非之心，而其言又可信耶？孙固濮议，稍抗舆论，则群斥为奸邪，然则千年来指荆公所用为奸邪者，又安知其非孙固之比耶？吾固非强欲为荆公所用之人辩，然固有不容已于言者，今请就所可考见之人而一一论列之。

陈升之　升之在仁宗时已为执政，非荆公所特拔。然荆公集中有送陈升之序，盖自其微时，而即期以重任，及制置条例司初设，即引典共事，故神宗之相升之，实为荆公推毂无疑。升之任谏官五年，所论列百数十事，其人亦非庸庸者，徒以与荆公共事之故，史称其深狡多数，善傅会以取富贵。其信否则非吾所能断也。

王珪　珪典内外制十八年，至熙宁三年，始参知政事。九年，同平章事，终神宗世为相。其为荆公汲引与否不可知。然固始终奉行新法者，本传于其执政前多褒美之词，于其执政后多讥弹之语，平心论之，盖一中和之人也。

苏辙　荆公初设制置条例司，首擢辙为检详文字。荆公之特拔小臣自辙始，后以不附新法，出为河南推官。

程颢　制置条例司初设，遣使八人行诸路察农田水利，而颢与居一焉，是颢实为荆公所特拔之士也。后以不附新法，出为签书镇宁军判官。而宋史于安石传颢传，并不载其曾为条例司官一事，殆以受知于安石为颢玷，故讳之欤？

刘彝　条例司所遣八人之一。前本为县尉，荆公特拔者也。史称其以不附新法罢，又言神宗择水官以其悉东南水利，除都水丞，是非不用也，固其所长而专委以一事耳。以不当冲要之故，本传无贬词，且亟称其材。

卢秉　亦所遣八人之一也。史称其与薛向行盐法扰民，然请罢发运使献余羡，其综核名实可见。其后征西夏，立奇功，则其才之瑰伟可知。其父革以廉退闻，而秉未冠即负隽誉，尝言林木非培植根株弗成，似士大夫之立名节也。蒋堂赏味其言，卜其必为隹器。而荆公因读其壁间诗，识其静退，故特拔之。秉后守边，以父老累乞归养，神宗手诏慰留，父革闻之，亦以义止之。后革疾亟，始得归，遂不复出。以此言之，秉之名节，诚卓荦可观，不负荆公之知矣。而宋史则谓其阿徇时好，父子相去甚远，夫革未尝谓其子不肖，且责以大义，不许告归，而史家竟不许革之有子，何以故？徒以其奉行新法故。

谢卿材、侯叔献、王汝翼、曾伉、王广廉条例司所遣八人此其五也，宋史皆无传，事迹不可考。以程刘卢三人例之，当皆佳士也（蔡氏上翔言谢卿材侯叔献皆当世所号为贤者，不知所据何书，俟考）。

吕公著　公著后此与司马光同破坏新法，史家所目为大贤者也。而其超擢显官，实荆公荐之。史家恐污点公著，故于公著传讳而不言，而于其兄公弼传云："安石知政事，谦公弼不附己，白用其弟公著为御史中丞以逼之。"盖又欲借此以入安石罪，遂忘却为公著讳，而留此痕迹经示人也。顾吾独不解恶其兄者何以荐其弟，而用其弟又何以能逼其兄也。真所谓欲加之罪何患无辞矣。要之荆公之荐公著，灼然无疑，而诋荆公专用小人者，将何以自解耶？

韩绛　绛为荆公所汲引，代陈升之领条例司，未几参知政事，又继荆公为相，一守成法，时号传法沙门，以故本传极丑诋之。然考神宗初立，韩琦即荐绛有公辅器，是其材德之优，非独荆公知之也。其早年决狱廉明，抚民周浃，政绩历历可观，为谏官屡论列宫廷积弊，尤为人所难能。庆州羌乱，一举平之，可见其优于军略。知成都府开封府，屡折豪强以苏民困。仁宗叹曰：众方姑息，卿独能不徇时邪。内诸司数千恩泽，绛执不可，为英宗言身犯众怒，惧有飞语。帝曰：朕在藩邸日，颇闻有司以国事为人情，卿所守固善，何惮于谗？是其刚方之气，实朝列所罕见。又尝言富国当尽地力，又首请改差役法，是为治极知大体者，而又数荐司马光，则绝无党同伐异之见，尤可敬佩（以上皆据本传）。由此言之，荆公之举绛自代，实为得人。而以绛之贤，独心悦诚服荆公，守其法不变，则新法之善，亦可见矣。而宋史绛传，徒以此故，于其入相后，则附以种种丑诋之词，不顾其与前半篇相矛盾，吾是以益知宋史之不可信也。

韩宗师 绛之子，荆公荐为度支判官提举河北常平，史称其孝，此亦足见荆公之不滥举也。

元绛 绛以荆公荐，参知政事，神宗眷顾甚隆。其生平政绩太优，宋史本传，不能加以诬诋，惟于传末云："绛所至有威名，而无特操少仪矩，谄事王安石及其子弟，时论鄙之。"其传后论云："王安石为政，一时士大夫之素知名者，变其所守而从之，比比皆然。元绛所莅，咸有异政，亦谄事之陋矣！"若是夫，凡不肯攻安石之人，虽有百千美德，而皆得以一谄字抹杀之，遂成为无特操之人矣。则凡为安石所用者，安得不尽为小人也哉？史于韩绛传亦称其贤，而末缀二语云："终以党王安石得政，是以清议少之。"与此传正同一笔法，此种清议，此种时论，其价值可见矣。

吕惠卿 惠卿，宋史列诸奸臣传者也。惠卿之必非君子人，无待言。然荆公之知惠卿，实欧阳文忠介之，其书见欧集。嘉祐六年欧公又有举惠卿充馆职札子，其文曰：吕惠卿材识明敏，文艺优通，好古饬躬，可谓端雅之士。夫以欧公素称知人，其所荐举，皆一世佳士，而于惠卿称之曰饬躬，曰端雅，则其人谅不止才学之优美而已。据宋史本传所载罪状，大半指其奉行新法者。然吾以此为不特非罪状，且可作功状矣。本传又记其绍圣中知延州，夏人入寇，将以全师围延安，惠卿修米脂诸砦以备。寇至，欲攻则城不可近，欲掠则野无所得，欲战则诸将按兵不动，欲南则惧腹背受敌，留二日遁去。据此，则不独有政事才，且能军矣（本传中记其治军者三处，所策皆中肯）。惠卿之果为奸邪与否，当于其曾叛荆公与否一事决之。据元祐初苏辙弹文，谓其势力相轧，化为敌仇，发安石私书云云，后之史家，指为荆公初次罢相时事。今考元丰三年，荆公有答吕吉甫书云：

> 与公同心，以至异意，皆缘国事，岂有他哉？同朝纷纷，公独助我，则我何憾于公？人或言公，吾无与焉，则公何尤于我？趣时便事，吾不知其说焉；考实论情，公宜昭其如此。开喻重悉，览之怅然。昔之在我者，诚无细故之可疑；则今之在公者，尚何旧恶之足念？（下略）（按惠卿来书有云：内省凉薄，尚无细故之嫌，仰惟高明，夫何旧恶之念？故公答书云云。）

观此则荆公与惠卿始合终睽，诚属事实。然其睽也，缘公事乎？缘私怨乎？尚未可知。据荆公书则谓皆缘国事，今徵诸史，亦有可考见者焉。荆公初罢政，惠卿继之，创为手实法，及鬻祠法，皆厉民之政，非荆公意。公复相，即罢之，夫惠卿敢于乱荆公之法，虽谓之叛荆公焉可也，然此尚出于其学识之不足耳，犹有可原。而惠卿自言内省凉薄，不知别有所指否，或荆公大度包之而不复与校耶？窃意惠卿当时必深愤于沮挠新法者，思有以惩治之，常为荆公所折。观荆公罢政数月中，而即有窜逐郑侠之事，可见也。坐是之故，沮挠者之恨惠卿，更甚于荆公，又因其与荆公隙末，更授人以口实，于是史家言其为人，曾狗彘之不若矣。吾以为惠卿诚非佳士，然窃疑纠之不善，不如是之甚也。

（考异十六）《宋史惠卿传》引司马光言，谓惠卿为之谋主，而安石力行之，一若一切新法，皆出惠卿，而安石不过一傀儡然。吾以为此必非温公之言，果为温公之言，亦诞妄之甚者也。安石之新法，怀抱于平日者已久，观其平昔之诗文及上仁宗书可见也。答吕吉甫书云：举朝纷纷，公独助我。惠卿助安石耳，岂安石助惠卿哉？

（考异十七）宋史记王吕相攻之事甚多，其言皆鄙俚无状，似如所言，则非徒惠卿为奸邪，而安石亦奸邪之尤也。蔡氏上翔辨之甚悉，今避繁不复引。但观答吕吉甫一书，其德量何等宏远，以荆公之为人，岂有肯为此卑劣之事者哉？读者如信公为言行一致之人，则观此一书已足，若犹不信，则吾更哓哓，亦无益也，故不复辨也。

曾布 布为曾巩弟，其佐荆公行新法，功与惠卿埒。宋史亦以入奸臣传，吾以本传之文考之，不能得其所谓奸者何在。当时诸新法虽由荆公发其大纲，而斟酌条目，编为法典，半成于布之手。廷臣有难新法者，布一一解之，《文献通考》犹载其一二，则其文理密察之才，与纵横奥博之辩，必有大过人者。本传记其初召见时，上疏请神宗推赤心，奋威断，使四方晓然知主不可抗，法不可侮，此正知本之论，可以匡荆公不逮者也。其于新法事事皆赞助，独于吕嘉问办市易之不善，则严劾之，谓官自为兼并，卒以此得罪吕惠卿，出知饶州，所谓和而不同者非耶？司马光执政，谕令增损役法，布辞曰：免役一事，法令纤悉，皆出己手，若令遽自改易，义不可为。斯可谓不变塞焉强哉矫矣！其后崇宁间以得罪蔡京，京诬以贼贿，使吕嘉问逮捕其诸子，锻炼讯鞫诱左证使自诬，则亦由不肯附京故也（以上所据皆宋史本传）。夫以宋史恶布之甚，至列诸奸臣，然记其行谊乃如此，其他嘉言懿行削而勿载者，何可胜道！其所指为奸状者，不过绍圣间建中靖国间两次倡绍述之论而已。此而曰奸，则何不并荆公而入诸奸臣传也？吾谓曾子宣者，千古骨鲠之士，而其学其才，皆足以辅之，南丰可云有弟。而荆公之得士，亦一夔而已足者也。荆公之冤，数百年来为之昭雪者，尚有十数人，而子宣之冤，乃万古如长夜，吾安得不表而出之？

章惇 亦奸臣传中之一人也。荆公之初用惇，以为编修三司条例官，其后使平南北江群蛮，开湖南四府之地，为功为罪，前章已详辨之。元丰三年拜参知政事，时荆公已罢相，未几以其父冒占民田罢知蔡州。元祐初驳司马光所更役法，累数千言。光议既行，愤恚争辨于帘前，史称其语甚悖，廷臣交章击之，被黜。而元祐七八年间，犹数为言者所弹。哲宗亲政，起为相，专以绍述为国是，凡元祐所革悉复之，大兴党狱，并欲追废宣仁太后。哲宗崩，皇太皇议所立，曰：以礼律言之，母弟简王当立。太后曰：老身无子，诸王皆是神宗庶子。惇复曰：以长则申王当立。太后曰：申王病不可，卒立端王，是为徽宗。罢知越州，寻贬潭州，又窜雷州，徙睦州卒。惇不肯以官爵私所亲，四子连登科，独季子援尝为校书郎，余皆随牒束铨，仕州县，讫无显者。宋史本传所记，大略如此。就此观之，果足称为奸臣矣乎？即以其不肯以官爵私所亲一事论之，其狷介已足以厉末俗。哲宗崩，与太后为所立，卒缘此贬窜以至于死，虽其所主张之简王申王未知何如，若徽宗之荒淫无道，卒以亡宋，此万世所共见也，安知惇非平昔察其人之不可以君天下，而故尼之耶？即不然，亦不足以为惇罪也，若夫以绍述熙丰为奸，则亦奸其所奸而已。其最为世诟病者，莫如窜逐元祐诸臣且请废宣仁太后二事。请废后则诚有罪也，至窜逐元祐诸臣，则亦还以元祐所以待熙丰者待彼而已。元祐诸臣是，则惇亦是也；非，则元祐诸臣亦非也。而论者必将曰：元祐诸人君子也，故可以窜逐小人；章惇小人也，故不可以窜逐君子。吾不知其所谓君子小人者以何为界说。若论私德耶，惇之耿介，恐元祐诸贤，犹或有愧之者矣：若论政见耶，吾未闻有以政见判君子小人者也！攻新法者既可以指奉新法者为小人，则奉新法者亦可以指攻新法者为小人，唯之与阿，相去几何矣！夫惇之所以报复元祐者，其惨酷诚甚于元祐；虽然，曾亦计元祐之所以报复熙丰者，其惨酷已远甚于熙丰耶！夫以直报怨，斯为美，然此惟太上贵德者能之，岂可以责诸惇？且元祐诸人自谓为君子者，其德犹不足以及此，矧乃惇哉！吾以为惇者有才而负气之人也，奸则吾不知也。

蔡确 以本传所载事实考之，实为金人。然荆公当国八年，始终未尝大用之，官至知制诰而已。所行新法，亦未尝藉其赞助之力，不得谓为荆公所用也。

王韶 韶之功具见前，宋史本传痛诋之，今不暇辨。

熊本 本之功具见前，宋史本传亦有微词，今不暇辨。

郭逵 赵卨皆荆公所用边将，于西夏安南俱有功，史亦有微词。以上四人，殆功过不相掩者，古之名将，往往皆然。因材器使，以求成功而已，是固不足为荆公玷也。

范子渊 荆公所用以兴水利之人也。宋史无传，而河渠志述其所建设者颇详，盖力主浚河之议，而能发明新器以为用，亦一材士也，史于荆公政绩，无所不诋，故言子渊迎合取宠，又谓其器不可用，但今者陈迹久湮，其是非吾无以明之。

薛向 唐参劾荆公，谓薛向陈绎，安石颐指气使，无异家奴。考公于嘉祐五年，尝举向司马政，熙宁初又举为江淮发运使，未几荐为权三司使，其信任之盖甚厚。而向所至政绩烂然，马政漕运皆经整顿，大革积弊，熙河之役，转饷未尝有失，其理财之效，盖等刘晏，即宋史亦亟称之。荆公之能用人，此亦其一矣。独可怪者，宋史向传，于荆公屡次推毂，未尝一言，吾不解其何心也，殆又不欲以污向耶？嘻！

陈绎 唐坰以之与薛向并举，则当为荆公极信任之人。熙宁间尝知开封府（犹今之顺天府尹，当时一要职也）。宋史本传，寥寥数行，惟有论事不避权贵（神宗论绎语）。为政务摧豪党，谳狱多所平反三语。此外则诋其私德，谓子与妇一夕俱殒于卒伍之手，又云：缪为敦朴之状，好事者目为热熟颜回。其传末论云：陈绎希合用事，固无足道，闺门不肃，廉耻并丧，虽明晓吏事，又何取焉？据此推之，则陈绎必一操守严正治事敏察之人。古之循吏也，其政绩可观者必甚多，史削之耳。乃云其缪为敦朴，吾不知作史者何以审其必缪也，子妇事何与阿翁，乃指为廉耻道丧！虽明晓吏事，亦不足取，古今有此论人法耶？古今有此史笔耶？要之凡经安石拂拭之人，虽夷亦指为跖，此全部宋史一贯之宗旨也。

邓绾 绾诚一反复小人，荆公所拔诸人，此最为不肖矣。顾公虽尝荐之，然后此恶其媚己，遽自劾失举，公之不自文其过，益可见矣。而世乃谓公好谀，何适得其反哉！

许将 其为荆公所荐与否史无明文。然熙宁初超擢不次，不得谓非荆公用之矣。欧阳修尝称其辞气似沂公，举进士授外任秩满后，不试馆职，与荆公同，其澹于荣利可见。荆公赏之，或以此耶！其判流内铨也，以综核名实闻。辽以兵二十万压代州境，请割代地，岁聘之使不敢行，将慨慨请往，面折辽使萧禧，全命而返，其折冲尊俎之功，不让富郑公矣。其判尚书兵部，整理保甲法，卓著成绩。其知郓州，民无犯法，父老叹曰：自王沂公后五十六年，始见狱空耳！其为兵部侍郎，条陈军略甚悉。及用兵西夏，神宗遣近侍问兵马数，将立具上之，明日访枢臣，不能对也。及绍圣初欲发司马光墓，将又谏止之。由此观之，将之才略德量，皆极秀异，荆公执政时特拔之。非无故也。而宋史于传后之论，惟称其力止发墓一事为可取，余悉置之，是得为好恶之公乎！

邓润甫　以荆公荐为编修中书户房事，旋擢知谏院知制诰，累迁御史中丞，其成进士后，尝举贤良方正，召试不应，荆公殆赏其恬退耶！元丰末，神宗命李宪征西夏，润甫力谏，未几为蔡确所陷，落职知抚州，是其人亦鲠直士也。宋史论之曰：润甫首赞绍述之谋，虽有他长，无足观矣。呜呼！是又与韩绛元绛陈绎诸传，同一笔法也。但一附新法，则万善悉不见银，荆公所用，安得不尽为小人哉！

王子韶　子韶殆钻营奔竞之徒，荆公初引为制置条例司属官，擢监察御史里行，然旋罢黜知上元县，殆荆公自知其误欤？

吴居厚　居厚虽非荆公所拔用，然录其功以迁擢者也。初为武安节度推官，奉行新法尽力，核闲田以计给梅山瑶，计劳，得大理丞，补司农属，其后提举河北常平，增损役法五十一条，史称其精心计，笼络钩稽，收羡息钱数百万。又言其就莱芜利国二冶自铸钱，岁得十万缗。元祐时治其罪，绍圣间，为江淮发运使疏支家河通漕，楚海之间赖其利，崇宁间为相云。史称其在政地久，无显赫恶，而一时聚敛，推为称首。今以本传所指为罪状者按之，其核闲田以给瑶民，极得招抚之道。就冶铸钱，以润泽一国之金融界，国与民两受其赐。若其疏河通漕，则史亦称之矣。

是皆不足以云掊克，独其岁收羡息钱数百万，果为损下益上乎？抑为办理得宜，自然至之乎？今日无从臆断，为功为罪盖未可论定也。然以史家恶之之甚，然犹称其无显赫恶，则其人为能知自爱者可知矣。既知自爱，而理财之才复如此，则荆公拔识之于小吏之中，亦非为过矣。

张商英 唐坰言张商英为安石鹰犬，而近儒颜习斋亦言商英善理财，比诸薛向，不知习所斋据何书。考诸宋史本传，则商英以面折章惇，为惇所敬礼，归而荐诸荆公。因得召对，擢监察御史，旋出之于外，终熙宁世未尝大用。其果为荆公所甚倚重者与否，不可深考。哲宗亲政，商英上疏严劾元祐大臣，故当时所谓士君子者，恶之特甚。徽宗崇宁初，蔡京相，商英又劾京身为辅相，志在逢君。京衔之，编入元祐党籍。大观四年，代京为相，谓京虽言绍述，但借以劫制人主，禁锢士大夫耳。于是大革弊事，改当大钱以平泉货，复转般仓以罢直达，行钞法以通商旅，蠲横敛以宽民力，劝徽宗节华侈息土木抑侥幸，帝颇严惮之。然则商英其亦不辱荆公之知矣。

孙觉 与荆公友善，公执政，荐为直集贤院，后以争新法去官，史亟称之。然觉与荆公友谊，终始不变，公薨，觉诔以文，极诵其美。

李常 荆公荐为三司条例检详官，后以争新法去，史亟称之。

陆佃 荆公弟子，执政后用以为学官，始终能尊其师，惟以不与政事，故宋史不甚诋之，但有微词而已。

李定 本传云：定少受学于安石。熙宁二年，孙觉荐之，召至京师，谒谏官李常，常问曰：君从南方来，民谓青苗法何如？定曰：民便之，无不喜者。常曰：举朝方共争是事，君勿为此言。定曰：定但知据实以言，不知京师乃不许。安石荐之，命知谏院，御史陈荐劾定闻庶母仇氏死匿不为服，诏下江东淮浙转运使问状，奏云：定以父年老，求归侍养，不云持所生母服。定自言实不为仇所生，故疑不敢服。而以侍养解官，寻改为崇政殿说书，御史林旦薛昌朝，言不宜以不孝之人，居劝讲之地，并劾安石，章六七上。元丰初，进定为御史中丞，劾苏轼逮赴台狱。哲宗立，谪居滁州。定于宗族有恩，分财振赡，家无余赀，得任子，先兄息，死之日，诸子皆布衣，徒以附王安石。骤得美官，又陷苏轼于罪，是以公论恶之，而不孝之名逐著。按唐坰言李定为安石爪牙，而当时劾荆公者，多借定为题，嚣嚣论不已，实当时一大公案也，故今详录本传之文而辨之。传言定为孙觉所荐，觉字莘老，以学行闻于时，与荆公虽旧交，然因争新法不合去官，此其人当为当时诸贤所许者也，何至以不孝之人入荐？又据传言定于宗族有恩，得任子亦先兄子而不及其子，夫孝友之道一也。定友爱至此，而安有不孝者乎？考陆放翁老学庵笔记云：仇氏初在民间，生子为浮屠，即佛印也。后为李问妾，生定，又出嫁郜氏，生蔡奴，工传神，是仇氏已三人，其死时与李家恩断义绝久矣。孔氏不丧出母，见于礼记，况于妾母耶？以此律之，即不为服，亦不为过。况仇既死于郜氏，则定所云实不知为仇所生疑不敢服者，实在情理之中，而定犹不忍竟不为服也，而托侍养以解官以行心丧焉，亦可谓情至义尽者矣，且又安知非定之父，不许其子为弃妾持服耶？由此言之，定不得为不孝明矣。就令定果不孝，亦何与安石事？而合全台以攻定，且缘定而攻安石，汹汹然疏至六七上，此何理也？是知其所以攻定者，非以定之不孝也，以定言青苗便民耳；又非攻定也，攻安石耳。以人之不肯随我以破坏新法也，乃不惜构游词以诬其名节，是直夺人之言论自由已耳。此等台谏，非用张江陵之法，一一取而廷杖之，不足以警凶顽，然后世史家。则皆以直颂之矣，可胜叹哉！吾非断焉为李定辨，凡以见当时攻新法者，其无赖乃至如此耳！

吕嘉问 字望之，助荆公行市易法者也。宋史本传极其丑诋，而公有祭其母夫人文云：实生才子，我所叹誉，秉义率法，困而不渝。公罢政归江宁后，嘉问知江宁府，集中有与吕望之上东岭一诗，其末段云：何以况清明，朝阳丽秋水。微云会消散，岂久汙尘滓。所怀在分襟，藉草泪如洗。则嘉问为人，必有可观者，宋史之言，殊不敢尽信也。

常秩 秩字夷甫，有道之士，而荆公挚友也。宋史以其友于荆公也，丑诋之。本传云："神宗即位，三使往聘辞，熙宁三年，诏郡以礼敦遣，毋听秩辞。明年始诣阙，奏对后即辞归。帝曰：既来安得不少留，异日不能用卿，乃当去耳。即拜右正言"又云："初，秩隐居不仕，世以为必退也者。后安石为相更法，天下沸腾，以为不便，秩在闾阎，见所下令，独以为是，一召遂起。在朝廷任谏争为侍从，低首抑气，无所建明，闻望日损，为时讥笑。秩长于春秋，著讲解数十篇，及安石废春秋，遂尽讳其学。"今案同一传中前后相去数行间，而记载矛盾至此，前史所未有也。考神宗以治平四年十月，诏秩赴阙，而秩屡辞。直至熙宁四年始入朝，传之前文所纪者是矣。安石之为相，在熙宁二年，秩之被召，在相安石之前二年，秩之诣阙，在相安石之后两年，然犹三使往聘，以礼敦遣，始勉就道，是犹得云一召即起耶？何其好诬人若此！又何其不善诬人若此！案刘敞杂录云："处士之有道者，孙侔常秩王令。秩颍州人，初未为人知。欧阳永叔守颍，令吏较郡中户籍，正其等。秩赀簿在第七，众人遽请曰：常秀才廉贫，愿宽其等。永叔怪其有让，问之，皆曰：常秀才孝弟有德，非庸众人也。永叔为除其籍而请秩与相见，悦其为人，秩由此知名。"今考欧公集，自治平三年至熙宁三年，所与夷甫诗及尺牍十余条。欧公长夷甫六年，乃称之曰常夫子，又曰愿得幅巾杖屦以从先生长者游。及其卒也，荆公为之墓表，称其违俗而适己，独行而特起。以刘原父欧公荆公三人之贤，而其向往夷甫至于如是，则夷甫之贤可想矣。而史乃诋之如此，且为之论曰：学不为己，而俯仰随时，如桔槔居井上，欲其立朝不挠，不可得矣。呜呼！徒以其与荆公游之故，而掊击至无完肤，欲不名以秽史得乎？至谓秩尽讳其春秋学，则吾考荆公并未废春秋，则秩虽媚荆公，亦何所容其讳，其诬更不俟辨也（荆公未废春秋，于第二十章别论之）。

崔公度 字伯易，博学工文，时号曲辕先生。尝作感山赋七千言，欧阳修韩琦皆重之，刘沆荐茂才异等，辞疾不应。英宗时授国子监直讲，以母老辞。幼与荆公交好，公于嘉祐三年，有与崔伯易书，痛王逢原之死，谓世之知逢原者无若吾两人。逢原安贫乐道，暲然尘表，与荆公正同一节操。而伯易能为二人所许如此，则其清风亮节，亦可知想矣。而宋史本传云："惟知媚附安石，昼夜造请，虽踞厕见之不屑也。尝从后执其带尾，安石反顾，公度笑曰：相公带有垢，敬以袍拭去之耳，见者皆笑，亦恬不为耻。"嘻！不知踞厕时何以有人在侧，而见者皆笑，又何在厕者之众耶？此直不尽情理至秽极鄙之言，而以人之正史，是诚何心！要之凡其人稍为荆公所礼者，务必丑诋之使不侪于人类而已。

王令 字逢原，荆公生平第一畏友，刘原父所谓处士之有道者三人之一也。荆公集中诗文与相往复者，不下数十见。其卒也，为铭其墓，称以天民。宋史无传，而王直方诗话云："逢原见知于荆公，荆公得政，一时附丽之徒，日满其门，进誉献谀，逢原厌之，乃大署其门曰：纷纷闾巷士，看我复何为？来即令我烦，去即我不思。意当有知耻者，而请谒不衰。"考荆公所作墓铭，逢原卒于嘉兴四年，实在荆公得政前之十年，此语何从而来？可知宋人之于荆公，所以诬蔑之者无一不用其极，凡亲友无一得免焉。幸而宋史不为逢原立传耳，苟立传，则夷甫之束阁春秋，伯易之拭带围围，又将盈纸矣。

此三君子者，常崔虽尝一仕于朝，未尝一任繁剧，其于新法，可谓之绝无关系。王则当新法行时，墓木久已拱矣。而后之载笔者，其竭全力以污蔑之也若此，坐是之故，乃使吾并史所载吕章之徒之恶，而亦有不敢尽信者矣。非吾之爱其人者及其屋上乌，实缘昔之载笔者恶其人及其储胥，有不足以坚吾信也。

荆公所用之人不止此，其所交之友亦不止此，而即以此四十人者论之，其贤才泰半，不肖者仅十之二三。其所谓不肖者，其罪状盖犹未论定也。夫以荆公德量汪汪，不肯以不肖待人，间或为人所卖，则宜有之。若谓其喜逢迎，乐便辟，曾是荆公而肯为是耶！夫人苟尝为荆公所任者，或与荆公有亲故者，或不肯随声附和以诋新法者，则虽君子而亦必诬以小人，则其谓荆公专任小人也亦宜，乃独有一元恶大憝之蔡京，其人与荆公有葭莩亲，熊本又尝以奉行新法明敏多才荐之（见本传），而其容悦干进之术，不能售于荆分，而反得售于温公，则荆公虽曰不知人，犹加温公一等者矣。

第十九章　荆公之家庭

　　荆公以孝友著闻于时，其家庭，实可为家庭之模范者也。公十七而孤，逮事王母者且十年，其王母永安县君谢氏，曾子固铭其墓，见南丰集。其父都官公名益字损之，公自有先大夫述，见集中。其母仁寿县太君吴氏，子固亦铭其墓，见南丰集。兄弟七人，安礼安国宋史皆有传，公集中有亡兄王常甫墓志铭，王平甫墓志铭。常甫公之长兄安仁，平甫则安国也。公蚤岁为贫而仕，资禄以养祖母母及寡嫂，其家况见于集中者甚纤悉，其与安礼安国倡和诗极多，其铭常甫平甫墓，皆称其孝友最隆，则公之孝友，斯可知矣。

　　公子二，曰雱曰旁。旁事迹无传，惟公集有题旁诗一旨，亦可徵其早慧。雱字元泽，性敏甚，未冠已著书数万言，年十三，得秦卒言洮河事，叹曰：此可抚而有也，使西夏得之，则吾敌强而边患博矣。治平四年，年二十四，成进士，调旌德尉，作策二十余篇，极论天下事。又作老子训传及佛书义解，亦数万言。熙宁四年，以邓绾曾布荐，召见，除太子中允崇政殿说书，受诏注书诗义，寻擢天章阁待制兼侍讲。书成，迁龙图阁直学士，以病辞不拜。熙宁九年卒，年三十三。

（考异十八）邵氏闻见录曰：安石子雱，性险恶，凡公所为不近人情者，皆雱所教，吕惠卿辈奴事之。公置条例司，初用程颢伯淳为属，伯淳贤士。一日盛暑，公与伯淳对语，雱囚首跣足，手携妇人冠以出，问公曰：所言何事？公曰：以新法数为人沮，与程君议。雱箕踞以坐，大言曰：枭韩琦富弼之头于市，则新法行矣。公曰：儿误语矣！伯淳曰：方与参政论国事，子弟不可预，姑退。雱不乐去，伯淳自此与公不合。雱死，公罢相，尝坐钟山，恍惚见雱荷枷锁如重囚者，公遂施所居半山园宅为寺以荐其福。后公病疮，良苦，尝语其侄曰：亟焚吾所谓日录者。侄绐公焚他书代之，公乃死。或云又有所见也（按宋史采此以入雱传），李氏绂穆堂初稿书邵氏闻见录后云：虞书戒无稽之言，周礼大司徒以乡八刑纠万民，七曰造言之刑，造言必加之刑者，诚以其妄言无实，足以变乱是非，使当之者受祸，即在身后，亦蒙诟于无穷也。幸而其言出于浮薄小人，闻之者犹疑信参半；不幸而造言者谬附于清流，则虽贤人君子，亦且信之。而受之者之诬，乃万世而不白，岂不酷哉！自唐人好为小说，宋元益盛，钱氏之私志，魏泰之笔录，孟主贤臣，动遭污蔑。至碧云焚椒录，而悖乱极矣！其若可信者，无过邵民闻见录。由今观之，其游谈无根，诬枉而失实，与钱魏诸人固无以异也。邵氏所录最骇人听观者，莫甚于记王元泽论新政一事。严君之前，贤者在座，乃囚首跣足，携妇人冠，矢口妄谈，欲斩韩富。容貌辞气，痴妄丑恶，至于如是，使天下后世读之者，恶元泽因并恶荆公。顾尝思之，元泽以庶几之资，早穷经学，著书立说，未及弱冠，已数万言，岂中无知识者？今岁消暑余暇，偶一翻阅，略为稽考时日，乃知闻见录盖无端造谤，绝无影响。考荆公以熙宁二年二月参知政事，四月始行新法，八月以明道为条例司官。明年五月，明道即以议论不合外转签书镇宁节度使判官，而元泽以治平四年丁未科登许安世榜进士第。明年戊申，即熙宁元年也。至二年，则元泽久已由进士授旌德尉，远宦江南，是明道与荆公议新政时，元泽并未在京。直至熙宁四年，召元泽除太子中允崇政殿说书，然后入京，则明道外任已逾年矣，安得如邵氏所录，与闻明道之议政哉？邵氏欲形容元泽丑劣，则诬为囚首跣足，欲实其囚首跣足，则以为是日盛暑，不知明道以八月任条例司官，次年五月，即已外转，始深秋，迄初夏，中间并无盛暑之日也。明道长元泽仅九岁，盖见事之列，而韩富年辈，则尤在荆公之前，论是时德望，亦非明道可比，邵氏乃谓明道正色言方与参政论国事，子弟不当预，姑退，而雱即避去，是元泽敢言斩韩富，独于年辈不甚远又为其父属官之人，一斥而即去，此皆情事所必不然者。邵氏又言公在钟山恍惚见雱荷枷锁云云，则鬼鬼之说，尤不足辨。司马温公谓三代以前，何故无一人误入地狱见所谓十王者，今邵氏此说，编入正史，故不可不辨，无使元泽蒙恶声于后世，而稗官小说作伪之风滋长，重为人心风俗之害也。或曰闻见录盖伯温殁后绍兴二年其子博所编，伯温不应作伪至此，或博之为之，盖是时天下方攻王氏，博欲藉此造言希世而取宠，未可知也。

蔡氏上翔王荆公年谱考略云：程伯淳与荆公论新法，而元泽大言枭韩富之首，穆堂李氏考其岁月，是时元泽并未在京，其为邵氏无端造谤无疑矣。然穆堂只言编入正史，由于邵氏此录，而不知朱子于程氏外书名臣言行录并采之，于是作史者既以程朱大贤为可信，遂使元泽千载奇冤，不可复解矣。考荆公生平以行道济时为心，其所行青苗法，始见于令鄞时，雱生才四岁，嘉祐四年公上仁宗皇帝书，明年作度支副使厅壁题名记，皆以慎选人才变更法度为言，此熙宁新法所由起也。治平四年，元泽成进士，出为旌德尉，熙宁五年始入京，则新法已次第尽行，于元泽何与焉？当时若韩魏公、欧阳公、司马温公、刘贡父诸书疏，亦祇言新法不便，未尝谓安石凡事不近人情也。其首摭拾荆公十事丑诋不堪者吕诲也，而亦未尝一言及其子元泽。即自熙宁元丰元祐绍圣数十年所攻助行新法者，尤怒如水火，狠若仇仇，亦惟在吕惠卿章惇诸人，而无一人及元泽者。元泽久为病中之人，熙宁七年，则有安石谢赐男雱药物表，九年而元泽卒，则必非由疽发于背可知，乃徒为纷纷说鬼，岂所望于讲学君子耶！

今案李蔡二氏之所辨，洵乃如汤沃雪，以刀断麻，令人浮白呼快，吾不必复赞一辞矣。此外史传及杂书丑诋元泽者尚多，以此例之，其无一实，盖不待言，故不复广引详辩以费笔札云。抑如蔡氏所考，北宋诸人从未有攻及元泽者，何故南渡以还，忽以元泽为集矢之的？以余考之，此盖起于学术之争也。熙丰元祐间之攻荆公，只攻其新法，未尝攻其学术。后此洛蜀分党，其余波及于临川，杨时著三经辩十卷，专攻三经新义，又为书义辩疑一卷，专攻王雱。盖章吕辈为助公行新法之人，故攻公之政术者，必攻章吕。元泽为助公著经义之人，故攻公之学术者，必攻元泽，此亦当然，无足怪者。但悍然犯周官造言之刑，所谓小人而无忌惮者，不意讲学大儒而为之也。

公夫人吴氏，封吴国夫人，工文学，尝有小词约诸亲游西池，句云：待得明年重把酒，携手，那知无雨又无风。一时传诵之。

公妹为张奎妻，封长安县君，尤以诗名，佳句甚多。其著者：草草杯盘供笑语，昏昏灯火语平生。公友爱极笃，至老犹常躬往迓其归宁。

公女子二，长适吴充子吴安持，封蓬莱县君。次适蔡元度卞，蓬莱县君，亦工文，有诗云：西风不入小窗纱，秋气应怜我忆家。极目江南千里恨，依前和泪看黄花。公次韵寄之云：孙陵西曲岸乌纱，知汝凄凉正忆家。人世岂能无聚散，亦逢佳节且吹花。他日公又寄以一绝云：梦想平生在一邱，暮年方此得优游。江湖相忘真鱼乐，怪汝长谣特地愁。又有寄吴氏女子古风一首云：

伯姬不见我，乃今始七龄。家书无虚月，岂异常归宁。汝夫缀卿官，汝儿亦掭綖。儿已就师学，出蓝而更青。女复知女功，婉嬺有典刑。自吾舍汝东，中父继在廷。小父数往来，吉音汝每聆。既嫁所愿怀，孰如汝所丁。而吾与汝母，

汤熨幸小停。邱园禄一品，吏卒给使令。膏粱以晚食，安步
而辎车并。山泉壤间，适志多所经。汝何思面忧，书每说涕
零。吾卢所封殖，岁久愈华菁。岂特茂松竹，梧楸亦冥冥。
芰荷美花实，烂漫争沟泾。诸孙肯来游，谁谓川无舲。姑示
汝我诗，知嘉此林垌。末有拟寒山，觉汝耳目荧。因之授汝
季，季也亦淑灵。

此盖公女在都思亲，而公有以解之，非特文章绝美，而慈孝
之至性，亦盎于纸上矣。其曰授汝季者，则蔡氏女也，公亦有寄
蔡氏女子二首云：

建业东郭，望城西埭，千嶂承宇，百泉支溜。青遥遥兮
丽属，绿宛宛兮横逗。积李兮缟夜，崇桃兮炫书。兰馥兮众
植，竹娟兮常茂，柳蔫绵兮含姿，松偃寒兮献秀，乌足支兮
上下，鱼跳兮左右。顾我兮适我，有斑兮伏兽。感时物兮念
汝，迟汝归兮携幼。

我营兮北渚，有怀兮归女，石梁兮以苫盖，绿阴阴兮承
宇。仰有桂兮俯有兰，嗟汝归兮路岂难。望超然之白云，临
清流而长欢。

蔡氏媚卞，为京之弟，宋史以入奸臣传。今考传中，其所谓
奸状者，大率暧昧不明，如云卞深阻寡言，章惇犹在其术中，惇
迹易明，卞心难见。又云：中伤善类，皆密疏建白。凡此皆所谓
莫须有者也。又云一意以妇公王氏所行为至当，专托绍述之说，
上欺天子，下胁同列。此则宋史之所谓奸，岂能强天下后世以为
奸哉！其后卞以京引用童贯，面责之，京力诋卞于帝前，卒以此

去官。则是盗跖柳下，同气异趋，若元度者，其亦不玷荆公矣。

公居家廉俭，自奉淡泊，自幼至老，未尝稍变。散见于集中诗文者，历历可考。续建康志云："荆公再罢政，以使相判金陵，筑第于白下门外，去城七里，去蒋山亦七里。平日乘一驴从数僮游诸寺，欲入城则乘小航泛湖沟以行，盖未尝乘马与肩舆。所居之地四无人家，其宅仅蔽风雨，又不设垣墙，望之若逆旅之舍，有劝筑垣辄不答。元丰之末，公被疾，奏舍此宅为寺，赐名报宁。既而疾愈，税城中屋以居，不复造宅。父老曰："今江宁县治后废惠民药局，即公城中所税之宅也。"刘元城谓公质朴俭素，终身好学，不以官爵为意。吴草庐谓公其行卓，其志坚，超超富贵之外，无一毫利欲之汩，少壮至老死如一。呜呼，世安得有此人哉！

第二十章　荆公之学术

荆公之学术，内之在知命厉节，外之在经世致用，凡其所以立身行己与夫施于有政者，皆其学也，则亦何必外此以更求公之学术？虽然，亦有可言者焉。

二千年来言学者，莫不推本于经术，而所谓经学者，各殊其涂。汉之初兴，传经者皆解大义，不为章句，而其大义则皆口口相传，罕著竹帛。以其口口相传故，必有所受，不为臆说，当能得经之本意。以其罕著竹帛故，与闻者寡，而亦无以永其传，自诸大师云亡，而经学盖难言之矣。两京诸生，强半以谶纬灾异阴阳五行之说释经，其果受自孔门与否，盖不可知。即曰有所受也，亦不过诸义中之一义，其不足以尽经术也明矣。其间有若董子繁露之说春秋，刘中垒新序之说诗，盖不必尽本于师说，而常以意逆志，籀经中之义蕴而引申发明之，实为经学开一新蹊径。及东汉之末，去古益远，口说益微，贾、马、服、郑诸儒出，始专以章句训诂为教，疏析文句用力至勤，而大义盖有所未逮焉。魏晋六朝以至于唐，士不悦学，而惟以文辞相尚，三五硕学，乃出释尊门下，而儒术无足以张其军者，其间如徐遵明、刘焯、刘炫、陆德明、孔颖达、贾公颜，又为贾、马、服、郑之舆台，虽用力更劬，而所发明者更寡。至于宋而濂洛关闽之学兴，刊落枝叶，鞭辟近里，经学壁垒又为之一新。顾其所畸重者，在身心性命，而经世致用之道，缺焉弗讲。谓但有得于身心性命，而经世致用之道，举而措之矣。其极也，乃至专标论语、孟子、大学、中庸，跻而尊诸经之上，而汉以来所谓六艺者，几于束阁。夫身心性命之不可不讲固也，然此乃孔子所谓众人以上可以语上，而性与天道，非尽人所可得闻者，以此为普通学得乎？且谓经世致用之道，悉包含于身心性命之中，而但有得于身心性命，其他即可不学而能，慢则六经当更删其什八九，而孔子犹留此以供后人玩物丧志之具，则何为也？是宋儒之学，虽不得不谓为经术之一端，然其不足以尽经术，抑又明矣。明代姚江崛兴，其在宋学范围中，诚自树一帜。语于经术，则其功罪亦适与濂洛关闽相等而已。本朝承宋明末流之敝，反动力作，而复古论昌。胡、阎、江、惠，导其先河；戴、段、二王，树其坚壁。自乾嘉迄今，则诸经皆有新疏，片词单义，必求所出，空言臆说，悬为厉禁，训故名物制度，钩比覃索，刮垢磨光，遂使诸经无不可读之字，无不可解之句，厥功懋矣。然究其实际，又不过与徐、刘、陆、孔之徒，比肩事主，为贾、马、服、郑之臣；即进而上之，能为贾、马、服、郑之诤友，斯峰极矣。一言以蔽之，则治章句之学而神其技者也。由此观之，则二千年来所谓经学者可见矣。由宋迄明，是为别子，虽有所得，无与大宗，而两汉隋唐之绪，发挥光大以极于本朝，其最伟之绩，不越章句。夫并章句而未解，更靡论于大义，斯固然矣。然谓既解章句，则治经之业已毕，而此外更无余事，天下有是学术乎？即贾、马、服、郑、徐、刘、陆、孔、惠、戴、段、王诸经师，亦岂敢谓其学即为经学，不过曰吾之为此，将以代世之治经学者省其玩索章句之劳，俾得注全力以从事于讲求大义云尔。讲求大义，实为治经者唯一之目的，玩索章句，不过为达此目的之一手段。误手段以为目的，则终其身无所得于经，人人如此，代代如此，而经学遂成无用之长物矣。夫必明大义然后乃可谓之经学，既无所容难，然则当用何法以求诸经之大义乎？此实最难答之一疑问，而二千年来几许之大儒谦让而不敢从事者，正以此也。夫吾所欲明之大义，亦欲明其确为此经之大义者云也。然必如何而后确为此经之大义乎？是必亲受之于删定诸经之孔子乃可，即不然，亦受诸其徒，更次则受诸其徒之徒，受诸其徒之徒之徒。质而言之，则非有口说，莫知所折衷也。准此以谈，则惟先秦诸儒，可以言经学；次则西汉诸儒，犹可以勉言经学。自兹以往，口说既亡，而经学在势当成绝业，后之儒者，所以不敢于求大义者，凡以此也。然使长此以终古乎？则孔子之删述六经，果留以供后人玩物丧志之用，率天下之人而疲精敝神于章句训诂名物制度之间，而于天下国家一无所裨，何取此扰扰为也！故夫后之儒者，既不得亲受口说于孔子若孔子之徒，毋已，则亦有独抱遗经，以意逆志，而自求其所谓大义而已。所求得之大义，其果为孔子之大义乎？所不敢言也。然但使十义之中，有一义焉合于孔子，则用力已为不虚。就令悉不合焉，而人人遵此道以求之，必将有一合者，又就令无一合者，而举天下以思想自由之故，性灵愈浚而愈深，或能发古人未发之奥，不特为六经注脚，且将为六经羽翼，其为功不更伟耶！吾以为生汉以后而治经学，舍此道末由矣。苟并此道而不取焉，则无异于谓当废经学而不许人以从事已耳。以此道治经者，创于先汉之董江都刘中垒，而光大之者荆公也。

荆公执政，自著三经新义颁诸学官。三经者周官及诗书也。

周官义为公所手撰，诗义书则义则出其子雱及门人之手云。今录其序。

《周官义序》云：

　　士弊于俗学久矣，圣上闵焉，以经术造之，乃集儒臣训释厥旨，将播之校学。而臣某实董周官，惟道之在政事，其贵贱有位，其后先有序，其多寡有数，其迟数有时。制而用之存法，推而行之存乎人，其人足以任官，其官足以行法，莫盛乎成周之时；其法可施于后世，其文有见于载籍，莫具乎周官之书。盖其因习以宗之，赓续以终之，至于后世无以复加，则岂特文武周公之力哉！犹四时之运阴阳积而成寒暑非一日也，自周之衰，以至于今，历岁千数百矣。太平之遗迹，扫荡几尽，学者所见，无复全经。于是时也，乃欲训而发之，臣诚不自揆，然知其难也。以训而发之之为难，则又以知夫立政造事追而复之之为难，然窃观王者立法就功，取成于心，训迪在位；有冯有翼，知知不倦，心服承德之世矣。以所观乎今，考所学乎古，所谓见而知之者，臣诚不自揆，妄以为庶几焉。故遂昧冒自竭，而忘其材之弗及也，谨列其书为二十有二卷，凡十余万言，上之御府，副在有司，以待制诏颁焉。谨序。

《书义序》云：

　　熙宁二年，臣某以尚书入侍，遂与政。而子雱实嗣讲事，有旨为之说以献。八年，下其说太学，班焉。惟虞夏商周之遗文，更秦而几亡，遭汉而仅存，赖学士大夫诵说以故不泯，而世主莫或知其可用。天纵皇帝大知，实始操之以验物，考之以决事，又命训其义，兼明天下后世，而臣父子以区区所闻，承乏与荣焉。然言之渊懿，而释以浅陋，命之重大，而承以轻眇，兹荣也，祇所以为愧也欤！谨序。

《诗义序》云：

诗三百十一篇，其义具存其辞亡者六篇而已。上既使臣雱训其辞，又命臣某等训其义，书成，以赐太学，布之天下。又使臣某为之序，谨拜手稽首言曰：诗上通乎道德，下止乎礼义，放其言之文，君子以兴焉，循其道之序，圣人以成焉。然以孔子之门人，赐也商也，有得于一言，则孔子悦而进之。盖其说之难明如此，则自周衰以迄于今，泯泯纷纷，岂不宜哉！伏惟皇帝陛下内德纯茂，则神罔时恫；外行恂达，则四方以无悔。日就月将，学有缉熙于光明，则颂之所形容，盖有不足道也。微言奥义，既自得之，又命承学之臣，训释厥遗，乐与天下共之。顾臣等所闻，如爝火焉，岂足以赓日月之余光？姑承明制代匮而已。传曰：美成在久，故棫朴之作人以寿考为言，盖将有来者焉，追琢其章缵圣志而成之也。臣衰且老矣，尚庶几及见之。谨序。

此三序者，其文高洁而简重，其书之内容，亦可以略窥见矣，而欲求荆公治经之法，尤在于其所著《书洪范传后》。其文曰：

古之学者，虽问以口，而其传以心，虽听以耳，而其受以意，故为师者不烦，而学者有得也。孔子曰：不愤不启，不悱不发，举一隅不以三隅反，则不复也。夫孔子岂敢爱基道，惊天下之学者，而不使其蚤有知乎？以谓其问之不切，则其听之不专；其思之不深，则其取之不固；不专不固，而可以入者，口耳而已矣。吾所以教者，非将善其口耳也。孔子没，道日以衰熄，浸淫至于汉。而传注之家作，为师则有讲而无应，为弟子者则有读而无问，非不欲问也，以经之意为尽于此矣。吾可无问而得也，岂特无问，又将无思，非不欲思也，以经之意为尽于此矣。夫如此，使其传注者皆已善矣，固足以善学者之口耳，而不能善其心，况其有不善乎！宜其历年以千数，而圣人之经，卒以不明，而学者莫能资其言以施于世也。

读此而公之所以自为学与诏学者以为学者，皆可见矣。传之以心，受之以意，切问深思，而资所学以施于世，公之所以治经者尽于是矣。吾以为岂惟治经，凡百之学，皆当若是矣。苟不由此道，而惟恃在讲堂上听受讲义，则虽记诵至博，终不能有所发明，一国之学，未有能进者也。宋稗类钞，称荆公燕居默坐，研究经旨，用意良苦，尝置石莲百许枚几案上，咀嚼以运其思，遇尽未及益，往往啮其指至流血不觉。此说虽未知信否，然其力学之坚苦，覃思之深窈，可见一斑矣。黄山谷诗云："荆公六艺学，妙处端不朽。诸生用其短，颇复凿户牖。譬如学捧心，初不悟己丑。玉石恐俱焚，公为区别不。"斯可谓持平之论。自元祐初，国子司业黄隐毁三经斯义版，世间遂少流传，元明以来遂亡佚。本朝乾隆间，修四库全书，从永乐大典辑存周官新义一种（今奥雅堂丛书有之），公之遗言，始得藉以不坠。吾尝取而读之，其所发明甚多，非后儒所能及也。全谢山云：荆公解经，最有孔郑家法，言简意赅，惟其牵缠于字说者，不无穿凿（见《宋元学案》卷九十八），是犹誉公专句之学而已。夫章句之学，则公之糟粕也。

后人动称荆公诋春秋以为断烂朝报，今考林竹溪斋学记云：

> 尹和靖曰：介甫未尝废春秋，废春秋以为断烂朝报，皆后来无忌惮者托介甫之言也。韩玉汝之子宗文，字求仁，尝上介甫书，请六经之旨，介甫皆答之。独于春秋曰：此经比他经尤难，盖三传皆不足信也。介甫亦有易解，其辞甚简，疑处缺之，后来有印行者，名曰易义，非介甫之书。和靖去介甫未远，其言如此，甚公。今人皆以断烂朝报为荆公罪，冤矣。

今案答韩求仁书，见存本集中，洵如和靖所言，公非特不答求仁之问春秋，即于其问易亦不答之。盖此二经之微言大义，视他经尤为奥衍，非受诸口说，末由索解，若用以意逆志之法以解之，未有不谬以千里者，荆公不敢臆说。正孔子所谓君子于其所不知盖阙如也。吾侪方当以此贤荆公，而顾可诋之乎？况古之学校，春秋教以礼乐，冬夏教以诗书，而孔子雅言，亦仅在诗书执礼，岂不以易春秋之义，非可尽人而语哉！然则荆公仅以三经立于学官，亦师古而已。

（考异十九）周麟之孙氏春秋传后序云：荆公欲释春秋以行于天下，而莘老此传已出，一见而有心，自知不能复出其右，遂诋圣经而废之，曰：此断烂朝报也，不列于学官。不用于贡举。李穆堂驳之云：荆公欲释春秋，尚未著书，他人何由知之？见孙传而生忌，诋其传足矣，何至因传而诋经？诋传易，诋经难，舍其易，为其难，愚者不为，而谓荆公为之乎？且据邵辑序文，谓公晚患诸儒之凿，始为之传，则莘老此传，成于晚年可知。荆公卒于元祐元年，年六十有八。莘老以元兴元年始拜谏议大夫，而卒于绍圣间，年止六十三，是莘老之年，小于荆公十余岁。其晚年所著之书，荆公盖未尝见，而忌之说从何而来？麟之妄造鄙言，后人信之，其陋亦无异于麟之矣。又云：断烂朝报之说，尝闻之先达，谓见之临汝闲书，盖病解经者，非诋经也。荆公高第子陆农师佃龚深父原，并治春秋，陆著春秋后传，龚著春秋解，遇疑难者辄目为阙文。公笑曰阙文如此之多，则春秋乃断烂朝报矣。盖病治经者不得经说，不当以阙文置之，意实尊经非诋经也。今案孙莘老之春秋传，不特周麟之有跋，而杨龟山亦有序。龟山之言曰："熙宁之初，崇儒尊经，训迪多士，以为三传异同，无所考正，于六经尤为难知，故春秋不列于学官，非废而不用也。而士方急于科举之习遂阙焉不讲。"此正与尹和靖说同。龟山平昔，最好诋王氏学者，而其言如此，何后人不一称道，而惟麟之之言是信耶？

公平生所著术，有《临川集》一百卷，后集八十卷（今所传者为元金谿危素搜辑而成，凡一百卷，而后集亦在其中，非其旧也），《周官义》二十二卷（今《四库》所辑《永乐大典》本为十六卷），《易义》二十卷，（见《宋史艺文志》，然据尹和靖言则此非荆公书），《洪范传》一卷（今存集中），《诗经新义》三十卷，《春秋左氏解》十卷，《礼记要义》二卷，《孝经义》一卷，《论语解》十卷，《孟子解》十卷，《老子注》二卷，《字说》二十四卷。

公生平于书靡所不窥，老而弥笃，其晚年有与曾子固书云：

（前略）某自百家诸子之书至于难经素问，本草诸小说，无所不读，农夫女工，无所不问。盖后世学者，与先王之时异矣，不如是不足以尽圣人故也。致其知而后读，以有所去取，故异学不能乱也。惟其不能乱，故能所去取者，所以明吾道而已。子固视吾所知，为尚可以异学乱之者乎？非知我也，方今乱俗，不在于佛，乃在于学士大夫沈没利欲，以言相尚，不知自治而已，子固以为如何？（案子固来书盖规公之治佛学，故答书云云。）

公晚年益覃精哲理以求道本，以佛老二氏之学，皆有所得，而其要归于用世。有读《老子》一篇云：

道有本有末，本者万物之所以生也，末者万物之所成也。本者出之自然，故不假乎人之力，而万物以生也。末者涉乎形器，故待人力而万物以成也，夫其不假人之力而万物以生，则是圣人可以无言也无为也；至乎有待于人力而万物以成，则是圣人之所以不能无言也无为也。故昔圣人之在上而以万物为己任者，必制四术焉。四术者，礼乐刑政是也。所以成万物者也。故圣人唯务修其成万物者，不言其生万物者，盖生者尸之于自然，非人力之所得与矣。老子者独不然。以为涉乎形器者，皆不足言也，不足为也，故抵去礼乐刑政，而唯道之称焉，是不察于理而务高之过矣。夫道之自然者又何预乎？唯其涉乎形器，是以必待于人之言也，人之为也。其书曰：三十辐共一毂，当其无，有车之用。夫毂辐之用，固在于车之无用，然工之琢削未尝及于无者，盖无出于自然之力，可以无与也。今之治车者，知治其毂辐，而未尝及于无也，然而车以成者，盖毂辐具则无必为用矣。如其知无为用而不治毂辐，则为车之术固已疏矣。今知无之为车用无之为天下用，然不知所以不用也。故无之所以为车用者，以有毂辐也；无之所以为天下用者，以有礼乐刑政也。

如其废毂辐于车，废礼乐刑政于天下，而坐求其无之为用也，则亦近于愚矣。

今世泰西学者之言哲学而以推诸社会学国家学也。其言繁多，要其指归，不外两说：其一则曰，宇宙一切事物，皆出天演，有自然必至之符也。驳之者则曰，优胜劣败，天无容心，优劣惟人所自择也。由前之说，则尊命者也；由后之说，则尊力者也。尊命而不知力，则畸于放任而世治因以不进矣；尊力而不知命，则畸于干涉而世治亦因以不进矣。明夫力与命之相须为用，其庶几于中道乎！荆公此伦，盖有所见矣。二千年学者之论老氏，末有如公之精者也。

第二十一章　荆公之文学（上）

文

　　后世于荆公之政术学术，纷纷集矢，独于其文学，犹知尊之。固由文学之为物，与人无争，抑亦道难知而艺易见也。顾即以文学论，则荆公于中国数千年文学史中，固已占最高之位置矣。

　　吴草庐（澄）临川王文公集序云："唐之文能变八代之弊，追先汉之从者，昌黎韩氏而已，河东柳氏亚之。宋文人视唐为盛，唯庐陵欧阳氏、眉山二苏氏、南丰曾氏、临川王氏、五家与唐二子相伯仲。夫自汉东都以逮于今，骎骎八百余年，而合唐宋之文，可称者仅七人焉，则文之一事，诚难矣哉！"后人因草庐所举七人益以苏子由而为八，于是有唐宋八家之称。夫八家者非必能尽文之美也，而自东汉以迄中唐，未闻有文人焉能迈此八家者，自南宋以迄今日，又未闻有文人焉能媲此八家者，则八家之得名也亦宜。虽然，荆公之文有以异于其它七家者一焉，彼七家者，皆文人之文，而荆公则学人之文也。彼七家者非不学，若乃荆公之湛深于经术，而厌饫于九流百家，则遂非七子者之所能望也。故夫其理之博大而精辟，其气之渊懿而朴茂，实临川之特色，而遂非七子者之所能望也。

抑八家者，其地位固自有高下。柳州惟纪行文最胜，不足以备诸体。南丰体虽备而规模稍狭，老泉颖滨，皆附东坡而显者耳。此四家者，不过宋郑鲁卫之比，求其如齐晋秦楚势力足相颉颃者，惟昌黎、庐陵、东坡、临川四人而已。则试取而比较之。东坡之文美矣。虽然，纵横家之言也，词往往胜于理，其说理虽透达，然每乞灵于比喻，已足征其笔力之不足。其气虽盛，然一泄而无余，少含蓄纡郁之态。荆公则皆反是，故以东坡文比荆公文，则犹野狐禅之与正法也。试取荆公上仁宗书与东坡上神宗书合读之，其品格立判矣。若昌黎则荆公所自出也，庐陵则与荆公同学昌黎，而公待之在师友之间者也。庐陵赠公诗曰：翰林风月三千首，吏部文章二百年。老去自怜心尚在，后来谁与子争先。公酬之云：欲传道义心虽壮，强学文章力已穷，他日若能窥孟子，终身何敢望韩公。是庐陵深许公能追迹昌黎，而公不敢以自居也。夫以吾向者所论学人之文与文人之文，则虽谓公文轶过昌黎可也；若徒以文言文，则昌黎固如萧何造未央宫，蔑以复加，公亦其继体之肖子而已。公与欧公同学韩，而皆能尽韩之技而自成一家。欧公与公，又各自成一家。欧公则用韩之法度改变其面目而自成一家者也，公则用韩之面目损益其法度而自成一家者也。李光弼入郭子仪军，号令不改，而旌旗壁垒一新，公之学韩，正若是也。曾文正谓学荆公文，当学其倔强之气，此最能知公文者也。公论事说理之文，其刻入峭厉似韩非子，其弼䩉肫执似墨子，就此点论之，虽韩欧不如也。东坡学庄列，而无一文能似庄列；荆公学韩墨，则乎韩、墨也。

人皆知尊荆公议论之文，而不知记述之文，尤集中之上乘也。集中碑志之类，殆二百篇，而结构无一同者，或如长江大河，或如层峦叠嶂，或拓芥子为须弥，或笼东海于袖石，无体不备，无美不搜，昌黎而外，一人而已。

曾文正云："为文全在气盛，欲气盛全在段落清。每段分束之际，似断不断，似咽非咽，似吞非吞，似吐非吐，古人无限妙境，难于领取。每段张起之际，似承非承，似提非提，似突非突，似纾非纾，古人无限妙用，亦难领取。"此深于文者之言也。余谓欲领取之，惟熟诵半山文，其庶几矣。

公之文其录入前诸章者，已二十余首，凡以明其政术学术，意不在文也。

然如上仁宗皇帝言事书、国家百年无事札子，材论、答司马谏议书、周官义序、诗义序、洪范传书后、读老子诸篇。皆藏山之文，可永为世模范者也。今更录数篇以备诸体。夫行山阴道上者，则目疲于其所接，吾论公文，吾恨不能手写公全集也。

读孟尝君传：

世皆称孟尝君能得士，士以故归之，而卒赖其力以脱于虎豹之秦。嗟乎！孟尝君尝特鸡鸣狗盗之雄耳！岂足以言得士？不然，擅齐之强，得一士焉，宜可以南面而制秦，尚何取鸡鸣狗盗之力哉！夫鸡鸣狗盗之出其门，此士之所以不至也。

读刺客传：

曹沫将而亡人之城，又劫天下盟主，管仲因勿倍以市信一时可也。予独怪智伯国士豫让，岂雇不用其策耶？让诚国士也，曾不能逆策三晋，救智伯之亡，一死区区，尚足校哉？其亦不欺其意者也！聂政售于严仲子，荆轲豢于燕太子丹，此两人者，隐困约之时，自贵其身，不妄愿知，亦曰有待焉。彼挟道德以待世者何如哉！

答韶州张殿丞书：

某启，伏蒙再赐书，示及先君韶州之政，为吏民称颂，至今不绝，伤今之士大夫不尽知，又恐吏官不能记载，以次前世良吏之后，此皆不肖之孤，言行不足信于天下，不能推扬先人之功绪余烈，使人人得闻知之，所以夙夜愁痛疚心疾首而不敢息者以此也。先人之存，某尚少，不得备闻为政之迹。然尝侍左右，尚能记诵教诲之余。盖先君所存，尝欲大润泽于天下，一物枯槁，以为身羞，大者既不得试，已试乃其小者耳。小者又将泯没而无传，则不肖之孤，罪大衅厚矣，尚何以自立于天地之间耶？阁下勤勤恻恻以不传为念，非夫仁人君子乐道人之善，安能以及此？自三代之时，国各有史，而当时之史，多世其家，往往以身死职，不负其意，盖其所传皆可考据。后既无诸侯之史，而近世非尊爵盛位，虽雄奇俊烈，道德满衍，不幸不为朝廷所称，辄不得见于史。而执笔者又杂出一时之贵人，观其在廷论议之时，人人得讲其然否，尚或以忠为邪，以异为同，诛当前而不粟，讪在后而不羞，苟以厌其忿好之心而止耳。而况阴挟翰墨以裁前人之善恶，疑可以贷褒，似可以附毁，往者不能讼当否，生者不得论曲直，赏罚谤誉，又不施其间，以彼其私，独安能无欺于冥昧之间耶？善既不尽传，而传者又不可尽信，如此，唯能言之君子，有大公至正之道，名实足以信后世者，耳目所遇，一以言载之，则遂以不朽于无穷耳。伏惟阁下，于先人非有一日之雅，馀论所及，无党私之嫌，苟以发潜德为己事，务推所闻，告世之能言而足信者，使得论次以传焉，则先君之不得列于史官，岂有恨哉！

宝文阁待制常公墓表：

右正言宝文阁待制特赠右谏议大夫汝阴常公，以熙宁十年二月己酉卒，以五月壬申葬，临川王某志其墓曰：公学不期言也，正其行而已；行不期闻也，信其义而已。所不取也，可使贪者矜焉，而非雕斲以为廉；所不为也，可使弱者立焉，而非矫抗以为勇。官之而不事，召之而不赴，或曰，必退者也，终此而已矣。及为今天子所礼，则出而应焉，于是天子悦其至，虚己而问焉，使莅谏职以观其迪己也，使董学政以观其造士也。公所言乎上者无传，然皆知其忠而不阿；所施乎下者无助，然皆见其正而不苟。诗曰：胡不万年？惜乎既病而归死也。自周道隐，观学者所取舍，大抵时所好也，违欲而适己，独行而特起。呜呼，公贤远矣！传戴公久，莫如以后，石可磨也，亦可泐也；谓公且朽，不可得也。

给事中孔公墓志铭：

宋故朝请大夫给事中知郓州军州事兼管内河堤劝农同群牧使上护军鲁郡开国侯食邑一千六百户实封二百户赐紫金鱼袋孔公者，尚书工部侍郎赠尚书吏部侍郎讳勖之子，兖州曲阜县令袭封文宣公赠兵部尚书讳仁玉之孙，兖州泗水县主簿讳光嗣之曾孙，而孔子之四十五世孙也。其仕当今天子天圣宝元之间，以刚毅谅直名闻天下，尝知谏院矣。上书请明肃太后归政天子，而廷奏枢密使曹利用上御药罗崇勋罪状，当是时，崇勋操权利与士大夫为市，而利用悍强不逊，内外惮之，尝为御史中丞矣。皇后郭氏废，引谏官御史伏阁以争，又求见上，皆不许，而固争之，得罪然后已。盖公事君之大节如此，此其所以名闻天下，而士大夫多以公不终于大位为天下惜者也。公讳道辅，字原鲁，初以进士释褐补宁州军事推官，年少耳，然断狱议事，已能使老吏惮惊。遂迁大理寺丞，知兖州仙源县事，又有能名。其后尝直史馆待制龙图阁判三司理欠凭由，司登闻检院吏部流内铨扎察在京刑狱知许徐兖郓泰五州留守南京，而兖郓御史中丞皆再至，所至官治，数以争职不阿，或绌或迁，而公持一节以终身，盖未尝自绌也。其在兖州地，近臣有献诗百篇者，执政请除龙图阁直学士。上曰：是诗虽多，不如孔道辅一言。乃以公为龙图阁直学士。于是人度公为上所思，且不久于外矣，未几果复召以为中丞。而宰相使人说公稍折节以待迁，公乃告以不能。于是人又度公且不得久居中，而公果出。初，开封府吏冯士元坐狱语连大臣数人，故移其狱，御史劾士元罪止于杖，又多更赦。公见上，上固怪士元以小吏与大臣交私污朝廷，而所坐如此。而执政又以谓公为大臣道地，故出知郓州。公以宝元二年如郓，道得疾，以十二月壬申卒于滑州之韦城驿，享年五十四。其后诏追复郭皇后位号，而近臣有为上言公明肃太后时事者，上亦记公平生所为，故特赠公尚书工部侍郎。公夫人金城郡君尚氏，尚书都官员外郎讳宾之女，生二男子：曰淘，今为尚书屯田员外郎；曰宗翰，今为太常博士。皆有行治世其家，累赠公金紫光禄大夫尚书兵部侍郎，而以嘉祐七年十月壬寅，葬公孔子墓之西南百步。公廉于财，乐振施，遇故人子，恩厚尤笃。而尤不好鬼神祥祥事，在宁州道士法真武像，有蛇穿其前，数出近人，人传以为神。州将欲视验以闻，故率其属往拜之，而蛇果出，公即举笏击蛇杀之，自州将以下皆大惊，已而又皆大服，公由此始知名。然余观公数处朝廷大议，视祸福无所择，其智勇有过人者，胜一蛇之妖，何足道哉？世多以此称公，故余亦不得而略也。铭曰：展也孔公，惟志之求。行有险夷，不改其辙。权强所忌，诬谄所仇。考终厥位，宠禄优优。维皇好直，是锡公休。序行纳铭，为识诸幽。

泰州海陵县主簿许君墓志铭：

君讳平，字秉之，姓许氏，余尝谱其世家，所谓今泰州海陵县主簿者也。君既与兄元相友爱称天下，而自少卓荦不羁，善辨说，与其兄俱以智略为当世大人所器。宝元时，朝廷开方略之选，以招天下异能之士，而陕西大帅范文正公郑文肃公争以君所为书以荐，于时得召试为太庙斋郎，已而选泰州海陵县主簿。贯人多荐君有大才，可试以事，不宜弃之州县。君亦常慨然自许，欲有所为，然终不得一用其智能以卒。噫，其可哀也已！士固有离世异俗，独行其意，骂讥笑侮困辱而不悔，彼皆无众人之求，而有所待于后世者也，其龃龉固宜。若夫智谋功名之士，窥时俯仰，以赴势物之会，而辄不遇者，乃亦不可胜数。辨足以移万物，而穷于用说之时；谋足以夺三军，而辱于右武之国，此又何说哉？嗟乎，彼有所恃而不悔者其知之矣！君年五十九，以嘉祐某年某月某甲子，葬真州之扬子县甘露乡某所之原。夫人李氏，子男环，不仕，璋真州司户参军，太庙斋郎，琳进士，女子五人，已嫁二人，进士周奉先泰州泰兴令陶舜元。铭曰：

有拔而起之，莫挤而止之，呜呼许君，而已于斯，谁或使之！

金溪吴君墓志铭：

君和易罕言，外如其中，言未尝极人过失，至论前世善恶，其国家存亡治乱成败所由，甚可听也。尝所读书甚众，尤好古而学其辞，其辞又能尽其议论。年四十三四，以进士试于有司，而卒困于无所就。其葬也，以皇祐六年某月日，抚州之金溪县归德乡石廪之原，在其舍南五里。当是时，君母夫人既老，而子世隆世范皆尚幼，女子三，其一卒，其二未嫁云。呜呼，以君之有，与夫世之贵富而名闻天下者计焉，其独歉彼耶？然而不得禄以行其意，以祭以养以遗其子孙以卒，此其士友之所以悲也！夫学者将以尽其性，尽性而命可知也。知命矣，于君之不得意其又何悲耶？铭曰：

蕃君名，字彦弼，氏吴其先自姬出。以儒起家世冤戮，独成之难幽以折，厥铭维甥订君实。

度支副使厅壁题名记：

三司副使，不书前人名姓。嘉祐五年，尚书户部员外郎吕君冲之，始稽之众吏，而自李绂已上至查道得其名，自杨偕已上得其官，自郭劝已下，又得其在事之岁时，于是书石而镵之东壁。夫合天下之众者财，理天下之财者法，守天下之法者吏也。吏不良则有法而莫守，法不善则有财而莫理，有财而莫理，则阡陌闾巷之贱人，皆能私取予之势，擅万物之利，以与人主争黔首，而放其无穷之欲，非必贵强桀大而后能如是。而天子独为不失其民者，盖特号而已耳。虽欲食蔬衣敝，憔悴其身，愁思其心，以幸天下之给足而安吾政，吾知其独不得也。然则善吾法而择吏以守之，以理天下之财，虽上古尧舜，独不能毋以此为先急，而况于后世之纷纷乎？三司副使，方今之大吏，朝廷所以尊宠之甚备。盖今理财之法，有不善者，其势皆得以议于上而改为之，非特当守成法窘出入以从有司之事而已。其职事如此，则其人之贤不肖利害施于天下如何也？观其人以其在位之岁时以求其政事之见于今者，而考其所以佐上理财之方，则其人之贤不肖，与世之治否，吾可以坐而得矣。此盖吕君之志也。

祭范颍州文：

　　呜呼我公，一世之师。由初迄终，名节无疵。明肃之盛，身危志殖。瑶华失位，又随以斥。治功亟闻，尹帝之都。闭奸兴良，稚子歌呼。赫赫之家，万首俯趋。独绳其私，以走江湖。士争留公，蹈祸不栗。有危其辞，谒与俱出。风俗之衰，骇正怡邪。蹇蹇我初，人以疑嗟。力行不回，慕者兴起。儒先茞茞，以节相侈。公之在贬，愈勇为忠。稽前引古，谊不营躬。外更三州，施有余泽。如酾河江，以灌寻尺。宿贼自解，不以刑加。猾盗涵仁，终老无邪。讲艺弦歌，慕来千里。沟川障泽，田桑有喜。戎荤獥狂，敢齮我疆。铸印刻符，公屏一方。取将于伍，后常名显。收士至佐，维邦之彦。声之所加，虏不敢濒。以其余威，走敌完邻。昔也始至，疮痍满道。药之养之，内外完好。既其无为，饮酒笑歌。百城宴眠，吏士委蛇。上嘉曰材，以副枢密。稽首辞让，至于六七。遂参宰相，厘我典常，扶贤赞杰，乱穴除荒。官更于朝，士变于乡。百治具修，偷堕勉强。彼阋不遂，归侍帝侧。卒屏于外，身屯道塞。谓谊耆老，尚有以为。神乎孰忍，使至于斯。盖公之才，独不尽试。肆其经纶，功孰与计。自公之贵，厩库逾空。和其色辞，傲讦以容。化于妇妾，不靡珠玉。翼翼公子，弊绨恶粟。闵死怜穷，惟是之奢。孤女以嫁，男成厥家。孰埋于深，孰锲乎厚。其传其详，以法永久。硕人今亡，邦国之忧。劙鄙不肖，辱公知尤。承凶万里，不往而留。涕哭驰辞，以赞醪羞。

祭欧阳文忠公文：

夫事有人力之可致，犹不可期，况乎天理之溟溟，又安可得而推？惟公生有闻于当时，死有传于后世，苟能如此足矣，而亦又何悲？如公器质之深厚，智识之高远，而辅学术之精微，故充于文章，见于议论，豪健俊伟，怪巧瑰奇。其积于中者浩如江河之停蓄，其发于外者烂如日星之光辉。其清音幽韵凄如飘风急雨之骤至，其雄辞闳辩快如轻车骏马之奔驰。世之学者无问乎识与不识，而读其文则其人可知。呜呼！自公仕宦四十年，上下往复，感世路之崎岖，虽屯邅困踬窜斥流离，而终不可掩者，以其公议之是非，既压复起，遂显于世，果敢之气，刚正之节，至晚而不衰。方仁宗皇帝临朝之末年，顾念后事，谓如公者，可寄以社稷之安危。及夫发谋决策，从容指顾，立定大计，谓千载而一时，功名成就，不居而去，其出处进退，又庶乎英魄灵气，不随异物腐败，而长在乎箕山之侧与颍水之湄。然天下之无贤不肖，且犹为涕泣而歔欷，而况朝士大夫平昔游从又予心之所向慕而赡依？呜呼，盛衰兴废之理，自古如此，而临风想望不能忘情者，念公之不可复见而道谁与归？

第二十二章　荆公之文学（下）

诗　词

　　世人之尊荆公诗，不如其文。虽然，荆公之诗，实导西江派之先河，而开有宋一代之风气，在中国文学史中，其绩尤伟且大，是又不可不尸祝也。

　　千年来言诗者，无不知尊少陵，然少陵之在当时及其没世，尊之者固不众也。昌黎诗云：李杜文章在，光焰万丈长。不知群儒愚，何用多毁伤？中晚暗人之所以目少陵者，可想见矣。其特提少陵而尊之，实自荆公始。公有题杜甫画像一诗云：

　　　　吾观少陵诗，谓与元气侔。力能排天斡九地，壮颜毅色不可求。浩荡八极中，生物岂不稠？丑妍巨细千万殊，竟莫见以何雕锼。惜哉命之穷，颠倒不见收。青衫老更斥，饿走半九州。瘦妻僵前子仆后，攘攘盗贼森戈矛。吟哦当此时，不废朝廷忧。常愿天子圣，大臣各伊周。宁令吾庐独破受冻死，不忍四海寒飕飕。伤屯悼屈止一身，嗟时之人我所羞。所以见公像，再拜涕泗流。推公之心古亦少，愿起公死从之游。

公又续得杜诗二百余首，编为老杜诗后集，而为之序，言甫之诗其完见于今者，自余得之。又曰：世之学者，至乎甫然后能为诗，不能至，要之不知诗焉尔。向往之诚，至于如此，此公之诗所以名家也。

宋初承晚唐之陋，西昆体盛行，起而矫之者，欧公与梅圣俞也。由是而自辟门户卓然成家者，荆公与东坡山谷也。公少年有张刑部诗序云：

> 君并杨刘，杨刘以其文词染当世，学者迷其端原，靡靡然穷日力以摹之，粉墨青朱，颠错庞杂，无文章黼黻之序，其属情藉事，不可考据也。方此时自守不污者少矣。

昆体披靡一世，率天下之人盘旋于温李肘下，而无以发其性灵，诗道之敝极是矣，其不得不破坏之而别有所建设，时势使然也。首破坏之者实惟欧梅，荆公与欧梅为友（梅有送介甫知毗陵诗，公有哭梅圣俞诗），然非闻欧梅之风而始兴者也，自其少年而门户已立矣。欧梅以冲夷淡远之致，一洗秾纤绮冶之旧，至荆公更加以一种瘦硬雄直之气，为欧梅所未有。故欧梅仅能破坏，荆公则破坏而复能建设者也。

宋诗伟观，必推苏黄。以荆公比东坡，则东坡之千门万户，天骨开张，诚非荆公所及。而荆公逋峭谨严，予学者以模范之迹，又似比东坡有一日长。山谷为西江派之祖，其特色在拗硬深窈生气远出，然此体实开自荆公，山谷则尽其所长而光大之耳。祖山谷者必当以荆公为祖之所自出。以此言之，则虽谓荆公开宋诗一代风气，亦不必过。

荆公古体，与其谓之学社，毋宁谓之学韩，今举示数首。

《游土山示蔡天启秘校》：

定林瞰土山，近乃在眉睫。谁谓秦淮广，正可藏一艓。朝予欲独往，扶惫强登涉。蔡侯闻之喜，喜色见两颊。呼鞍追我马，亦以两黰挟。敛书付衣囊，裹饭随药箧。翛翛阿兰若，土木老山胁。鼓钟卧空旷，簨虡雕捷业。外堂廓无主，考击谁敢辄。坡陀谢公冢，藏椟久穿劫。百金买酒地，野老今行酤。缅怀起东山，胜践比稠叠。于时国累卵，楚夏血常喋。外实备艰梗，中仍费调燮。公能觉如梦，自喻一蝴蝶。桓温适自毙，苻坚方天厌。且可缓九锡，宁当快一捷。彼哉斗筲人，得丧易矜怯。妄言屐齿折，吾欲刊史牒。伤心新城埭，归意终难惬。漂摇五城舟，尚想浮河楫。千秋陇东月，长照西州堞。岂无华屋处，亦捉蒲葵箑。碎金谅可惜，零落随秋叶。好事所传玩，空残法书帖。清谈眇不嗣，陈迹恍如接。东阳故侯孙，少小同鼓箧。一官初岭海，仰视飞鸢跕。穷归放款段，高卧停远蹀。牵襟肘即见，著帽耳才压。数椽危败屋，为我炊陈浥。虽无膏污鼎，尚有羹濡箸。纵言及平生，相视开笑靥。邯郸枕上事，且饮且田猎。或昏眠委翳，或妄走超躐，或叫号而窜，或哭泣而魇。幸哉同圣时，田里老安帖。易牛以宝剑，击壤胜弹铗。追怜衰晋末，此士方岌嶪。强偷须臾乐，抚事终愁怵。予虽天戮民，有械无接摺。翁今贫而静，内热非复叶，予衰极今岁，傥与鸡梦协。委蜕亦何恨，吾儿已长鬣。翁虽齿长我，未见白可镊。祝翁尚难老，生理归善摄。久留畏年少，讥我两咕喋。束火扶路还，宵明狐兔慑。蔡侯雄俊士，心憭形亦谍。异时能飞鞚，快若五陵侠。胡为阡陌间，踠豆仅相蹀。谅欲交辔语，怯子不能噜。

此乃公晚作，结构气格，章法句法，皆肖昌黎。入韩集中，
几乱楮叶，惜其未能化耳。

《思王逢原》：

> 自吾失逢原，触事辄愁思。岂独为故人，抚心良自悲。
> 我善孰相我，孰知我瑕疵。我思谁能谋，我语听者谁。朝出
> 一马驱，暝归一马驰。驰驱不自得，谈笑强追随。仰屋卧太
> 息，起行涕淋漓。念子冢上土，草茅已纷披。婉婉妇且少，
> 茕茕一女嫠。高义动闾里。尚闻致财赀。嗟我衣冠朝，略能
> 具馈糜。葬祭无所助，哀颜亦何施。闻妇欲北返，跂予常望
> 之。寒汁已闭口，此行又参差。又说当产子，产子知何时。
> 贤者宜有后，固当梦熊罴。天方不可恃，我愿适在兹。我疲
> 学更误，与世不相宜。夙昔心已许，同冈结茅茨。此事今已
> 矣，已矣尚谁知。渺渺江与潭，茫茫山与陂。安能久窃食，
> 终负故人期。

《董伯懿示裴晋公平淮右题名碑诗用其韵和酬》：

> 元和伐蔡何危哉，朝廷百口无一谐。盗伤中丞偶不死，
> 利剑白日投天街。裹疮入相议军旅，国火一再更檀槐。上前
> 慷慨语发涕，誓出按抚除暌乖。指挥光颜战洄曲，阚如怒虎
> 搏貙犲。朔能捕虏取肝鬲，护送密乞完形骸。荅兵夜半投死
> 地，雪湿不敢然薪黐。空城竖子已可缚，中使尚作啼儿哇。
> 退之道此尤俊伟，当镂玉牒东燔柴。欲编诗书播后嗣，笔墨

虽巧终类俳。唐从天宝运中圮，廊庙往往非忠佳。诸侯纵横代割据，疆土岂得无离佹。德宗末年惩战祸，一矢不试尘蒙鞍。宪皇初起众未信，意欲立扫除昏霾。追还清明救薄蚀，屡敕主府拘穷蛙。王师伤夷征赋窘，千里亦忌毫厘差。小夫偷安自非计，长者远虑或可怀。桓桓晋公忠且壮，时命适与功名偕。是非末世主成败，煊赫今古谁讥排。贤哉韦纯议北赦，仓卒两伐尤难皆。重华声明弥万国，服苗干羽舞两阶。宣王侧身内修改，常德立武能平淮。昔人经纶初若缓，欲弃此道非吾侪。千秋事往踪迹在，狱石款记如湘崖。文严字丽皆可喜，黄埃蔽没苍藓埋。当时将佐尽豪杰，相此兵祷陪祠斋。君曾西迁为拓本，濡麝割蜜亲靡揩。新篇波澜特浩荡，把卷熟读迷津涯。褒贤乐善自为美，赏佳庙壁为诗牌。

以上诸篇，皆用刻入之思，练奇矫之语，斗逼仄之韵，缒幽击险，曲尽昌黎之技者也。

《葛蕴作巫山高爱其飘逸因亦作两篇》：

巫山高，十二峰，上有往来飘忽之猿猱，下有出没瀺灂之蛟龙，中有倚薄缥缈之神宫。神人处子冰雪容，吸风饮露虚无中。千岁寂寞无人逢，邂逅乃与襄王通。丹崖碧嶂深重重，白月如日明房栊。象床玉几来自从，锦屏翠幔金芙蓉。阳台美人多楚语，只有纤腰能楚舞，争吹凤管鸣鼍鼓。那知襄王梦时事，但见朝朝暮暮长云雨。巫山高，偃薄江水之滔滔。水于天下实至险，山亦起伏为波涛。其巅冥冥不可见，崖岸斗绝悲猿猱。赤枫青栎生满谷，山鬼白日樵人遭。窈窕阳台彼神女，朝朝幕幕能云雨。以云为衣月为褚，乘光服暗无留阻。昆仑曾城道可取，万丈蓬莱多伴侣。块独守此嗟何求，况乃低回梦中语。

此类之诗，乃学杜而自辟蹊径者，公集中上乘也。山谷之七古，颇从此脱胎得来。又如：

《对棋与道源至草堂寺》：

北风吹人不可出，清坐且可与君棋。明朝投局日未晚，从此亦复不吟诗。

此等涩拙之作，其导启山谷之迹，尤显而易寻者也。

公复有拟寒山拾得二十首，于集中为别体。寄吴氏女子诗所谓末有拟寒山，觉汝耳目荧者是也。今录二首以见面目。

我曾为牛马，见草豆欢喜。又曾为女人，欢喜见男子。我若真是我，只合长如此。若好恶不定，应知为物使。堂堂大丈夫，莫认物为己。

风吹瓦堕屋，正打破我头。瓦亦自破碎，岂但我血流。我终不嗔渠，此瓦不自由。众生造罪恶，亦有一机抽。渠不知此机，故自认愆尤。此但可哀怜，劝令真正修。岂可自迷闷，与渠作冤仇。

此虽非诗之正宗，然自东坡后，熔佛典语以入诗者颇多，此体亦自公导之也。若其悟道自得之妙，使学者读之翛然意远，此又公之学养，不得以诗论之矣。

荆公之诗，其独开生面者，不在古体而在近体。逋峭雄直之气，以入古体易，以入近体难。公之近体，纯以此名家者也。

曾文正论近体诗，谓当以排偶之句，运单行之气，荆公七律，最能导人以此法门。

荆公七律，多学少陵晚年之作，后此山谷更遵此道而极其妙，遂为西江之宗。

公有题张司业诗绝句云：看似寻常最奇崛，成如容易却艰辛。读公诗皆当以此求之，而近体其尤也。集中名作至多，不能广录，举数章见其面目而已。

《次韵酬朱昌叔五首》（录一）：

> 去年音问隔淮州，百谪难知亦我忧。前日杯盘共江渚，一欢相属岂人谋。山蟠直渎输淮口，水抱长干转石头。乘兴舟舆无不可，春风从此与公游。

《次韵送程给事知越州》：

> 千骑东方占上头，如何误到北山游。清明若睹兰亭月，暖蓺因忘蕙帐秋。投老始知欢可惜，通宵豫以别为忧。西归定有诗千首，想肯重来贲一丘。

《登宝公塔》：

> 倦童疲马放松门，自把长筇倚石根。江月转空为白昼，岭云分螟与黄昏。鼠摇岑寂声随起，鸥矫荒寒影对翻。当此不知谁客主，道人忘我我忘言。

《雨花台》：

> 盘亘长干有绝陉，并包佳丽入江亭。新霜浦溆绵绵净，
> 薄晚林峦往往青。南上欲穷牛渚怪，北寻难忘草堂灵。便舆
> 却走垂杨陌，已戴寒云一两星。

《寄题程公辟物华楼》：

> 吴楚东南最上游，江山多在物华楼。遥瞻旌节临尊俎，
> 独卧柴荆阻献酬。想有新诗传素壁，怪无余墨到沧州。湄浯
> 南望重重绿，章水还能向此流。

《酬俞秀老》：

> 洒扫东庵置一床，于君独觉故情长。有言未必输摩诘，
> 无法何曾泥饮光。天壤此身知共弊，江湖他日要想忘。犹贪
> 半偈归思索，却恐提柏妄揣量。

《送李质夫之陕府》：

> 平世求才漫至公，悠悠羁旅事多穷。十年见子尚短褐，
> 千里随人今北风。户外屡贫虚自满，尊中酒贱亦常空。共怜
> 欲老无机械，心事还能与我同。

《贵州虞部使君访及道旧窃有感恻因成小诗》：

韶山秀拔江清写，气象还能出缙绅。当我垂髫初识字，看君挥翰独惊人。邮笺忽报旌麾入，斋阁遥瞻组绶新。握手更谁知往事，同时诸彦略成尘。

《思王逢原三首》（录一）：

蓬蒿今日想纷披，冢上秋风又一吹。妙质不为平世得，微言唯有故人知。庐山南堕当书案，湓水东来入酒卮。陈迹可怜随手尽，欲欢无复似当时。

《送裴如晦宰吴江》：

青发朱颜各少年，幅巾谈笑两欢然。柴桑别后余三径，天禄归来尽一廛。邂逅都门谁载酒，萧然江县去鸣弦。犹疑甫里英灵在，到日凭君为叙船。

《送僧无惑归鄱阳》：

晚扶衰惫寄人间，应接纷纷只强颜。挂席每谙东汇水，采芝多梦旧游山，故人独往今为乐，何日相随我亦闲。归见江东诸父老，为言飞鸟会知还。

《落星寺在南康军江中》：

峛云台殿起崔嵬，万里长江一酒杯。坐见山川吞日月，杳无车马送尘埃。雁飞云路声低过，客近天门梦易回。胜概惟诗可收拾，不才羞作等闲来。

《送李太保知仪州》：

北平上谷当时守，气略人携李广优。还见子孙持汉节，欲临关塞抚羌酋。云边鼓吹应先喜，日下旌旗更少留。五字亦君家世事，一吟何以称来求。

《将次相州》：

青山如浪入漳州，铜雀台西八九丘。蝼蚁往还空垄亩，骐骥埋没几春秋。功名盖世知谁是，气力回天到此休。何必地中余故物，魏公诸子分衣裘。

《和王微之秋浦望齐山感李太白杜牧之》：

齐山置酒菊花开，秋浦闻猿江上哀。此地流传空笔墨，昔人埋没已蒿莱。平生志业无高论，末世篇章有逸才。尚得使君驱五马，与寻陈迹久徘徊。

《次韵平甫金山会宿寄亲友》：

天末海门横北固，烟中沙岸似西兴。已无船舫犹闻笛，远有楼台只见灯。山月入松金破碎，江风吹水雪崩腾。飘然欲作乘桴计，一到扶桑恨未能。

《送赵学士陕西提刑》：

　　遥知彼俗经兵后，应望名公走马来。陛下东求今日始，胸中包畜此时开。山西豪杰归囊椟，渭北风光入酒杯。堪笑陋儒昏鄙甚，略无谋术赞行台。

《金陵怀古四首》（录一）：

　　霸祖孤身取二江，子孙多以百城降。豪华尽出成功后，逸乐安知与祸双。东府旧基留佛刹，后庭余唱落船窗。黍离麦秀从来事，且置兴亡近酒缸。

《除夜寄舍弟》：

　　一尊聊有天涯忆，百感翻然醉里眠。酒醒灯前犹是客，梦回江北已经年。佳时流落真何得，胜事蹉跎只可怜。唯有到家寒食在，春风因泛预溪船。

《送西京签判王著作》：

　　儿曹曾上洛城头，尚记清波绕驿流。却想山川常在梦，可怜颜发已经秋。辟书今日看君去，著藉长年叹我留。三十六峰应好在，寄声多谢欲来游。

《南浦》：

南浦东冈二月时，物华撩我有新诗。含风鸭绿粼粼起，弄日鹅黄袅袅垂。

《木末》：

木末北山烟冉冉，草根南涧水泠泠。缲成白雪桑重绿，割尽黄云麦正青。

《初夏即事》：

石梁芽屋有弯碕，流水溅溅度两陂。清日暖风生麦气，绿阴幽草胜花时。

《中年》：

中年许国邯郸梦，晚岁还家圹埌游。南望青山知不远，五湖春草入扁舟。

《入瓜步望场州》：

落日平林一水边，芜城掩映只苍然。白头追想当时事，幕府青衫最少年。

《州桥》：

州桥踏月想山椒，回首哀湍未觉遥。今夜重闻旧乌咽，却看山月话州桥。

《壬子偶题》：

    黄尘投老倦匆匆，故绕盆池种水红。落日欹眠何所忆，江湖秋梦橹声中。

《送僧游天台》：

    天台一万八千丈，岁晏老僧携锡归。前程好景解吟否，密雪乱云缄翠微。

    集句之体，实创自荆公。宋人笔记，多言荆公集句诗，信口冲出，此固游戏余事，无所不可，亦足征其记诵之博也。今录数章。

《金陵怀古》：

    六代豪华空处所，金陵王气黯然收。烟滚草远望不尽，物换星移几度秋。至竟江山谁是主，却因歌舞破除休。我来不见当时事，上尽重城更上楼。

《沈坦之将归溧阳值雨留吾庐久之》：

    天雨萧萧滞茅屋，冷猿秋雁不胜悲。床床屋漏无干处，独立苍茫自咏诗。

《胡笳十八拍十八首》（录二）：

自断此生休问天，生得胡儿拟弃捐。一始扶床一初生，抱携抚视皆可怜。宁知远使问名姓，引袖拭泪悲且庆。悲莫悲兮生别离，悲在君家留两儿。（其十三）

春风似旧花仍笑，人生岂得长年少。我与儿今各一方，憔悴看成两鬓霜。如今岂无腰裹与骅骝，安得送我置汝傍？胡尘暗天道路长，坐令再往之计堕眇茫。胡笳本出自胡中，此曲哀怨何时终？笳一会兮琴一拍，此心炯炯君应识。（其十八）

信手拈来，天衣无缝，后此效颦者，未或能及也。

前人评荆公诗者颇多，随所见杂录一二。

《漫叟诗话》云：荆公定林后诗，精深华妙，非少作之比，尝作岁晚诗云：月映森塘静，风涵笑语凉。府窥怜净渌，小立仁幽香。携幼寻新的，扶衰上野航。延缘久未已，岁晚惜流光。自以比谢灵运，识者亦以为然。

《后山诗话》云：鲁直谓荆公之诗，暮年方妙，如云：似闻青秧底，复作龟兆坼。乃前人所未道。又云：扶舆度阳焰，窈窕一川花。包含数个意，然学三谢失于巧耳。

《石林诗眼》云：蔡天启言荆公每称老杜"钓簾宿鹭起，丸药流莺啭"之句，以为用意高峭，五言之模范。他日公作诗，得"青山扪虱坐，黄鸟挟书眠。"自谓不减杜诗。

《冷斋夜话》云：造语之工，至荆公东坡山谷，尽古今之变矣。荆公诗云：江月转空为白昼，岭云分暝作黄昏。又云：一水护田将绿绕，两江排闼送青来。（中略）此山谷所谓句中眼，学者不知此妙，韵终不胜。

《石林诗话》云：荆公少以意气自许，故诗语为其所向，不复更为涵蓄。如"天下苍生待霖雨，不知龙向此中蟠。"又"浓绿万枝红一点，动人春色不须多。"又"平治险秽非无力，润泽焦枯是有才"之类，皆直道其胸中事。后为君牧判官，从宋次师尽假唐人诗集，博观约取，晚年始尽深婉不迫之趣，乃知文字虽工拙有定限，然必视其幼壮，虽公，方其未至，亦不能力强而遽至也。

《苕溪渔隐丛话》云：山谷称荆公暮年作小诗，雅丽精绝，脱去流俗，每讽咏之，便觉沆瀣生牙颊间。今案荆公小诗，如"南浦随花去，回舟路已迷。暗香无觅处，日落画桥西。""染云为柳叶，剪水作梨花。不是春风巧，何缘见岁华。""檐日阴阴转，床风细细吹，翛然残午梦，何许一黄鹂。""薄叶清浅水，杏花和暖风。地偏缘底绿，人老为谁红。""爱此江边好，留连至日斜。眼分黄犊草，坐占白鸥沙。""水净山如染，风暄草欲薰。梅残数点雪，麦涨一川云。"观此数诗，真可一唱三叹也。

《西清诗话》云：荆公在蒋山时，以近制示东坡，坡曰：若积李兮缟夜，崇桃兮炫昼。自屈宋没后，旷千余年，无复离骚句法，乃今见之。荆公曰：非子瞻见谀，自负亦如此，然未尝为俗子道也。

《三山老人语录》云：荆公诗云：细数落花因坐久，缓寻芳草得归迟。六一居士诗云：静爱竹时来野寺，独寻春偶过溪桥。三公皆状闲适，荆公之句尤工。

《石林诗话》云：荆公晚年，诗律尤精严，造语用字，间不容发。然意与言会，言随意遣，浑然天成，殆不见有牵率排比处。如"含风鸭绿鳞鳞起，弄日鹅黄袅袅垂。"初不觉有对偶，至"细数落花因坐久，缓寻芳草得归迟。"但见舒闲容与之态耳。而字字细考之，皆经隐括权衡者，其用意亦深刻矣。

《唐子西语录》云：荆公五言诗，得子美句法，如云：地蟠三楚大，天入五湖低。

《冷斋夜话》云：用事琢句，妙在言其用而不言其名，此法惟荆公东坡山谷三老知之。荆公曰：含风鸭绿粼粼起，弄日鹅黄袅袅垂。鸭绿，水也；鹅黄，柳也。苕溪渔隐曰：公诗又云：缫成白雪桑重绿，割尽黄云稻正青。白雪，丝也；黄云，麦也。碧溪诗话云："萧萧出屋千寻玉，霭霭当窗一炷云。"皆不名其物。

《蔡宽夫诗话》云：荆公尝云："诗家病使事太多，盖皆取其与题合者类之，如此乃是编事，虽工何益？若能自出己意，借事以相发明，情态毕出，则用事虽多，亦何所妨？故公诗如"董生只为公羊感，岂肯损书一语真。桔槔俯仰何妨事，抱瓮区区老此身"之类，皆意与本题不类，此真能使事者也。

《后斋漫录》云：介甫善下字，如"荒埭暗鸡催月晓，空场老雉挟春骄。"下得挟字最好。

《遁斋闲览》云：荆公集句诗，虽累数十韵，皆顷刻而就，词意相属，如出诸己，他人极力效之，终不及也。

《沧浪诗话》云：集句惟荆公最长，胡笳十八拍，混然天成，绝无痕迹，如蔡文姬肺肝间流出。

荆公词不能名家，然亦有绝佳者。李易安谓王介甫曾子固文章似西汉，若作小词则人必绝倒不可读，此自过刻之论。易安于二宴欧阳东坡耆卿子野方回少游之词，无一许可，况荆公哉？今录二首：

《桂枝香·金陵怀古》：

登临送目。正故国晚秋，天气初肃。千里澄江似练，翠峰如簇。征帆去棹残阳裹，背西风酒旗斜矗。彩舟云淡，星河鹭起，图画难足。念往昔，豪华竞逐。叹门外楼头，悲恨相继，千古凭高对此，漫嗟荣辱。六朝旧事随流水，但寒烟衰草凝绿。至今商女，时时犹唱，后庭遗曲。

《浣溪沙》：

百亩中庭半是苔，门前白道水萦回。爱闲能有几人来。小院回廊春寂寂，山桃溪杏两三栽。为谁零落为谁开？

《南乡子·金陵怀古》

自古帝王州，郁郁葱葱佳气浮。四百年来成一梦，堪愁。晋代衣冠成古丘。绕水恣行游，上尽层城更上楼。往事悠悠君莫问，回头。槛外长江空自流。

其浣溪沙、南乡子二首，盖集句也，开蕃锦集之先声矣。荆公之词，其流亦为山谷一派，非词家正宗。

荆公又每以文为游戏，有诗云：老景春可惜，无花或留得，莫嫌柳浑青，终恨李太白。以四古人姓名藏于句中云。石林诗话称之。又荆公尝作一诗谜云：佳人伴醉索人扶，露出胸前白雪肤。走入绣帏寻不见，任他风雨满江湖。藏四诗人名乃贾岛、李白、罗隐、潘阆也，见《遁斋闲览》。《苕溪渔隐丛话》又言有霞头隐语为半山老人作云。

公尝有唐百家诗选，自序云：

余与宋次道同为三司判官时，次道出其家藏唐诗百余编，诿余择其精者，次道因名曰百家诗选，废日力于此，良可悔也。虽然，欲知唐诗者，观此足矣。

是书本朝宋牧仲（荦）尝有重刻本，今绝少见。